Der Herausgeber über das Buch:

Der spanische Dichter Antonio Machado legte seinem fiktiven Titelhelden Juan de Mairena die folgenden Worte in den Mund, die den Titel der vorliegenden Anthologie inspiriert haben: "Sein zu sollen, was man nicht ist, darüber machen sich nur Menschen Gedanken. Unbehagen, liebe Freunde, ist die einzige Grundlage unserer Ethik. Wenn ihr von mir einen Grundstein für unser Gebäude wollt: Hier habt ihr ihn." Dieses Unbehagen ist auch der gemeinsame Nenner der hier zusammengestellten Aufsätze. Die Zeitspanne ihrer Erstveröffentlichungen reicht von der Mitte der sechziger Jahre bis heute, umfaßt also das letzte Jahrzehnt der Franco-Zeit und die ersten fünfzehn Jahre der Wiederherstellung der Demokratie, die zu Recht anfangs als ungewiß und im Laufe der Zeit als schwierig eingeschätzt wurde. Das Unbehagen, das die Texte widerspiegeln, ist zunächst einmal das Unbehagen angesichts der gesellschaftlichen und politischen Realität des Landes, in dem sie geschrieben wurden, dann aber auch das Unbehagen der Autoren angesichts des Zustands der ethischen Reflexion in ihrem eigenen Umfeld, nach einer langen Phase geistiger Unterdrückung, Isolation und Kommunikationssperre. Der größte Reiz des vorliegenden Bandes besteht vielleicht darin, daß er eine Chronik der zunehmenden Eingliederung des spanischen ethischen Denkens in die zeitgenössische Moralphilosophie durch den Dialog mit einigen ihrer wichtigsten Strömungen bietet.

Javier Muguerza (Hg.)

Ethik aus Unbehagen

Alber-*Reihe*
Praktische Philosophie

unter Mitarbeit von
Norbert Hoerster, Reinhart Maurer,
Manfred Riedel, Robert Spaemann
und Meinolf Wewel

herausgegeben von
Günther Bien, Karl-Heinz Nusser
und Annemarie Pieper

Band 40

Ethik aus Unbehagen

25 Jahre ethische Diskussion in Spanien

Hg. von Javier Muguerza
Übersetzung von Ruth Zimmerling

Verlag Karl Alber Freiburg/München

Übersetzt mit Unterstützung
des Ministerio de Cultura de España
und des Instituto de Filosofía del Consejo Superior
de Investigaciones Científicas

Die Deutsche Bibliothek – CIP-Einheitsaufnahme

Ethik aus Unbehagen: 25 Jahre ethische Diskussion in Spanien
/ hg. von Javier Muguerza. Übers. von Ruth Zimmerling. –
Freiburg (Breisgau); München: Alber, 1991
(Alber-Reihe Praktische Philosophie; Bd. 40)
ISBN 3-495-47718-7
NE: Muguerza, Javier [Hrsg.]; GT

Gedruckt auf alterungsbeständigem Papier (säurefrei)
Printed on acid-free paper

Druck: Offsetdruckerei J. Krause, Freiburg i. Br.
ISBN 3-495-47718-7

Sein zu sollen, was man nicht ist, darüber machen sich nur Menschen Gedanken. Unbehagen, liebe Freunde, ist die einzige Grundlage unserer Ethik. Wenn ihr von mir einen Grundstein für unser Gebäude wollt: Hier habt ihr ihn.

Antonio Machado, *Juan de Mairena*

Inhalt

Einführung: Fünfundzwanzig Jahre Ethik in Spanien

Von Javier Muguerza

Obwohl sich selbstverständlich auch die Klassiker der spanischen Philosophie dieses Jahrhunderts - wie Unamuno, Ortega y Gasset oder Zubiri - mit ethischen Fragen beschäftigt haben, wurde Moralphilosophie als solche erst betrieben, als ein Schüler von ihnen allen, *José Luis L. Aranguren*, die philosophische Bühne betrat. Seine 1958 erstmals erschienene und später mehrmals neu aufgelegte *Ethik* beschränkte sich allerdings nicht darauf, die Ethik explizit zu machen, die sich in dieser Denktradition verbarg - einer Tradition übrigens, die in der rückständigen philosophischen Atmosphäre, wie sie nach dem Bürgerkrieg von 1936-1939 an den spanischen Universitäten herrschte, wegen ihrer angeblich übertriebenen Modernisierungswut mit Mißachtung gestraft wurde -, sondern war darum bemüht, dem Leser die bislang verschlossenen Türen zu der Ethik zu öffnen, die damals in der übrigen Welt getrieben wurde. Ich selbst erinnere mich sehr gut daran, was es für mich bedeutete, Aranguren Ende der sechziger bzw. Anfang der siebziger Jahre als Universitätslehrer erleben zu dürfen. Im ersten Jahr, in dem ich seine Veranstaltungen regelmäßig besuchen konnte, hielt er drei Vorlesungen: eine über die *Ethischen Untersuchungen* Husserls, deren spanische Ausgabe gerade von Alois Roth vorgelegt worden war; eine zweite über "Moral und Marxismus" (die später unter dem Titel *El marxismo como moral* veröffentlicht wurde), in der er gewissermaßen die Diskussion ankündigte, die kurz darauf zwischen humanistischen und strukturalistischen Marxisten ausbrechen sollte; und eine dritte zu dem wenige Monate zuvor erschienenen Buch *The Language of Morals* von Richard Hare. An einer zutiefst mittelalterlichen philosophischen Fakultät konnten wir Studenten uns so mit den aktuellsten Entwicklungen der drei großen philosophischen Paradigmen der Zeit - der Phänomenologie, dem Marxismus und der analytischen Philosophie - befassen. Es war dies - man kann es nicht oft genug wiederholen - etwas völlig Unerhörtes in einem universitären Umfeld, das, wie damals üblich, von den betäubenden Dunstschwaden eines per Dekret zur offiziellen Philosophie des Spanien der Nachkriegszeit deklarierten, völlig überalteten Thomismus durchzogen wurde.

Ich will hier nicht der Frage nachgehen, ob die Scholastik an den spanischen philosophischen Fakultäten jener Jahre Neo- oder Paläoscholastik war. Es gibt allerdings, wie gerade angedeutet, Grund genug zu der Vermutung, daß letztere zumindest an den staatlichen Universitäten überwog. Dagegen kann man dies erstaunlicherweise für die katholischen Universitäten nicht durchgehend sagen. Zweifellos ist die Tatsache, daß das Denken an säkularen, staatlichen Fakultäten wie im Nachkriegsspanien eindeutig scholastischer war als an den Universitäten der Katholischen Kirche ein Kuriosum in den Annalen der Scholastik.

Jedenfalls ist es nur recht und billig, auf den Beitrag hinzuweisen, den etwa Pater *Alvarez Turienzo* für die Erneuerung der Lehre im Bereich der Ethik in Spanien geleistet hat. In den siebziger Jahren, aus denen sein hier aufgenommener Aufsatz - wie auch der meinige - stammt, setzte in den oben genannten philosophischen Paradigmen eine Diversifizierung ein, aus der sich in ihrer Nachfolge neuere ethische Strömungen ergaben: die existentialistische Ethik, der ausgeklügelte Marxismus der Frankfurter

Schule und eine analytische Philosophie, die mit ihrer Selbstkritik schon ankündigte, was mit der Zeit zu einer eher postanalytischen Philosophie werden sollte, in der sich Ablagerungen bildeten bzw. die überformt wurde von so unterschiedlichen Ansätzen wie dem Neo-Utilitarismus oder dem Rawlsschem Neo-Konstruktivismus. Die folgenden Arbeiten von *Victoria Camps, Javier Sádaba* und *Esperanza Guisán* spiegeln diese Situation wider.

Die begrüßenswerte Horizonterweiterung der Ethik im Spanien der achtziger Jahren bedurfte aber noch des Auftretens einer neuen, stimulierenden Stimme, wie sie von den neonietzscheanischen Philosophen eingebracht wurde, deren bekanntester - und zudem am meisten an der Ethik interessierter - Vertreter *Fernando Savater* ist.

Andererseits entdeckten diejenigen spanischen Philosophen, die einigermaßen mit der Analyse der Sprache der Moral vertraut waren, recht bald, daß die Verallgemeinerung des *linguistic turn* außer der strikt analytischen auch andere Strömungen beeinflußte, wie z. B. die Hermeneutik oder die Kritische Theorie. Das zunehmende Interesse für die kommunikative Ethik, den ethischen Konstruktivismus usw. nahm von hier seinen Ausgang. Es zeigt sich beispielhaft in den Texten von *José Rubio Carracedo* und *Adela Cortina*.

Die Arbeiten von *Carlos Thiebaut, Gabriel Bello* und *Amelia Valcárcel* schließlich betreffen Fragen, die im heutigen Kontext einer Moralphilosophie, für die letztlich doch die Probleme wichtiger sind als die philosophischen Etikette, die verschiedene Philosophen ihnen anhängen, von größter Aktualität sind: es geht um die vieldiskutierten Fragen nach dem Ende der Moderne, der moralischen Identität und dem ethischen Diskurs des Feminismus.

Im Rahmen der durch die zeitlichen und thematischen Vorgaben gesetzten Grenzen hat jeder Autor übrigens seinen Beitrag selbst ausgewählt und in die vorgelegte Fassung gebracht.

Die Erscheinungsdaten der Texte deuten an, daß sich der "ethische Verkehr" in Spanien im letzten Jahrzehnt verdichtet hat, wie dies gewöhnlich der Fall ist, wenn man sich den Vorstädten einer bevölkerungsreichen Metropole - in unserem Fall also: der Weltstadt der heutigen Ethik - nähert, nachdem man viele Kilometer unbevölkerter Einöde hinter sich gelassen hat. Das lange einsame Strampeln Arangurens während der ersten zehn Jahre dieser Strecke, deren Gesamtlänge wir hier auf fünfundzwanzig begrenzt haben, ist also offenbar nicht umsonst gewesen.

Die ausgewählten Autoren sind alle Universitätsdozenten. Das soll nicht etwa bedeuten, daß die einzig vorstellbare Ethik - in Spanien oder anderswo - die an den entsprechenden Lehrstühlen betriebene wäre. Es zeugt jedoch von der unbestreitbaren Tatsache, daß die Entwicklung der Ethik in unserem Land mit ihrer akademischen Institutionalisierung einhergegangen ist - wobei man sagen muß, daß dies wegen der Vorbehalte, auf die der kritische und nonkonformistische Geist der meisten Ethiker an den Universitäten stieß, ein recht mühsamer Prozeß war.

Nun gehört zu den Zutaten jeder Auswahl immer ein unvermeidlicher Schuß Willkür, und der Herausgeber einer solchen Anthologie muß die Verantwortung für das Endprodukt ohne Wenn und Aber auf sich nehmen. Trotzdem glaube ich ehrlich sagen zu können, daß angesichts des zur Verfügung stehenden Raumes die hier aufgenommenen spanischen Ethiker aufgrund ihres Alters, des Umfangs ihres Werkes bzw. ihres Einflusses auf die ethische Forschung auf nationaler Ebene die geeignetsten waren, obwohl sicherlich mit einer Umgewichtung oder gar Änderung der Auswahlkriterien das Ergebnis etwas anders ausgesehen hätte.

Mit der gleichen Ehrlichkeit muß ich hinzufügen, daß man für ein vollständiges Verzeichnis spanischer Moralphilosophen Dutzende weiterer Namen nennen müßte. Bedenkt man zudem, daß die Ethik, wie sie in Spanien betrieben wird, in enger - auch institutioneller - Verbindung zur politischen Philosophie, zur Rechts- und Religionsphilosophie sowie zu verschiedenen Geistes- und Sozialwissenschaften steht, ganz zu schweigen von der Geschichte der Ethik und der Philosophie im allgemeinen, dann wird verständlich, daß schon ein kleiner Umweg durch diese Nachbarbezirke der Ethik eine solche Liste endlos werden ließe. Schließlich dürfte dabei auch die enge Verflechtung mit der Ethik in anderen spanischsprachigen Ländern nicht vergessen werden.
Zum vorliegenden Band ist also, mit einem spanischen Sprichwort ungeklärter Herkunft, zu sagen: "Zwar existieren alle, die darin vorkommen, aber nicht alle, die existieren, kommen darin vor."

Stimmt man den Worten zu, die Antonio Machado seinem fiktiven Titelhelden Juan de Mairena in den Mund gelegt hat und die dem Buch als Motto voranstehen, dann ist vielleicht das ethische Unbehagen als solches unüberwindbar, und das ist möglicherweise sogar gut so. Das Unbehagen, das zum Titel des Bandes Anlaß gab, hat jedoch auch noch andere Gründe, die mit der Unzufriedenheit spanischer Philosophen mit dem Zustand der Ethik - der *ethica docens*, der ethischen Reflexion, und nicht oder nicht nur der *ethica utens* - in dem Umfeld, in dem sie sich haben entwickeln müssen, zusammenhängt. Es kommt ihnen - und selbstverständlich auch dem Herausgeber, der ja selbst Betroffener ist - nicht zu, darüber zu spekulieren, ob es ihnen mit ihrem ehrlichen Bemühen gelungen ist, diesen Zustand ein wenig zu verbessern.

Ich selbst würde jedoch darauf wetten, daß in weiteren fünfundzwanzig Jahren der Herausgeber einer Anthologie der Ethik in Spanien zwar keine - bei Philosophen immer unangebrachte - Selbstgefälligkeit, aber doch eine vernünftige Dosis an Zufriedenheit wird feststellen können.

Bevor ich nun jeden Autor für sich selbst sprechen lasse, bleibt mir noch eines zu tun:
Nicht nur die spanischen Philosophen, sondern die der ganzen hispanischen Welt stehen in tiefer Schuld bei Ernesto Garzón Valdés, für seine langjährige verdienstvolle Arbeit an der Reihe *Estudios Alemanes*, mit der er uns die neuesten Entwicklungen zeitgenössischer deutscher Denker in unserer Sprache zugänglich macht. Gleichzeitig ist er aber auch in umgekehrter Richtung seit vielen Jahren darum bemüht, die Rezeption des aktuellen Denkens aus der spanischsprachigen Welt in Deutschland zu fördern. Das vorliegende Buch ist ein weiteres Resultat dieser Bemühungen, wofür ich ihm hier einmal mehr meinen herzlichen Dank aussprechen möchte. Meine Dankbarkeit erstreckt sich darüber hinaus auf Meinolf Wewel vom Verlag Karl Alber, der das Projekt dieser Anthologie, wie man es bei im gewöhnt ist, mit Wohlwollen und Geduld begleitet hat. Und schließlich gilt mein unendlicher Dank Ruth Zimmerling, die in der hispanischen *philosophic community* zu beiden Seiten des Atlantik verdientermaßen hohes Ansehen genießt und die mit der für sie charakteristischen Großzügigkeit klaglos ihren Sommerurlaub geopfert hat, damit dieser Band rechtzeitig erscheinen konnte.

Die Grundlagen der Moral und das Unterfangen der Moralisierung

Von José Luis L. Aranguren

I.

Zu unserem gewöhnlichen moralischen Vokabular gehört zunächst nicht unmittelbar das Substantiv "Gut" *(bien)*, sondern vielmehr das Prädikat "gut" *(bueno)*. "Gut" als metaphysische Hypothese gehört zu den Transzendentalien, wie die Scholastiker sagen. Benutzt man dieses Wort in einem ganz nüchternen moralischen Sinn, dann in adverbialen Wendungen wie "es ist gut so" *(está bien)*. Abgesehen davon, daß es mir hier nicht darum geht, es als metaphysischen Begriff zu definieren, wäre dies im übrigen auch gar nicht möglich, denn es läßt sich nicht einer Gattung subsumieren und dann durch einen artbildenden Unterschied auszeichnen: Nach traditioneller Auffassung hat das *Gute* dieselbe Extension wie das *Sein*; es ist nichts anderes als das Sein, da alles Sein gut ist. Auf diese Weise werden wir selbst dann, wenn wir uns auf die metaphysische Ebene begeben, vom abstrakten "Guten" auf konkrete "gute" Dinge, Taten, Verhaltensweisen, Personen usw. zurückverwiesen. Wonach wir folglich fragen müssen, ist die Bedeutung von "gut", allerdings nicht mit der vergeblichen Hoffnung, es zu definieren - der große englische Philosoph G. E. Moore hat längst gezeigt, daß es undefinierbar ist -, sondern um es, wenn man so will, zu verdeutlichen, auf es zu deuten, den Finger daraufzulegen: mit anderen Worten, um zu sagen, welche Dinge, Verhaltensweisen, Taten usw. gut sind und welche nicht.

Weiter oben habe ich gesagt, daß das Wort "gut" Teil des moralischen Vokabulars ist. Dem ist aber hinzuzufügen, daß das nicht immer gilt. Wenn wir von einem Gericht oder von einem Haus sagen, es sei gut, geben wir damit offenbar kein moralisches Urteil ab. Das Wort "gut" läßt sich, wie alle Wörter des moralischen Vokabulars, zumindest in den romanischen Sprachen auch außerhalb des Bereichs der Moral einsetzen. Ich habe diese "Analogie" des Begriffs des Guten anderswo behandelt - eine Analogie übrigens, die schon Aristoteles erkannte, entsprechend dem Begriff der Analogie des Seins. Diese Ambivalenz, diese Zweideutigkeit dessen, was wir "gut" nennen, (und auch der anderen moralischen Termini) in der Alltagssprache wirkt auf Präzisionsfanatiker selbstverständlich störend und verunsichernd. Auch sein nach Moore begrifflich nicht faßbarer Charakter hat diese Wirkung. Es ist also verständlich, daß man versucht hat, diesen gordischen Knoten zu durchtrennen. Ein solcher Versuch kann auf zwei entgegengesetzte Weisen stattfinden: entweder durch Nivellierung des Begriffs des Guten, das heißt, in der traditionellen Terminologie, indem man seine "Eindeutigkeit" behauptet, was aber, wie wir sogleich sehen werden, nur durch die Reduktion moralischer auf nicht-moralische Urteile möglich ist; oder aber im Gegenteil durch die Behauptung der Mehrdeutigkeit des Wortes "gut", was, vereinfacht ausgedrückt (weiter unten werde ich es noch genauer erklären), das ist, was Kant tat.
Die Reduktion auf Eindeutigkeit - vermischt mit der Ahnung von der Analogie - findet sich schon bei Aristoteles und, in seiner Nachfolge, in der Scholastik. "Das Gute ist dasjenige, wonach alles strebt [auch die Dinge, denn es handelt sich um eine kosmisch-metaphysische Behauptung]." Es ist, wie die Scholastiker sagten, das *appetibile*. Allerdings ist es nach dieser Auffassung *notwendigerwei-*

se erstrebens- und wünschenswert. Es ist ein natürlicher Drang, dem nichts und niemand entgeht. Folglich gehört es noch nicht zum Bereich der Moral. Die Moral wird so zu einer Frage der richtigen *Präferenzen*: Wir alle erstreben und wählen das Gute; wenn wir uns nicht moralisch verhalten, dann, weil wir ein geringeres Gut einem höheren vorziehen. Diese Auffassung beruht offenbar auf einer Metaphysik, die hier nicht diskutiert werden soll. Wichtig für uns ist nur die Auffassung des Guten als das *Wünschenswerte*, wie sie auch viele spätere Moralisten teilten.
Aber auch das Wort "wünschenswert" ist zweideutig, ist ein Janus-Wort, wie Nowell-Smith sagen würde, ein Wort mit zwei Gesichtern. Betrachtet man die ethische Seite, so bezeichnet es etwas, das es wert ist, gewünscht zu werden, etwas, das gewünscht werden soll. Diese Bedeutung geht nicht über das hinaus, sondern wiederholt nur, was uns schon das Wort "gut" für sich allein sagt. Betrachtet man aber die andere Seite, dann bedeutet "wünschenswert" das, was tatsächlich gewünscht wird. Für jeden von uns wäre demnach das Gute einfach das, was wir jeweils tatsächlich wünschen. Diese Definition zerstört jede Möglichkeit einer moralischen Ordnung und führt zum reinen Subjektivismus; sie hat sich nur aufgrund der dargestellten Doppeldeutigkeit des Ausdrucks "wünschenswert", also aufgrund eines Wortspiels halten können.
Die Auffassung vom Guten als dem tatsächlich Gewünschten läßt sich objektivieren und universalisieren, wenn man das Wort "wünschenswert" durch das Wort "Lust" ersetzt. Man erhält dann das ethische System des sogenannten "Hedonismus" oder "Epikureismus", das sich - wie schon gesagt - auf der Linie der Reduktion der moralischen Bedeutung von "gut" auf einen im Prinzip außermoralischen Begriff wie "Lust" bewegt. Ich sage "im Prinzip", weil tatsächlich mit dem Aufkommen des Christen-

tums, seiner betont asketischen Form im Mittelalter und später mit dem Puritanismus und dem Jansenismus der Ausdruck "Lust" in das moralische Vokabular aufgenommen wurde, wenn auch mit negativem Vorzeichen ("Entsagt den irdischen Lüsten", "die schändlichen Lüste des Fleisches"). Es ist daher ein bislang ungelöstes Problem, das Wort "Lust" von diesem Stigma zu befreien und ihm so auf der weltlichen Ebene die Positivität zurückzugeben, wie dies auf der Ebene des Jenseits dadurch geschah, daß man es durch das Wort *fruitio*, Wonne, Genuß, ersetzte; es geht also darum anzuerkennen, daß alle Lust gut ist (im nicht-moralischen Sinne des Wortes) und damit zugleich immer auch auf die eine oder andere Weise alles, was wir aus freien Stücken tun (selbst dann, wenn wir es nicht gern tun, wie im Fall der - wie es heißt - entschädigenden Befriedigung aus der Pflichterfüllung).

Aber zwischen dieser Vorstellung und der Reduktion des gesamten Bedeutungsbereiches der Vokabel "gut" auf den des "Angenehmen" liegt ein Abgrund. Der reduktionistische Ansatz ist unbefriedigend, wie der Versuch - ein wahres Ei des Kolumbus - zeigt, das eine durch das andere Wort zu ersetzen. In dem Satz "Diese Temperatur ist gut" scheint es - wenn auch mit Einschränkungen - zulässig, "angenehm" an die Stelle von "gut" zu setzen: Man denkt zum Beispiel an die angenehme Temperatur einer Region ohne Jahreszeiten, ohne klimatische Schwankungen. Würden wir aber ohne Zögern eine Temperatur, die das ganze Jahr über gleich bleibt, "gut" nennen? Ist es wirklich sicher, daß wir glauben, sie sei gut für die Gesundheit? Man nehme nun einen anderen Satz, am entgegengesetzten Ende des Spektrums: "Eine Pflicht zu erfüllen, so unangenehm dies manchmal auch sein mag, ist immer gut." Hier ist der Austausch gar nicht möglich, denn er würde den Satz zu einem Widerspruch machen. Und selbst wenn man "gut" nicht im moralischen Sinn benutzt, haben die beiden Wörter nicht dieselbe Extension: Wenn wir von einem Auto sagen, es sei gut, meinen wir damit nicht, daß es Lust bereitet - auch wenn es das tut -, sondern vor allem, daß es gut funktioniert und seinen Zweck gut erfüllt.

Andererseits verlangt Objektivierung, um vergleichen zu können ("besser", "schlechter"), Kommensurabilität. Fast alle Hedonisten bis zu John Stuart Mill benutzten ein rein quantitatives Kriterium. Wie kann man aber die Lust vergleichen, die ein Musikliebhaber und Gourmet aus der Befriedigung der einen und der anderen seiner Vorlieben zieht? Wenn man jedoch die *Qualität* der Lüste unterscheidet, dann führt man damit *eo ipso* ein nicht-hedonistisches Kriterium ein. In der Moderne hat Freud den hedonistischen Ansatz wieder in Mode gebracht. In seinem Fall handelt es sich allerdings um den psychologischen Hedonismus, der sich vom ethischen offenbar unterscheidet: Daß die Menschen vom Lustprinzip getrieben *werden*, ist etwas anderes, als daß sie von ihm getrieben werden *sollen*. Zudem sprach Freud selbst von "Sublimierung" und schrieb *Jenseits des Lustprinzips*.

Das, was man dem Hedonismus als Lebensentwurf jedoch vielleicht aus der heutigen Sicht gesteigerter sozialer Sensibilität am meisten vorwerfen muß, ist - abgesehen von seiner Kurzsichtigkeit - sein egoistischer Individualismus. Was uns daher an ihm am meisten interessiert und worauf ich im folgenden auch zurückkommen werde, ist seine *soziale* Version, das heißt der Utilitarismus, vor allem unter dem neuen Etikett der Ethik der "Wohlstandsgesellschaft".

II.

Eine ausführlichere Analyse des Wortes "Glück" ist unverzichtbar, da es sich dabei wohl um den am wenigsten

geklärten Ausdruck der gesamten Ethik handelt. Wenden wir uns wieder Aristoteles zu. Wir haben gesehen, daß seiner Meinung nach alle Menschen das Gute wollen. Und *a priori* wollen sie das höchste Gut, also Glück, das er definiert als die "Operation [oder den Akt] der Seele, die der vollkommensten Tugend entspricht". Der (metaphysische) Zweck des Menschen besteht, wie der aller Geschöpfe, in der Verwirklichung all seiner Fähigkeiten, Talente und Anlagen, vor allem aber der allerhöchsten, also beim Menschen Geist und Klugheit. Die Betrachtung als Akt des Geistes und das praktisch Gute als Akt der Klugheit bilden den Zweck des Menschen, und in der - rein theoretischen, unpersönlichen - Betrachtung liegt das Glück. Dies, die Betrachtung, ist es, was Aristoteles unter Glück verstand. Obwohl er sich die moralische Aporie der Antike, wie sie sich im Bild des gerechten und trotzdem unglücklichen Menschen darstellt (und dem in der Moderne der "Skandal" einer von Gott geschaffenen und gelenkten "bösen" Welt entspricht), nicht stellte, war Aristoteles doch realistisch genug um zu wissen, daß es vollkommenes Glück ohne den Besitz auch der anderen Güter nicht gibt.
Die Scholastik ersetzte die theoretische Betrachtung durch die Gottes, der sie noch die Wonnen der Liebe hinzufügte. Dies alles wurde ins jenseitige Leben versetzt. Der Stoizismus sah dann das Glück - noch immer als höchstes Gut - in der Tugend, unabhängig von allen irdischen Gütern, was offenbar allzu paradox und unverständlich ist. (Wie wir schon sahen, beruhte dieses Ideal übermenschlicher Selbstgenügsamkeit auf einem mangelnden Vertrauen in die offene Auseinandersetzung mit der Realität.)
Die Hedonisten, die weniger metaphysisch ausgerichtet waren als Aristoteles und im Gegensatz zu den Stoikern dem alltäglichen Leben näher standen, verstanden unter Glück die Lust selbst, aber nicht die flüchtige, sondern die

dauerhafte, die lebenslang bestehen bleibt und deswegen gemäßigt und ausgewogen sein muß. Heutzutage schließlich verstehen wir unter dem "Glücklichsein" sowohl diesen Zustand der *aurea mediocritas* als auch flüchtige Momente höchster Befriedigung unserer Wünsche, Träume und Sehnsüchte - jedenfalls aber, wie man sieht, etwas, das, wie der junge Kant bemerkte, mit einer säkularisierten, irdischen Moral nichts zu tun hat.

Glück ist für die Modernen ein "Bewußtseinszustand", eine äußerst intime "Erfahrung", die sich - wie R. M. Hare festgestellt hat - von außen nur mit Hilfe einer "Übung unseres Vorstellungsvermögens" einschätzen läßt. Das aber bedeutet, daß es sich nicht nur nicht um einen ethischen, sondern auch nicht um einen empirischen Begriff handelt. Wie kommt es also, daß er so lange und zum Teil bis heute bei den Moralisten in hohem Ansehen stand?

Einer der Gründe dafür ist zweifellos, daß er in der philosophischen Terminologie nicht nur die Übersetzung der weltlichen *eudaimonía*, sondern auch der religösen, ja sogar mystischen *beatitudo* ist. Wenn man dem noch hinzufügt, daß die reine "Formalität", die Leere des Glücksbegriffs es erlaubt, ihn mit den verschiedensten Inhalten zu füllen: Welcher andere Begriff wäre von vergleichbar bequemer Handhabung, so daß jeder Philosoph ihn füllen kann, womit er will? Das (höchste) Gut besteht im Glück, und dies in *a)* der Einheit mit Gott, durch Betrachtung, durch Lust oder durch beides; *b)* richtigem Leben bzw. Pflichterfüllung; *c)* Tugendhaftigkeit; *d)* Entwicklung der Persönlichkeit bzw. Ausbildung des Selbst; *e)* Vervollkommnung bzw. Selbstverwirklichung; *f)* Dienst an der Gemeinschaft, Nächstenliebe usw.; *g)* Befriedigung aller Wünsche und Auskosten aller Lüste usw. So paradox es auch scheinen mag: Es ist diese Qualität eines leeren "Gefäßes", was dazu geführt hat, daß alle Philosophen - mit

Ausnahme von Kant und den Kantianern - den Ausdruck benutzt haben.
Bei den Nicht-Philosophen hat die *Neigung* aller Menschen zum Glück zusammen mit der zunehmenden Annäherung seines "Inhalts" an unsere Möglichkeiten den psychischen Eindruck hervorgerufen, es sei leichter erreichbar geworden. In der Antike wurde es als ein Ideal angesehen, das nur erreicht werden konnte von den betrachtenden Philosophen (Aristoteles), von denen, die auf übermenschliche Weise allem entsagten (Stoiker), von denen, die dies wegen der trügerischen Natur der Lust ebenfalls taten (Epikureer), und von denen, für die das Glück nur "Auserwählten" vorbehalten war und zwar nicht in dieser Welt, sondern im Jenseits (Scholastik). Heutzutage sieht das anders aus. Die moderne Trivialisierung des Wortes "Glück" ("Es macht mich glücklich" sagt man jetzt schon bei den allereinfachsten Erfolgen) entspricht der Demokratisierung, der Annäherung, der Vulgarisierung der Glückserwartungen. Das Glück scheint greifbar nah, schon im nächsten Jahr, wenn wir endlich das Auto oder das Eigenheim kaufen können oder die erhoffte Lohnerhöhung erhalten werden; Glück scheint so für Menschen jeglicher Geistesverfassung möglich, sobald nur die materiellen Einkünfte ein bißchen steigen. Es ist klar, daß sich am Ende die Dinge als komplizierter erweisen und daß, wenn wir erreicht haben, was wir fälschlich für Glück hielten, dieses sich wieder von uns entfernt; es genügt uns dann nicht mehr ein kleines Auto, damit wir glücklich sind, müßte es schon ein eleganter Wagen sein; aus unserem Häuschen müßte eine luxuriöse Villa werden; und das Glück scheint auch nicht mehr *nur* eine Frage des Geldes, sondern auch eine des *Status*: Wenn wir doch nur Direktor der Firma werden könnten, in der wir arbeiten; wenn wir doch nur Minister werden könnten! (Das letzte Beispiel ist

schlecht gewählt: Wie die Erfahrung zeigt, kann heutzutage jeder Minister werden.) Die bitter-süße Wahrheit ist, daß sich das Glück, je näher wir ihm zu sein scheinen, desto weiter von uns entfernt. Aber es ist gerade dieses ständige "Näherkommen", dieses aufregende Gefühl, das Glück schon mit den Fingerspitzen "berühren" zu können, die "Intensität", die das Leben erhält, wenn wir ein verlokkendes Ziel vor Augen haben, was uns Menschen - zusammen mit manchen "Momenten" scheinbarer Erfüllung - in der Welt wie Glück vorkommt.
Aus einer nicht eigentlich ethischen, nicht wertenden, sondern einfach deskriptiven Perspektive muß man feststellen, daß ethische Imperative im Lebensprojekt der meisten Menschen, wenn sie überhaupt als solche anerkannt werden, nur einen untergeordneten Rang einnehmen oder doch zumindest in den Dienst des Glücks gestellt werden und daß dies - vor allem in seiner im folgenden behandelten *sozialen* Version - die Alltagsethik, die gewöhnliche Ethik unserer Zeit darstellt.

III.

Auch der Utilitarismus - das Ende des 18. Jahrhunderts in England erfundene ethische System - geht von der Lust als einzigem intrinsischem Gut aus. Nur handelt es sich hier nicht um die egoistische individuelle Lust; das moralische Ziel besteht vielmehr in der Förderung der größtmöglichen Lust für die größtmögliche Zahl von Menschen. Trotz des auch hier wieder unternommenen Versuchs, den ethischen Begriff des Guten durch den nicht-ethischen der Lust zu ersetzen, ist dieses System als rein diesseitige Ethik offenbar den weiter oben behandelten vorzuziehen: der "altruistische", "soziale" Anstrich ist schon eindeutig ethisch. Das psychische Hindernis, das seine Akzeptanz so schwer macht, entspringt hauptsächlich der traditionellen Abwertung des Ausdrucks "Lust", von der ich schon gesprochen habe. Wenn wir aber, wie wir alle es heutzutage in der Alltagssprache tun, "Lust" und "Glück" durch *Wohlergehen* ersetzen, dann nähern wir uns damit dem Bereich der in unserer Zeit - zumindest in der westlichen Welt - tatsächlich praktizierten und gelebten Ethik, nämlich der Ethik der "Wohlstandsgesellschaft". "Lust" erscheint uns allzu vergänglich, "Glück" allzu romantisch; "Wohlstand" ist das Wort, das unser Ziel am besten definiert - ein Ziel, das ebenso von uns selbst wie von Gesellschaft und Staat abhängt, wegen der Unterstützung, dem Schutz und der Sicherheit, auf deren Gewährung wir einen Anspruch zu haben glauben: Vermittels politisch-sozialer Organisation helfen wir uns gegenseitig, zu unserem eigenen Vorteil, im Dienste der größtmöglichen Wohlfahrt. Der Individualismus der Ethik der Lust bzw. des Glückes scheint so mit einem gewissen "Sozialismus" verbunden. Die Beziehung zwischen Utilitarismus und *Welfare State*, die einer bis zu einem gewissen Punkt gemeinsamen ethischen Vorstellung entspringen, muß uns nicht verwundern, wenn wir einerseits an den Willen der Utilitaristen denken, ihren Prinzipien in den Gesetzen Gestalt zu geben, und andererseits daran, daß sich John Stuart Mill in seinen letzten Lebensjahren für den prä-marxistischen Sozialismus und Kommunismus interessierte.

Der Wohlfahrtsutilitarismus, der heute wohl die nicht nur bei den Nicht-Philosophen, sondern auch bei den Philosophen (wenn diese es auch oft wegen seines normativen, außerwissenschaftlichen Charakters nicht offen zugeben und sich lieber auf die logische Analyse der Sprache der Moral beschränken) am weitesten verbreitete materiale Moral darstellt, wirft jedoch schwere Probleme auf: Da er ausschließlich das Wohlergehen als "intrinsisches Gut" betrachtet, muß er alle intrinsisch ethischen Akte - wie Einhaltung von Normen, Pflichterfüllung, Tugendhaftigkeit usw. - in die Kategorie "instrumentaler Güter" verweisen, und das auch nur dann, wenn sie eine Erhöhung des Gemeinwohls zur Folge haben. Das aber heißt, daß das, was wir vom rein ethischen Standpunkt als *gut* ansehen, von den Utilitaristen nicht so eingeschätzt wird, es sei denn, es würde sich günstig auf das Gemeinwohl auswirken.

Eine Umformulierung des Utilitarismus mit dem Ziel, dieses Problem zu lösen, ist der sogenannte "Regelutilitarismus", der auf der These beruht, daß es *immer* nützlich ist, die Regel zu befolgen. Zwar kann eine Regelwidrigkeit in gewissen Einzelfällen, isoliert betrachtet, größeren Nutzen hervorbringen, dies aber nur um den - allzu hohen - Preis einer Schwächung der Regeln, was viel größere Übel nach sich zieht, als der Anstieg der Wohlfahrt kompensieren könnte. Nach dieser Auffassung sollen Taten zwar nach ihren Folgen bewertet werden, aber die Einhaltung der im voraus nach dem utilitaristischen Prinzip bewerteten Regeln führt in der Aufrechnung von Vor- und Nachteilen zu einem positiven Saldo für die Wohlfahrt.

Die vom Regelutilitarismus gemachte Annahme geht jedoch zu weit; würden wir sie kritiklos akzeptieren, dann würde diese Theorie praktisch unangreifbar. Tatsächlich sind bzw. werden manche Regeln ungerecht; in der Sprache des Utilitarismus kann man sagen, daß ihre strikte Einhaltung keineswegs das Gemeinwohl fördert, sondern im Gegenteil die allgemeine Zufriedenheit verringert. Dies sind dann Regeln, die man vielleicht nicht ändern, aber doch nuancieren und differenzieren muß, und zwar gerade nach dem ursprünglichen utilitaristischen Kriterium.

Die Kritik am Utilitarismus - der selbstverständlich gar nicht grob hedonistisch sein muß, sondern die subtilsten Aspekte diesseitiger seelischer und geistiger Wohlfahrt beinhalten kann - muß heute, seiner eigenen Norm gemäß, *bei seinen Folgen, seinen Früchten* ansetzen, die wir in der Lebensauffassung, im individuellen und kollektiven Ideal der sogenannten "Wohlstandsgesellschaft" vor Augen haben, und nicht beim Gedanken an seine philosophisch-geschichtliche Formulierung. Es ist offenkundig, daß die Förderung des Wohlergehens, die Erhöhung des Lebensstandards, die vollständige Befriedigung der Bedürfnisse *aller* oberstes Ziel jeder vernünftigen Ethik ist. Kann aber der letzte Zweck, den eine Ethik - so weltlich sie auch sein mag - vorschreibt, darin bestehen, daß jeder Bürger ein Haus und ein Auto, einen Fernsehapparat, mehrere Radios, einen Eisschrank, eine Wasch- und eine Geschirrspülmaschine besitzt (wenn auch auf Raten gekauft) und außerdem eine Sozial-, Unfall-, Renten- und Lebensversicherung sowie alle anderen denkbaren Versicherungen, einschließlich einer für das ewige Leben, durch die Zugehörigkeit zu der Religion, die der jeweiligen Ethnie, der gesellschaftlichen Schicht und der individuellen Persönlichkeit am ehesten entspricht? Wenn der nüchtern-idealistische Jeremy Bentham und die beiden Mills - Vater und Sohn - sehen könnten, wohin uns die praktische Ausdehnung ihres Utilitarismus geführt hat, würden sie unsere Gesellschaft ganz sicher - mit Recht - als materialistisch verdammen. Wenn Henry Sidgwick, der letzte große Utilitarist, der sich zusammen mit seiner Frau für die feministische Emanzipation engagierte, sehen könnte, daß sich die Wünsche der Frauen heute auf die sexuelle Emanzipation beschränken und sie in allem anderen die männliche Vorherrschaft zu akzeptieren scheinen, und wenn sie alle, die sich am politischen Kampf für die Errichtung einer wahren Demokratie beteiligten, sehen könnten, wie unsere Zeitgenossen, solange man ihnen nur ein bequemes Leben garantiert, aus freien Stücken die völlige Entpersonalisierung ihrer Existenz akzeptieren und sich jeder mehr schlecht als recht als Technokratie maskierten Diktatur unterwerfen, dann würden sie dies ohne Zweifel als eklatanten Verrat an ihrem Utilitarismus ansehen. Und doch hat die derzeit gelebte Moral, die Wohlfahrt als einziges "intrinsisches Gut" anerkennt, nicht Unrecht, wenn sie sich in der Nachfolge der Lehre jener nüchternen Utilitaristen sieht. Gerade deswegen glauben wir ja, daß Wohlstand ein unserem moralischen Bemühen aufgegebener höchster Zweck sein kann und soll. Nur führt eine "Sättigung" an Wohlstand - die im übrigen noch nicht sehr weit, geschweige denn zu allen Menschen vorgedrungen ist - zum Protest und zur Ablehnung einer an derartigen Idealen ausgerichteten Gesellschaft und schließlich zu einer zynischen moralischen Haltung - im moralgeschichtlichen Sinne jener zerlumpten Bettelphilosophen, die in der Antike mit ihrer Lebensweise gegen eine dekadente Zivilisation demonstrierten. Einer solchen "nicht-utilitaristischen" Einstellung ähnelt - sogar bis in das ungepflegte Äußere - die der jugendlichen Rebellen unserer Zeit.

IV.

Bis hierhin war das Wort "gut" als grundlegend für die Moral angesehen worden. Im folgenden wollen wir uns mit den Versuchen befassen, es durch andere zu ersetzen, nämlich durch "Pflicht" bzw. "Sollen" *(deber)* oder durch "Wert".

Wir haben gesehen, daß das lateinische *bonum* und die entsprechenden Wörter in den modernen westlichen Sprachen zugleich nicht-moralische und moralische Bedeutung besitzen. Wir haben uns weiterhin - notwendigerweise in groben Zügen, wegen des beschränkten Umfangs dieser

Arbeit - mit dem Versuch beschäftigt, diese Doppeldeutigkeit durch die Reduktion der vermeintlichen moralischen Bedeutung auf die nicht-moralische aufzuheben. Demnach würde "gut" *immer* das Angenehme, das Wünschenswerte, Lust und Glück - und alles, was dazu führt - sowie das Nützliche bezeichnen. Im gleichen Sinne würde man ein Gericht, ein Auto und einen Akt der Tugend *gut* nennen: sie alle erzeugen Lust, sind nützlich oder führen zum Glück, das wir heutzutage - weniger romantisch - lieber als Wohlfahrt bezeichnen.

Wir haben auch gesehen, wie unbefriedigend derartige Reduktionen sind. Folglich ist es an der Zeit, sich mit dem anderen Weg zu befassen, auf dem sich die Mehrdeutigkeit aufheben läßt: Es geht darum zu zeigen, daß sie auf der Armut der Sprachen beruht, die nur *ein einziges* Wort besitzen, um *zwei* völlig unterschiedliche Dinge zu benennen. Diese Armut und Mehrdeutigkeit haben ihre Wurzeln in einem Erbe der griechisch-römischen Antike: im Hedonismus und *Eudaimonismus* als Lebenseinstellung.

Kant war es, der die kopernikanische Wende in der Moral herbeiführte, parallel zu der von ihm bewirkten Wende in der Erkenntnistheorie. Er stützte sich zu diesem Zweck auf eine Möglichkeit, die ihm seine Sprache bot: die Unterscheidung zwischen *gut* und *wohl* (sowie zwischen *böse* und *schlecht*)[1], wobei er jeweils das erste Wort zur Bezeichnung des moralisch Guten (bzw. Schlechten) und das zweite zur Bezeichnung des Guten (bzw. Schlechten) im nicht-moralischen Sinne benutzte. Demnach sind die Dinge, die wir gut nennen, gut im Sinne von *wohl*. Das einzige aber, das es wirklich verdient, gut genannt zu werden, ist nicht außerhalb von uns selbst, sondern in uns; und es kann auch nicht das Glück sein, denn da wir es notwendi-

[1] [Deutsch im Original; Anm. d. Ü.]

gerweise, aus natürlichem Drang, anstreben, hat es mit der Moral nichts zu tun; vielmehr ist es einzig und allein der *gute Wille*, der auf die *Pflicht* gerichtet ist. Die Doppeldeutigkeit wird so ausgemerzt, indem jedem Phänomen ein eigenes Wort zugewiesen wird; gleichzeitig wird auch der *Reduktionismus* der oben behandelten Lehren vermieden, also der Ersatz moralischer durch angeblich synonyme nicht-moralische Ausdrücke.

Wie man sieht, "läuterte" Kant nicht nur das Wort "gut" für die Moral, sondern verlegte sich dabei seinerseits auf einen Reduktionismus: die Rückführung des moralisch Guten auf die Pflichterfüllung. Diesen Reduktionismus mitzumachen sind bei weitem nicht alle bereit. Schließlich ist offenkundig, daß es viele Handlungen gibt, deren Ausführung zwar *gut* wäre, die aber keineswegs eine *Pflicht* darstellen. Die Pflicht ist sozusagen die negative, zwingende, obligatorische Seite des moralisch Guten.

Die Gleichsetzung des *Guten* mit der Pflicht sowie die Verlagerung des moralischen Kernbegriffs von jenem auf diese versetzte Kant allerdings in die Lage, Ethik im streng moralischen Sinn zu treiben; dies umso mehr, als auch das Verb "sollen" (genau wie das Verb "dürfen") im Deutschen - wie im Englischen und anders als im Spanischen - ein eigenes Wort bildet, das sich von "müssen" (bzw. "können") im nicht-moralischen Sinn unterscheidet.[2] Die von den Engländern wiederholt vorgenommene Analyse von *ought* (und *right* - ein weiterer rein wertend benutzter, aber trotzdem nicht immer moralischer Ausdruck) hat jedoch gezeigt, daß diese Wörter - wie auch

2 [Die vorstehende Textpassage ist - und gerade das ist ihre Aussage - im Deutschen kaum nachvollziehbar: Im Spanischen gibt es nur ein einziges Wort *(deber)* für die deutschen Substantive "Sollen" und "Pflicht" und die Verben "sollen" und "müssen"; ähnlich bedeutet das spanische Wort *poder* als Substantiv "Können" und "Macht" und als Verb sowohl "können" als auch "dürfen"; Anm. d. Ü.]

duty - weder Synonyme von "gut" *(bueno)* noch untereinander gleichbedeutend sind.

Das zur gleichen Zeit wie der Utilitarismus entstandene Kantische System ist jenem frontal entgegengesetzt; die beiden bilden zwei gegenläufige Lösungen für ein und dasselbe Problem. Die Kantische Moral sieht die moralische Qualität in der Tat selbst, mehr noch, in der inneren Quelle, aus der sie entspringt, in der *Gesinnung*[3], dem guten Willen, unabhängig vom Erreichten, vom Ergebnis, von den Folgen oder jedem natürlichen Drang. Der Utilitarismus dagegen sieht das intrinsisch Gute in dem, was wir von Natur aus anstreben, im Wohlergehen, und den moralischen Charakter unseres Verhaltens in der Maximierung der Wohlfahrt, in einem Ergebnis, das der Ausbreitung und Zunahme des Guten entspricht, also in etwas, das nicht unseren Taten selbst intrinsisch, sondern Folge dieser Taten ist. Im Kantischen System flößt das *Moralgesetz*, so formal es auch sein mag, höchsten Respekt ein. In diesem Sinne ist die Kantische Moral zwar völlig autonom, aber doch streng normativ. Im Utilitarismus wird das (instrumentell) Gute an seinen Früchten gemessen. Wenn Normen überhaupt eine Rolle spielen - was, wie wir gesehen haben, beim sogenannten Regelutilitarismus der Fall ist -, dann aufgrund der guten Folgen, die vermeintlich mit ihrer Einhaltung verbunden sind. Andererseits ist Kants Ethik streng individualistisch; sie besteht in einem Appell an das Gewissen jedes einzelnen, seine Pflicht zu erfüllen. Der Utilitarismus dagegen ist eine, wenn auch unbefriedigende, Sozialethik, denn sein Ziel ist die Förderung des Gemeinwohls.

Die Wertethik wollte das Dilemma zwischen Naturalismus und Moralismus aufheben. Demzufolge besteht das Gute

---

[3] [Deutsch im Original; Anm. d. Ü.]

nicht in *Dingen*, nicht einmal in *psychischen Dingen* (Lust) oder einer Mischung davon (Wohlergehen, Glück), aber auch nicht in erster Linie in der Pflicht, sondern in etwas, das *über* beidem steht, nämlich im *Wert*. Dieses "über" ist manchmal metaphysisch zu verstehen; in diesem Fall haben wir es mit der Metaphysik der Werte von Scheler und Hartmann zu tun: Werte sind demnach ideale Wesenheiten, die sich in den (guten) Dingen niederschlagen können, die aber andererseits von den Menschen - selbst Träger von Werten - ihre Verwirklichung verlangen und manchmal sogar einfordern. Moralisch am höchsten steht die spontane Verwirklichung; die Mindesterfüllung jener Forderung, in eine Regel gefaßt, ergibt die Pflicht. Die Werttheorie hat aber auch - insbesondere in der angelsächsischen Welt - nicht-metaphysische Formulierungen erhalten. Für den Amerikaner John Dewey ist das (moralisch) Gute weder ein eigenständiges "Wesen" noch eine gegebene Wirklichkeit, sondern die *valuation* oder Beziehung des Subjekts zu den Dingen im Hinblick auf die Handlung, die es vollziehen will, und ihren Zweck. Für seinen Landsmann Perry ist der Wert, wie später Nowell-Smith sagte, eine "Pro-Haltung", ein "Dafürsein" oder, anders ausgedrückt, Gegenstand eines "Interesses". Auch diese beiden Philosophen versuchen, wie man sieht, den Wertbegriff über die Antithese Naturalismus-Moralismus zu stellen. Nur ist der Weg zur Aufhebung jetzt nicht mehr die Metaphysik, sondern eine psychologische Handlungstheorie, nämlich der Pragmatismus. Die Moral besteht demnach in der Harmonisierung der verschiedenen Interessen.

V.

Aus dem bisher Gesagten ergibt sich das Scheitern der dreifachen Bemühung: *a)* den Begriff des Guten auf einen nicht-moralischen Begriff zu reduzieren (der nach Moore sogenannte "naturalistische Fehlschluß"), *b)* den Begriff des Guten zu läutern, um ihm eindeutig moralische Bedeutung zu geben (der Moralismus von Kant) und *c)* die obige Antithese dadurch aufzuheben, daß ein anderer Begriff, nämlich der des Wertes, ihm übergeordnet wird.

Zweifellos waren es die Philosophen aus Oxford, die mit der größten Sorgfalt die vielfältigen Verwendungsweisen des Ausdrucks "gut" (und anderer Wörter aus der Sprache der Moral) analysiert haben. Bei ihnen steht jedoch die Unterscheidung zwischen moralischen und nicht-moralischen Termini nicht an erster, sondern erst an zweiter Stelle. An erster Stelle steht die Unterscheidung zwischen dem gewöhnlichen, nämlich dem *wertenden* Gebrauch des Wortes "gut" und einem Gebrauch, der konventionell und daher als *beschreibend* aufzufassen ist. (Diese Unterscheidung ist, wie wir sofort sehen werden, im moralischen Kontext von großer Bedeutung.)

Ein wertender Gebrauch liegt dann vor, wenn das Wort "gut" als Ausdruck einer persönlichen Haltung benutzt wird, um eine Wahl oder Entscheidung zu begründen, einen Rat zu geben, zu loben und Beifall zu spenden, zu empfehlen, zu urteilen und gutzuheißen oder die Funktionstüchtigkeit eines Dings (ein gutes Messer) oder einer Person (ein guter Schreiner) zu behaupten (Nowell-Smith); letztlich also, um - wie Hare zusammenfassend zu sagen vorzieht - im weitesten Sinne des Wortes etwas zu "empfehlen". Beschreibend wird das Wort "gut" dagegen gebraucht, wenn die Person, die es benutzt, damit keine persönliche Meinung ausdrücken, sondern nur angeben will, "was die meisten Menschen 'gut' finden" - möglicherweise auch sie selbst -, wenn also die herrschende Meinung oder eine Expertenmeinung wiedergegeben wird, ohne daß der Sprechende eine eigene Wertung äußert.

Bleiben wir einen Augenblick beim wertenden Gebrauch. Kann man im gleichen Sinne von einem Messer, einem Schreiner und einem Menschen sagen, daß sie gut sind? Wir nennen ein Messer gut, wenn es *gut* schneidet (Funktionstüchtigkeit), was wesentlich davon abhängt, ob es eine *gute* Klinge hat, aber auch davon, ob es sich gut handhaben läßt, das heißt, ob es *gut* proportioniert ist und eine *gute* Verbindung zwischen Griff und Klinge besitzt (Eigenschaften). Wir halten einen Schreiner für gut, wenn wir feststellen, daß er für jedes Werk eine *gute* Wahl der passenden Holzart trifft, daß er das Holz gut zuzuschneiden und zu polieren versteht usw. und daß er schließlich gute Türen, Fensterrahmen und andere Schreinerarbeiten herstellt. Und wir sagen, daß dieser Schreiner nicht nur ein guter Schreiner, sondern auch ein guter Mensch ist, wenn er - in seinem Beruf - seine Zusagen einhält, fleißig ist, korrekte Rechnungen ausstellt usw. und wenn er - außerhalb des Berufslebens - ein guter Ehemann und Familienvater, ein guter Bürger (was meist nicht berücksichtigt wird), ganz allgemein ehrlich in seinem Verhalten und besorgt um das Schicksal seiner Arbeitskollegen ist (was meist ebenso wenig berücksichtigt wird). In allen drei Fällen sind wir selbst es, die über das Gutsein urteilen (würden wir uns darauf beschränken, ein Messer, einen Schreiner oder einen Menschen für gut zu halten, weil dies die allgemeine Meinung ist, dann wäre der Gebrauch von "gut" nicht wertend, sondern beschreibend).

Was ist es nun aber, was dem Messer, dem Schreiner und dem Menschen diese Qualität des Gutseins verleiht? Es ist nichts Mysteriöses, Unbegreifliches oder nur intuitiv Erfaßbares, sondern einfach eine Eigenschaft bzw. eine Menge von Eigenschaften, und zwar bei jedem Gebrauch des Wortes "gut" eine andere: Die Eigenschaften, die bewirken, daß ein Mensch als gut angesehen wird, sind völlig verschieden von denen, die ein gutes Messer besitzen muß. Nach Hare ist jedoch der Gebrauch, den wir von dem Wort "gut" machen, die Funktion, die es erfüllt, sofern es wertend benutzt wird, immer die gleiche: eine noch zu treffende Wahl zu empfehlen bzw. eine getroffene zu loben. Hare verleiht damit offenbar dem wertenden Gebrauch des Ausdrucks "gut" eine gewisse "Eindeutigkeit". Es spielt keine Rolle, in welchem moralischen oder nichtmoralischen Kontext das Wort gebraucht wird. Die - rein deskriptiven - Eigenschaften und Funktionen sind von Fall zu Fall verschieden; Unterschiede gibt es nicht nur zwischen dem "Guten" im moralischen und dem "Guten" im nicht-moralischen Bereich, sondern auch zwischen den verschiedenen Arten von "gut" in verschiedenen nicht-moralischen Bewertungszusammenhängen: Was ein Messer gut macht, ist nicht dasselbe wie das, was einen Tisch gut macht oder was aus einem Elektriker einen guten Elektriker macht. (Das Vorstehende ist dahingehend zu berichtigen, daß es neben der "Eindeutigkeit" von "gut" auch eine "Vieldeutigkeit" gibt, nämlich - um mit Aristoteles zu sprechen - die der *Tugenden*, die seinen Gebrauch rechtfertigen.) Nun haben wir - so Hare weiter - zu Messern, Tischen, Schreinern und Elektrikern nur eine lockere Verbindung: Dinge - ob sie nun gut oder schlecht sind - werden zwar von uns benutzt, aber keiner von uns ist eines dieser Dinge. Wohl können wir Schreiner oder Elektriker sein, aber streng genommen sind wir das nur, solange wir den entsprechenden Beruf ausüben; vorher, hinterher, währenddessen und überhaupt immer sind wir jedoch Menschen. Zwar können wir aufhören, Schreiner zu sein, aber niemals können wir aufhören, Mensch zu sein. Genauso könnten wir zwar darauf verzichten, Messer oder Tische zu benutzen, wir können aber nicht aufhören, mit anderen Menschen zu interagieren.

Auf dieser allgemeinen Ebene ist, wie ich meine, die Theorie von Hare zufriedenstellend. Unbefriedigend ist sie jedoch hinsichtlich ihrer Tendenz, das moralisch Gute und das nicht-moralisch Gute gleichzusetzen; aber genau in diesem Aspekt zeigt sie sich, obwohl oder gerade weil sie uns nicht zufriedenstellt, als Kind unserer Zeit, als Ausdruck der heutigen Sensibilität.

Sie ist befriedigend, weil sie den wertenden Ausdrücken und insbesondere dem Terminus "gut" - im Gegensatz zur strikten Unterscheidung von deskriptiver und emotiver Bedeutung - einen Wert von sehr viel größerer Objektivität beimißt als den eines bloßen Gefühlsausdrucks. "Gut" ist das Wort, das wir, vor allem in der Komparativform "besser", benutzen, um eine Wahl (die eines Werkzeugs, einer Handlung, einer Person, einer Lebensform) zu empfehlen. Die besondere "Analogie" besteht hier in der Unterscheidung zweier Momente: dem des eindeutigen - wertenden - Gebrauchs des Wortes "gut" (Empfehlung) und dem der Analyse der "Tugenden", von denen es abhängt, ob etwas gut genannt werden kann, also einem Moment offenkundiger Vieldeutigkeit (die "Tugenden", die bewirken, daß ein Messer, ein Pferd, ein Schreiner als Schreiner oder ein Mensch als solcher gut ist, sind völlig verschiedene). Diese Aufteilung ist befriedigender als die von anderen Philosophen vertretene Auffassung, wonach das Gutsein eine "Eigenschaft von Eigenschaften" bzw. eine strukturelle Beziehung zwischen solchen ist, denn sie führt zu einer besseren Unterscheidung der Ebene der Bewertung bzw. Beurteilung von der Ebene der Beschreibung.

Wie wir gesehen haben, setzt Hare praktisch die Bedeutung des Guten in moralischen Zusammenhängen mit der in nicht-moralischen Zusammenhängen gleich. Hierin geht er, wie ich meine, zu weit. Die Frage "Gut wofür?" trennt das eine radikal vom anderen. Ein gutes Messer ist gut, *um* zu schneiden; ein gutes Pferd ist gut, *um* darauf zu reiten oder *um* eine Kutsche zu ziehen; ein guter Schreiner ist gut, *um* Türen und Fenster zu machen. Im Hinblick auf gute Taten, gutes Verhalten, eine gute Persönlichkeit oder eine gute Lebensweise ist die Frage "Wofür?" sinnlos. Wie Toulmin richtig bemerkt hat, stoßen wir mit dieser Frage an die Grenze der Ethik selbst, wenn man sie im weitesten Sinne *praktisch* versteht als das gesamte menschliche Verhalten, das Handeln des Menschen gegenüber den anderen Menschen in der Welt. Also lassen wir entweder die Moral auf sich selbst beruhen - wie es Kant ein für allemal tat -, oder wir sehen ein, daß sich die Moral der Religion öffnen muß. Dann aber haben wir den philosophischen Bereich verlassen.

Wir wollen nun der Frage nachgehen, warum wohl Hare auf diese Weise vorgegangen ist. Der methodologische Grund liegt auf der Hand: Um beide Extreme, moralischen Naturalismus und moralischen Emotivismus, zu vermeiden, mußte er sich zugleich auf die natürlichen Eigenschaften - die "Tugenden", die, wie die Griechen sagen, alle Dinge besitzen - und auf den urteilenden bzw. wertenden Charakter des Wortes "gut" stützen. Beide Merkmale liegen aber sowohl beim moralischen als auch beim nichtmoralischen Gebrauch vor. Auf dieser Grundlage müßte die Abtrennung der moralischen Funktion willkürlich scheinen. Tatsächlich bleibt Hare ganz und gar dem dauerhaftesten Teil der aristotelischen Ethik treu: Die Menschen sind - wie die Dinge - dann gut, wenn sie ihre Tugend verwirklichen. Daß die dem Menschen ureigene "Tugend" der Geist ist, wird nur im Zusammenhang mit Fragen des Ausdrucks diskutiert. Und daß die Umsetzung dieser Tugend oder Fähigkeit in der theoretischen Betrachtung besteht, ist eine Auffassung von der Rolle des Menschen, die nicht nur Aristoteles, sondern auch die griechische philosophi-

sche "Theologie" vertrat. Aber weder Hare noch wir teilen diese Auffassung heute noch.
Abgesehen von den Gründen dafür entspricht die Haresche Vorstellung in ihrem tieferen Sinne der heutigen Sensibilität. Weit entfernt vom "Sollen um des Sollens willen", vom Moralismus, vom feierlichen, erhabenen, ehrerbietigen Sinn des Moralgesetzes, entwirft Hare diese *einfache Sittlichkeit*[4], von der Bollnow sprach, diese "positive" Art, die moralische Aufgabe wie ein *gutes* Bauwerk in Angriff zu nehmen: Entwurf eines Hauses, Entwurf eines Verhaltens, Entwurf eines Lebens. Die Menschen sind gut - wie die Dinge gut sind -, wenn sie dazu taugen, das zu tun, was getan werden muß, was man von ihnen erwarten kann.

VI.

Aus dem Vorangegangenen geht hervor, daß der Begriff des "Guten" wie auch die anderen Moralbegriffe (das Gerechte, die Pflicht usw.) als rein wertende Begriffe ein leeres Gebot enthalten, sich zu einem Werturteil entwickeln und uns für sich allein nicht sagen, *was* gut ist, was wir tun sollen. Ist es denn möglich, ganz konkret zu wissen, was im Bereich der Moral gut und was böse ist? Nach dem, was bis hierhin gesagt wurde, scheint es so: Man muß nur die Eigenschaften betrachten, die uns dazu berechtigen, eine Tat, ein Verhalten, eine Lebensweise "gut" zu nennen - Eigenschaften, die diesen sozusagen zugrundeliegen. Das erste Kriterium oder Prinzip, das einem aufgrund des Vorstehenden einfällt, um das Gute zu erkennen, ist die *Tugend* - im griechischen Sinne des Wortes. Wenn das, was ein Messer gut macht, seine "Tugend" ist,

---

[4] [Deutsch im Original; Anm. d. Ü.]

gut zu schneiden, was ist dann wohl die ureigene Tugend des Menschen als Mensch? Wahrscheinlich hat er, als eine unendlich vielfältigere, komplexere Realität als ein Messer, viele "Tugenden". Für Aristoteles und seine Zeit waren die am meisten geschätzten die Fähigkeit zur geistigen Betrachtung und die praktische Intelligenz oder "Klugheit" sowie die Harmonie bzw. Ausgeglichenheit des Charakters. Vorher, in einer heroischeren Epoche, schienen die hervorragendsten Tugenden "Seelengröße" und "Tapferkeit" zu sein. Später, mit dem Stoizismus, wurden sie alle verdrängt von der stolzen asketischen Entsagung. Das Christentum machte dann die Nächstenliebe zur Haupttugend; daneben entwickelte es eine Askese der Weltentsagung. Mit der Reformation und vor allem mit dem Calvinismus traten Fleiß und eine neue Askese *in der Welt* in den Vordergrund. Und heute schließlich - um die Liste grundlegender Tugenden nicht endlos lang werden zu lassen - werden, wie soeben schon gesagt, die einfachen, positiven Tugenden bevorzugt; man könnte sagen, wir leben in einer Zeit der Demokratisierung der Tugend.
Was kann man aber nun dieser langen Geschichte des Wandels menschlicher Tugenden entnehmen? Wie schon vermutet, taugt der Mensch - anders als das Messer - zu vielem, er hat viele Tugenden, die im Laufe der Geschichte zum Vorschein gekommen sind. Tatsächlich zeichnet sich der Mensch durch seine Plastizität aus, durch die Fähigkeit, die verschiedensten Tugenden zu üben. Damit aber können wir weiterfragen: Welche von ihnen allen ist denn nun die höchste, die es verdiente, die "beste" genannt zu werden, der Inbegriff des Guten? Die Antwort auf diese Frage hängt von einem weiteren moralischen Prinzip oder Kriterium ab: vom Lebensstil, der Existenzform, dem *way of life*. Für Aristoteles war es der theoretisch denkende Mensch und der kluge Mann, für das Christentum der Hei-

lige - wobei das Wort seinerseits eine Vielfalt von Unterformen des Lebens abdeckt (man vergleiche so unterschiedliche Heilige wie den Heiligen Franz von Assisi, den Heiligen Thomas von Aquin, den Heiligen Ignatius von Loyola und den Heiligen Johannes vom Kreuze) -, für die Neuzeit der Edelmann und der Ritter, der *honnête homme* und der *gentleman.* Keines dieser Ideale scheint den heutigen Menschen noch merklich zu bewegen. (Nicht einmal mehr das Wort "Ideal" selbst.) Unser zweites Kriterium scheint folglich gerade so unsicher wie das erste. Worauf sollen wir uns also stützen? Die Scholastiker und später die sogenannten Naturrechtler sprachen von einem dritten Kriterium oder Prinzip, dem des sogenannten *Naturrechts.* Die meisten heutigen Philosophen stimmen darin überein, daß das Naturrecht flexibel und wandelbar, dynamisch und historisch geprägt ist. Geschieht damit also etwas ähnliches wie mit dem Schneidinstrument? Zuerst war es sehr weit davon entfernt, ein Messer zu sein: eine Steinaxt erfüllte die Funktion. Später lernte man den Umgang mit Metallen; noch später wurde der Stahl erfunden. Und heute heißen - wenn auch aus ganz anderen Gründen als in der Prähistorie - besonders scharfe und präzise Schneidinstrumente auch nicht "Messer". Kann das "Naturgesetz", das in biblischen Zeiten die Polygamie gebot, das sich weder den Methoden der Inquisition noch der Verweigerung jeder religiösen Freiheit zu widersetzen schien und auf das sich noch immer viele berufen, die den Gebrauch von Verhütungsmitteln für unerlaubt halten, kann dieses "Naturrecht" das unerschütterliche Kriterium für das, was gut und was nicht gut ist, liefern?

Sicherlich gibt es andere, weniger zweifelhafte Prinzipien: die sogenannte *"Goldene Regel"* (deren bekannteste Formulierung lautet: "Was du nicht willst, das man dir tu', das füg' auch keinem anderen zu"), seine geläuterte Version im *Kategorischen Imperativ* Kants sowie die analytischen Ergebnisse, zu denen Reiner gelangte. Diese Prinzipien sind aber, wie auch die existentialistische *"Authentizität"*, rein *formal* und sagen uns nichts genaues darüber, *was* denn nun zu tun und zu lassen ist. Ähnlich, nur aufgrund ihrer Subjektivität noch schlimmer, ist dies mit dem Prinzip der *Liebe* und dem des *Gewissens* (das nicht nur irren kann, sondern oft auch zu Urteilen kommt, die auf undurchsichtige Weise aus unseren Trieben entstehen und dann einem "Rationalisierungsprozeß" unterworfen werden).

Dieser vergeblichen Suche nach unverrückbaren, verläßlichen Kriterien entgegengesetzt ist die sogenannte *Situationsethik*, die alle Kriterien, Prinzipien und Normen ablehnt und stattdessen verlangt, daß jedes moralische Subjekt in jeder Lebenslage zu einer eigenständigen Lösung bzw. Entscheidung findet. Dies ist natürlich eine völlig unrealistische Forderung, aber sie hilft uns verstehen, wie unsere tatsächliche moralische Situation ist, von der wir ausgehen müssen. Der Mensch lebt seit jeher - soweit unsere Kenntnisse zurückreichen - in einer Gesellschaft, die einen *Moralkodex* besitzt (der entweder dem religiösen oder rechtlichen Kodex zu entnehmen oder, wie in den modernen Gesellschaften, ungeschrieben ist). Dieser Moralkodex (wie im übrigen auch alle anderen Kodizes) war in der "geschlossenen Gesellschaft" ein einziger, unverrückbar und nicht zu hinterfragen. Der soziale Druck zwang die Mitglieder einer solchen Gesellschaft, sich ihm zu unterwerfen. Wir können von einem *Moral*-Kodex sprechen, weil er sich auf die *mores*, die Lebensformen, das Verhalten bezog; er war aber nicht moralisch, da er sich nicht damit begnügte, durch Überzeugung zu wirken, sondern auf dem Wege der Freiheitsbeschränkung durchgesetzt wurde, ja sogar als einzig mögliche Alternative nur den negativen Ungehorsam ließ. Die moderne Gesellschaft dagegen versucht, sich als "offene Gesellschaft" zu konstitutieren (obwohl sie dies nie vollständig erreichen wird): der geltende Moralkodex stellt sich nicht mehr als unantastbar, sondern durchaus als veränderbar dar. Zweitens ist eine wirklich offene Gesellschaft pluralistisch, so daß es in ihr eine Vielzahl von Moralkodizes gibt. Vom *gesellschaftlichen* Standpunkt aus setzt Moralisierung notwendigerweise Öffnung und Pluralismus voraus; vom individuellen, *persönlichen* Standpunkt aus gehört allerdings auch in einer solchen offenen, pluralistischen Gesellschaft jede Person zu einer Gruppe, die ihren eigenen Moralkodex hat. Die moralische Aufgabe besteht darin, sich diesem weder blind zu unterwerfen noch sich blind dagegen aufzulehnen. Moral hat weder mit Unterwerfung um der Unterwerfung willen noch mit Rebellion um der Rebellion willen etwas zu tun. Die moralische Aufgabe, die jeder von uns zu erfüllen hat, besteht in der zunehmenden *Moralisierung* des Moralkodex, der in unserer jeweiligen Gruppe Geltung hat. Daß weder dieser noch irgendein anderer Kodex je moralisch vollkommen ist, ergibt sich aus dem oben Gesagten: Ein Kodex ist nichts weiter als die Explikation und Entwicklung allgemeiner moralischer Prinzipien in einem Normensystem. Nun hatten wir aber gerade gesehen, daß alle moralischen Prinzipien un-vollkommen oder, wenn man es lieber positiv ausdrückt, verbesserungsfähig sind. Andererseits gibt uns der Moralkodex nur das System von Normen und Pflichten vor, nach dem wir unser Verhalten ausrichten sollen; das Kreative daran, das System von moralischen Möglichkeiten, von Lebensformen, die uns die Gesellschaft, in der wir leben, durch ihre Offenheit bietet, scheint uns dem Moralkodex eingeschrieben (letzteres ist nur eine Redensart; "Moralkodizes" werden weder schriftlich fixiert noch verkündet, wie gewöhnliche Kodizes); dies ist die andere, erfinderische, von der Vorstellungskraft, vom Denken entwikkelte, freie Seite dessen, was man im weitesten Sinne Moral nennen muß. Die *Moralisierung* besteht also nicht in der Ablehnung jedes Kodex oder darin, sich je nach subjektiver Laune willkürlich einen eigenen zu erstellen, sondern: Sie besteht 1) darin, daß man moralisch und geistig stark genug ist, um nicht nur sozusagen die "Artikel" unseres Moralkodex kritisch zu prüfen und zu überarbeiten, sondern auch ihre Grundlage, d. h. die Prinzipien, auf denen sie beruhen. An dieser Stelle ist der *beschreibende* Gebrauch des Wortes "gut" (und der anderen moralischen Termini) in Erinnerung zu rufen und zur praktischen Anwendung zu bringen. Er besteht, wie wir sahen, in der *konventionellen* Akzeptanz dessen, wovon die Leute immer wieder behaupten, es sei gut, ohne daß wir selbst dieses einfach angenommene Gutsein einer ernsthaften gedanklichen und moralischen Prüfung unterziehen. Wie John Dewey scharfsinnig erkannte, "at any given time an adult person in a social group has certain ends which are so standardized by custom that they are taken for granted without examination." Gerade diese *Standardisierung*, diese quasi fließbandartige Akzeptanz moralischer Gebote ist es, wogegen man mit Hilfe jener "examination" angehen muß, die der amerikanische Philosoph vermißt. Nach Normen oder Prinzipien zu handeln, nach denen wir uns artig richten, nur weil sie in unserer sozialen Gruppe gelten, ohne daß wir selbst ihren Grund einsehen, ist nicht moralisch handeln. Denn auf diese Weise tragen wir nicht zur fortschreitenden *Moralisierung* bei, sondern machen im Gegenteil die Moral zu einer starren, verknöcherten, toten Wirklichkeit, die keineswegs zu schöpferischem Handeln führt, sondern vielmehr auf dem Individuum und, falls eine solche konformistische Haltung allgemein verbreitet ist, auch auf der ganzen Gemeinschaft wie eine Felsplatte lastet, die sie in den Zustand einer "geschlossenen Gesellschaft" niederdrückt. Und 2) besteht Moralisierung auch darin, daß man über genügend praktische Intelligenz und den nötigen moralischen Sinn verfügt, um neue Verhaltensrichtlinien, neue Lebensmodelle zu schaffen, also über all den moralschöpfenden *élan*, der außerhalb jedes Moralkodex (aber nicht unbedingt *dagegen*) Moralität erfindet und zur Schaffung eines besseren Daseins beiträgt. Genau dies ist die Aufgabe eines konstruktiven, fortschrittlichen, schöpferischen moralischen Erneuerers.

Die Geschicke des ethischen Subjekts

Von Saturnino Alvarez Turienzo

Humorvoll, aber nicht ohne Tiefgang, bemerkte M. Mead einmal: "Ist man mit sich selbst unzufrieden, wird man Psychologe; ist man mit seiner Gesellschaft unzufrieden, wird man Soziologe; ist man mit sich selbst und mit seiner Gesellschaft unzufrieden, wird man Anthropologe."[1]
Unzufriedenheit kann aber noch weiter gehen, so daß man fortfahren kann: Ist man mit dem Weltbild unzufrieden, das einem aufgedrängt wird, wird man Philosoph; und ist man schließlich auch mit dem Universum unzufrieden, das man vor Augen hat, dann wird man Mystiker. Das augustinische *inquietum cor* zeigt diese zuletzt genannte Unzufriedenheit an, vor der die gesamte Wirklichkeit, die doch die fühlbare Stütze der Existenz zu sein scheint, ihren Sinn verliert, so daß diese einen festeren Grund in der Sicherheit des Göttlichen sucht. Was die Philosophie betrifft, so äußerte sich die Unzufriedenheit bei den Menschen der Antike als "Staunen", was die Infragestellung der unmittelbaren Erscheinungen und Phänomene und die Suche nach Antworten in einem sicheren Element jenseits dieser Erscheinungen bedeutete. Für die Menschen der Moderne äußert sich diese Unzufriedenheit dagegen als "Zweifel", von dem aus die Antworten auf dem Wege der Kritik im Umstrittenen festgemacht werden.
Wenn man nun innerhalb der Philosophie mit dem, was man tut - indem man seinen natürlichen Neigungen folgt

[1] Zitiert nach P. Mercier, Histoire de l'anthropologie, Paris 1966, S. 18, Anm. 1.

oder sich den herrschenden Konventionen anpaßt -, nicht zufrieden ist, dann wird man Moralphilosoph. Aus dieser Unzufriedenheit entsteht also die Ethik. Was hier infragegestellt wird, ist die Wirklichkeit des Menschen, die das Staunen aus der Anschauung in die Substanz und der Zweifel aus der Konventionalität in die Authentizität überführt. Mme. de Staël schreibt in ihrem *De l'Allemagne*, daß der hl. Vinzenz von Paul, als ängstliche oder vorsichtige Bekannte ihn davon abhalten wollten, sich so großer Gefahren auszusetzen, um den Bedürftigen zu helfen, antwortete: *me croyez-vous assez lâche pour préférer ma vie à moi?* Bachelard zitiert diese Stelle und fügt hinzu: *Voilà le moi, sujet des valeurs, justement distingué du moi incarné. Kant ne dira pas mieux.*[2] Wo Kant sich mit dieser Frage befaßt, zitiert er die bekannten Verse Juvenals:

Summum crede nefas animam praeferre pudori,
Et propter vitam vivendi perdere causa.[3]

Hier wird das, was ich ethisch sein sollte, dem gegenübergestellt, was ich physisch bin. Eine entsprechende Haltung vertritt aus religiöser Sicht Hiob gegenüber seinen besonnenen Freunden, die im geduldigen Ertragen seines physischen Unglücks die mystische Quelle seines Bewußtseins nicht zu erkennen vermochten. Noch einmal ist dies in dem Paradox des Evangeliums ausgedrückt, daß, wer sein Leben retten will, es verliert, wer es aber um des Reiches willen verliert, es gewinnt (Mt 16, 25; Mk 8, 35; Lk 9, 24). Eine Parallele dazu ist schließlich auch das klassische Beispiel von Antigone, die sich dem Ruf der Pflicht beugt und

[2] G. Bachelard, Le rationalisme appliqué, Paris 1949, S. 65.
[3] I. Kant, Kritik der praktischen Vernunft, Werke Bd. IV, Wiesbaden 1956, S. 296; Juvenal, Satiren, 8, 83-84. In der Übers. von Ulrich Knoche (München 1951): "Halt's für die furchtbarste Schuld, dem Leben die Ehre zu opfern / Und um das Leben zu retten, des Lebens Sinn zu verderben!"

den Überredungskünsten des gesunden Menschenverstandes und den Drohungen der Macht widersteht.
Ich will aber hier nicht versuchen, die moralische Frage in einer Breite darzustellen, die auf der einen Seite die religiöse Moral und auf der anderen die gegebenen Moralkodizes umfaßt. Diese Fragen verlangen weitergehende Antworten. Die Frage soll hier auf den Bereich der Philosophie beschränkt werden; innerhalb dieses Bereichs will ich sie, da ich mich selbstverständlich für das Gebiet der Praxis interessiere, noch weiter einschränken, und zwar auf die Frage, warum es Moral *gibt*, warum sich uns diese Frage aufdrängt, auf welche Realität der Welt sie zu antworten versucht. Diese Frage aufzuwerfen ist heutzutage problematisch, da man ihr häufig die Legitimität abspricht. Sie zu stellen und zu zeigen, daß sie nicht nur plausibel, sondern sogar unumgänglich ist, ist alles, was ich hier an Antwort zu geben beanspruche. Gibt es spezifisch moralische Fragen: ja oder nein? Diese Frage gehört eigentlich in den Bereich der Epistemologie; sofern man sie aber zustimmend beantwortet, befindet man sich schon unter dem Bann der moralischen Wirklichkeit.
Die Frage ist heute zu stellen im Angesicht des emanzipierten Menschen unserer säkularen Gesellschaften, die mitangesehen haben, wie alle Überzeugungen vor der Kritik in die Knie gingen - selbst die, die uns am heiligsten waren -, auch die moralischen, die den verschiedenen dogmatischen Traditionen, einschließlich der philosophischen Dogmatik, Tribut schulden. In diesem Zusammenhang ist weder der Einfluß zu unterschätzen, den die Wissenschaft und der mit ihr einhergehende positivistische Geist auf die moralischen Ansichten gehabt haben, noch der Einfluß von Haltungen, die sich als Reaktion auf diesen Geist über alles rational ausgerichtete Fragen stellen und die Inhalte der alten Fragen als fideistische Optionen übernehmen.

Nachdem nun die Frage in den Bereich der Philosophie gerückt ist, will ich sie im folgenden anhand der Konfrontation mit dem Zeugnis von Philosophen entwickeln, die sich mit dem Thema befaßt haben.

*

Sokrates sprach von nichts anderem als der Moral. Platon läßt uns - als sein Testamentsvollstrecker - wissen, worauf die entsprechenden Fragen und Antworten hinausliefen. Er sagt uns, daß ihn nicht "die Bäume oder die Felder, sondern die Menschen in der Stadt" interessierten (*Phaidros* 230 d). Cicero definiert das Ausmaß dieses Interesses, wenn er schreibt, Sokrates sei der erste gewesen, der die Philosophie vom Himmel in die Städte verlegt und sie sogar in die Häuser geholt habe, indem er forderte, sie solle sich mit dem Leben und den Sitten und mit der Frage von Gut und Böse befassen (*Tusc.* V, 4, 10). Bei dieser Frage handelt es sich nicht um etwas Triviales oder Unbedeutendes, sondern um "nicht weniger als darum, wie man leben soll" (*Staat* 352 d), um die "Pflege der Seele" (*Alkibiades* 128 a; *Laches* 185 e), in dem Wissen, daß "ein unbesonnenes Leben nicht wert ist, gelebt zu werden" (*Staat* IV, 430; IX, 589). Sokrates schlägt als Leitgedanken die delphische Vorschrift "Erkenne dich selbst" vor (*Alkibiades* 123 e; *Phaidros* 230 a); er verwirft die kosmologischen Erklärungen und die Auslegungen der Mythen ebenso wie die Phantasiebilder der Poeten und die schönen Reden der Sophisten (*Timaios* 19 d; *Staat* 398 a).
Dieses "Herabholen der Philosophie vom Himmel zur Erde" und ihre Verankerung im göttlichen Orakel des *gnothi seautón* macht Sokrates zugleich zum Wegbereiter des reflexiven Denkens und zum Begründer eines Erkenntnisprinzips - der *autognosis* -, das später immer wieder als fe-

ster, unumgänglicher Anfang des Philosophierens auftreten sollte. Der im "Erkenne dich selbst" verborgene Inhaltsreichtum ist mehrdeutig. Es hat die religiöse Bedeutung der Erkenntnis der eigenen Endlichkeit, die metaphysische des Vordringens zum Wesentlichen, die epistemologische der Aufhebung der Meinung in der Weisheit, die anthropologische der Entdeckung der Natur der Seele und ihres göttlichen Ursprungs und die moralische Bedeutung, die lehrt, wie ein lebenswertes Leben zu leben ist. Am fruchtbarsten erweist sich die Maxime jedoch im Hinblick auf die moralischen Interessen, da die Diskussion dieser Interessen immer einen Begriff vom Menschen voraussetzt. In diesem Sinne läßt sich die von Sokrates eröffnete und auf die moralischen Fragen ausgerichtete Phase der Philosophie - wie dies auch getan wurde - als anthropologische bezeichnen. Zu wissen, was der Mensch ist, ist Voraussetzung, um zu wissen, wie er sein Leben gestalten soll. Dabei ist nicht zu vergessen, daß die anthropologische Frage in ihrer griechischen Formulierung immer mit der kosmologischen verbunden war, weswegen sie in einer Ontologie aufging.

Man kann sagen, daß damit der *locus* bestimmt ist, an dem die moralische Frage für die Philosophie verortet ist, sowie die allgemeinen Leitlinien, die die Richtung für die Antworten weisen.

Die genannten Motive erscheinen sowohl in der jüdischen als auch in der christlichen Religionstradition. Philon von Alexandria setzt das "Sich-selbst-erkennen" in Beziehung zur Lehre der Genesis vom Menschen als "Ebenbild Gottes" und übersetzt diese in das ebenfalls göttliche, dem Moses gegebene Gebot des *adtente tibi*. Bemerkenswert ist, daß hier in der Vorstellung von der Selbsterkenntnis die Dimension der *prognosis* nach biblischer Tradition Vorrang erhält vor der dem griechischen Geist eigenen der *anamnesis*. Und daß man sich bei der Frage, wie das Leben zu leben ist, nicht auf einen Kosmos beruft, der in der mustergültigen Vollkommenheit der Ursprünge ruht, sondern auf eine offene Zeit, einen Exodus hin zu künftigen Errungenschaften.

Augustinus zeigt sich - ganz sokratisch - ziemlich reserviert gegenüber Menschen, die sich der Erforschung von Himmel und Erde, Bergen, Flüssen und Meeren widmen, weil sie nämlich "sich selbst vergessen" (*Confess*. X, 8, 15). Er ging den Weg der Innerlichkeit, um die Fragen zu analysieren, die er für die einzig bedenkenswerten hielt. Es waren dies im Grunde zwei: *Deus et anima*. Die Selbsterkenntnis wurde also jetzt übersetzt in: *noverim me, noverim te* (*Solil*. I, 2, 7; 15, 27; II, 1, 1). Andererseits stimmt er mit der Tradition der heidnischen Weisheit überein, wenn er sagt, daß "das vollkommene Leben oder das glückliche Leben der einzige Grund der Philosophie ist". Sein christlicher Glaube eröffnete ihm einen neuen Horizont der Vollkommenheit und Glückseligkeit, garantierte ihm den Zweck des Daseins und zeigte ihm unfehlbar die *via universalis salutis*; und er war sich bewußt, daß dies bedeutete, daß er genau das gefunden hatte, was die verschiedenen Philosophenschulen vergeblich gesucht hatten (*De civ. Dei* X, 32).

Die Geschichte der Tradition dieses im wesentlichen anthropologisch-moralischen Erbes ist schon mehrmals geschrieben worden. Es soll hier nicht darum gehen, sie ein weiteres Mal zu reproduzieren. Namen wie Poseidonios, Cicero, Seneca, Epiktet, Klemens von Alexandria, Gregor von Nyssa, Boethius, Gregor der Große, Bernhard ... sind Exponenten dieser Tradition, die selbstverständlich in der Neuzeit fortgesetzt wurde und bis in unsere Zeit reicht.[4]

---

[4] Aus der Literatur, die diese Tradition aufgenommen hat, vgl. etwa: P. Courcelle, Connais-toi toi-même de Socrate à saint Bernard, 3 Bde., Etudes Augus-

An dieser Stelle ist anzumerken, daß die sokratischen Problemstellungen, mit denen die moralphilosophische Frage ihren Anfang nimmt, eine Mehrdeutigkeit enthielten, die die Fruchtbarkeit der Antwort beeinträchtigen sollte. Die Mehrdeutigkeit ist Folge des Rationalismus jenes Atheners, der Tugend und Wissen, Erkenntnis des Guten und Gutsein gleichsetzte. Es ist nicht zu vergessen, daß Sokrates als Sittenverderber und Glaubensschänder verurteilt wurde. Sooft später die *autognosis* mit dem rationalen Wissen - unter Betonung von "rational" - in Verbindung gebracht wurde, gab es Menschen, die dies als der ethischen Aufgabe des Bewußtseins abträglich anprangerten.
Im Mittelalter geschieht dies, als sich die griechisch-arabische Philosophie, die - in der Version von Averroes - die Existenz des moralischen Subjekts selbst bedrohte, durchzusetzen versucht. Gegen diesen Rationalismus geht das gläubige Fühlen an, das dort die Substanz des Lebenssinnes im Hinblick auf die Erlösung bedroht sieht. In der Moderne findet man es wieder, in der Fassung, die das Selbstbewußtsein im cartesianischen Rationalismus erhält. Descartes konnte keine Moral entwickeln, und als Spinoza eine solche - seiner Inspiration folgend - konzipiert, wird daraus ein metaphysisches Traktat ohne Raum für das Individuum oder die Freiheit. Der Protest dagegen, den man in diesem Fall durch Pascal oder Rousseau vertreten sehen kann, erfolgt deswegen, weil - wie Goldmann zusammenfaßt - "moralische und religiöse Sphäre nicht mehr als spezifische, relativ

tiniennes, Paris 1974-1975, bes. den ersten Band; W. Hiss, Die Anthropologie Bernhards von Clairvaux, Berlin 1964; B. Snell, Die Entdeckung des Geistes, Hamburg 1955; L. Brunschvicg, Les progrès de la conscience dans la philosophie occidentale, Paris 1953; W. Jaeger, Paideia. Los ideales de la cultura griega, Buenos Aires 1948, vor allem 1, II: "En busca del centro divino" (dt. Paideia, 3 Bde. Berlin 1934-1947); R. Ricard, Notas y materiales para el estudio del *socratismo cristiano* en Santa Teresa y en los espirituales españoles, in: Estudios de literatura religiosa española, Madrid 1964, S. 22-147; J. A. Maravall, Estimación de Sócrates y de los sabios clásicos en la edad media española, in: Estudios del pensamiento español, erste Serie, Madrid 1967, S. 275-343; E. Cassirer, Individuo y cosmos en la filosofía del renacimiento, Buenos Aires 1951; E. Gilson, L'esprit de la philosophie médiévale, Paris 1948, Kap. XI: "La connaissance de soi-même et le socratisme chrétien", S. 214-223; L. Feuerbach, La esencia del cristianismo, Salamanca 1975 (dt. Das Wesen der Religion, 1845); G. Gusdorf, La découverte de soi, Paris 1948; Ch. I. Glicksberg, The Self in Modern Literature, Pennsylvania State University Press 1963 ...

autonome Bereiche menschlichen Lebens existieren". Weder Gott noch Pflicht "sprechen noch im Bereich der rationalen Wissenschaft, weil der Mensch, um sie zu errichten, jeder wirklich ethischen Norm hat entsagen müssen". Rationale Wissenschaft ist sicher etwas anderes als rationalistische Metaphysik, aber sie entsteht und entwickelt sich im Schutz des Geistes des Rationalismus oder doch jedenfalls als unparteiische technische Erkenntnis. Wie die "rationale Wissenschaft", je mehr sie an Selbstvertrauen gewinnt und sich einen Realitätsbereich nach dem anderen - und zuletzt sogar den Menschen - unterwirft, moralische Interessen aus ihrem Gebiet ausschließt, wird weiter unten noch zu behandeln sein. Einstweilen verdanken wir für die heutige Welt Kant den Versuch, ohne der Theorie ihren Stellenwert streitig zu machen, den spekulativen Gebrauch der Vernunft zu beschränken, um ein Selbstbewußtsein zu bewahren, dem seine tiefste, unverzichtbare Möglichkeit nicht genommen werden soll, nämlich die, sich als moralischer Diskurs zu äußern. Damit kommen wir zu einer neuen Epoche, die nun zu betrachten ist. In ihr wird dafür gekämpft werden, einem *ethos* zur Geltung zu verhelfen, das beständig mit dem anthropologischen Anliegen verbunden sein, sich aber ebenfalls beständig von der Macht des *logos* bedrängt sehen wird, der in dem Bestreben, seinen Herrschaftsbereich auszudehnen, jedes bedeutende menschliche Anliegen und insbesondere das ethische Anliegen infrage stellen wird. Wir wollen nun sehen, wie die Frage bei Kant weitergeführt und zugleich auf eine neue Grundlage gestellt wird.

*

Auch bei Kant ist die Moral der wahre Grund für die Philosophie. Die praktischen Interessen haben Vorrang vor den theoretischen, da er sich verpflichtet fühlt, "das *Wissen* aufzuheben, um zum *Glauben* Platz zu bekommen". Es geht hier um "rationalen Glauben", der sich weder auf Theologie noch auf Metaphysik stützt. Der Dogmatismus der Metaphysik "ist die wahre Quelle alles der Moralität widerstreitenden Unglaubens". Die einzigen Schätze, die uns die Metaphysik bieten kann, ergeben sich erst, wenn sie die Läuterung durch die Kritik hinter sich hat, die als ersten Nutzen ein negatives Ergebnis haben wird: nämlich der spekulativen Vernunft das Überschreiten der Erfahrungsgrenze zu untersagen. Dieses Ergebnis wendet sich jedoch ins Positive, indem so die Vernunft für den praktischen (moralischen) Gebrauch frei wird, "in welchem sie sich unvermeidlich über die Grenzen der Sinnlichkeit erweitert".[5] Kant sagt uns also, daß es theoretische und praktische Interessen gibt. Jede mögliche Frage muß auf sie bezogen sein.

Es ist bekannt, wie Kant dieses Fragen formuliert. "Alles Interesse meiner Vernunft (das spekulative sowohl, als das praktische) vereinigt sich in folgenden drei Fragen: 1. *Was kann ich wissen?* 2. *Was soll ich tun?* 3. *Was darf ich hoffen?*" So der Wortlaut in der *Kritik der reinen Vernunft*. In der Einleitung zu seiner Vorlesung zur *Logik*, wo er sich mit der Natur der Philosophie befaßt, formuliert er diese drei Fragen, in denen die Themen zusammengefaßt sind, mit denen sich seine *Kritiken* (der reinen Vernunft, der praktischen Vernunft, der Urteilskraft) auseinandersetzen, erneut. Genauer gesagt: die erste behandelt die Verbindung des Menschen mit der Natur im Wissen, die dritte die Verbindung des Menschen mit der Religion (Gott) in der Hoffnung. Die zweite behandelt die Verbindung des Menschen mit sich selbst, die sich in der Pflicht konzentriert. Diese letzte ist die eigentlich moralische Frage.

An der zweiten genannten Stelle fügt Kant aber den genannten drei Fragen eine vierte hinzu: "Was ist der Mensch?" Die Antwort auf die ersten drei Fragen findet man in der Metaphysik, der Moral bzw. der Religion. Die

---

[5] I. Kant, Kritik der reinen Vernunft (Werke Bd. II), Wiesbaden 1956, S. 33 und 29-31.

vierte Frage beantwortet dagegen die Anthropologie. Dem fügt er hinzu: "Im Grunde könnte man aber alles dieses zur Anthropologie rechnen, weil sich die drei ersten Fragen auf die letzte beziehen."[6]

In seiner Polemik gegen die Moral schreibt Nietzsche:[7] Es scheine, "als ob es sich eigentlich gar nicht lohne, alle diese Dinge - die Probleme der Moral - so ernst zu nehmen" (Vorrede, 7, S. 254). Die Moral, gegen die er hier polemisiert, ist diejenige, die sich an den "asketischen Idealen" - Verführung, Gift und Betäubungsmittel gegen das Leben - ausrichtet. Dieses Problem, das ernsteste von allem, verbündete sich mit der Wahrheit als der platonischen Wahrheit an sich, jenseits aller Kritik oder allenfalls innerhalb einer Kritik, die sie immer ausgeklügelter, tückischer, fataler machte, mit dem Ergebnis der "ganze[n] lange[n], schwer zu entziffernde[n] Hieroglyphenschrift der menschlichen Moral-Vergangenheit" (Vorrede, 7, S. 254). Die Moral verbündete sich mit der Theologie, der Metaphysik, der Wissenschaft. Es mochte scheinen, daß diese Mächte ihr Reich schwächten; tatsächlich aber schöpfte sie aus ihnen ihre Kraft. Kant, der "ihre Bedeutung vernichtet" sah angesichts des Schauspiels der Welten, über die ihn die Wissenschaft belehrte, übersetzte den Sieg über die theologischen und metaphysischen Begriffe in eine neue Version des asketischen Ideals und behielt der Moral ein Reich vor, das dem zersetzenden Wirken kosmologischer Kenntnisse nicht zugänglich war. Auf diese Lücke stürzten sich seine Anhänger - "alle Art Transcendentalisten" - und brachten die Theologie und die Metaphysik wieder mit ein (III, 25, S. 405). Damit erhält die Verkleidungskomödie neue Impulse. Nietzsche, der sich zum "Gottlosen und Antimetaphysiker" radikalisiert (III, 24, S. 401), sieht sich als Zuschauer "jenes grosse[n] Schauspiel[s] in hundert Akten", das aufführt, wie "das Christenthum *als Dogma* zu Grunde [gieng],

[6] I. Kant, Kritik der reinen Vernunft, a. a. O. S. 677; ders., Logik, "Einleitung (Werke Bd. III), Wiesbaden 1958, S. 448.

[7] F. Nietzsche, Zur Genealogie der Moral, Kritische Studienausgabe in 15 Einzelbänden, hrsg. von G. Colli und M. Montinari, Bd. 5, München u. a. 1988.

an seiner eigenen Moral; ... [wie] nun auch das Christenthum *als Moral* noch zu Grunde gehn [muss]". Er nennt es "das ... vielleicht ... hoffnungsreichste aller Schauspiele" (III, 27, S. 411). Unter Christentum versteht er die gesamte Geschichte der Wahrheit, die "gar nicht Problem sein *durfte*" (III, 24, S. 401). Ausgerichtet an den "asketischen Idealen", die "Haß gegen das Menschliche, mehr noch gegen das Thierische, mehr noch gegen das Stofflliche, ... Abscheu vor den Sinnen, vor der Vernunft selbst, ... Furcht vor dem Glück und der Schönheit" bedeuten (III, 28, S. 412), hatte der Mensch nie die Möglichkeit, er selbst zu sein. Daher beginnt der Autor sein Werk damit, dies festzustellen: "Wir sind uns unbekannt, wir Erkennenden, wir selbst uns selbst ... wir bleiben uns eben nothwendig fremd ... für uns heisst der Satz in alle Ewigkeit 'Jeder ist sich selbst der Fernste'" (Vorrede, 1, S. 247 f.). Die sokratische Maxime ist also auch weiterhin das Gebot, das uns vor die bedeutendste aller moralischen Fragen stellt. Die Antwort darauf kann aber nicht die des Sokrates sein, der die Komödie begann.

Adorno[8] nimmt dieses "Gebot" auf und versucht es mit Hilfe seiner "negativen Dialektik" zu verwirklichen. In der "Vorrede" zu seinem Werk gleichen Titels zitiert er Benjamin und dessen *Metakritik der Erkenntnistheorie* und sagt, dieser "meinte ... dazu, man müsse durch die Eiswüste der Abstraktion hindurch, um zu konkretem Philosophieren bündig zu gelangen". Adorno mißtraut selbst dieser konkreten Philosophie und schlägt folgendes Programm vor: "Spricht man in der jüngsten ästhetischen Debatte vom Antidrama und vom Antihelden, so könnte die Negative Dialektik, die von allen ästhetischen Themen sich fernhält, Antisystem heißen. Mit konsequenzlogischen Mitteln trachtet sie, anstelle des Einheitsprinzips und der Allherrschaft des übergeordneten Begriffs die Idee dessen zu rücken, was außerhalb des Bannes solcher Einheit wäre. Seitdem der Autor den eigenen geistigen Impulsen vertraute, empfand er es als seine Aufgabe, mit der Kraft des Subjekts den Trug konstitutiver Subjektivität zu durchbrechen". Nach der Erläuterung des Aufbaus seines Werks schließt er: "Für die Philosophie der Moral will das eine Dialektik der Freiheit leisten" (S. 7-9).

[8] Th. W. Adorno, Negative Dialektik, Frankfurt a. M. 1966, S. 7 f.

Aber die "Philosophie der Moral", die von einer "Dialektik der Freiheit" geleistet wird, schaut bei Adorno auf eine Freiheit ohne Illusionen von Transzendenz, ohne Ersatzutopien; eine in der ständigen Kritik aufgehobene Freiheit, die ihre Identität in der "Weigerung" zeigt, sich irgendeinem Herren zu unterwerfen oder von irgendeinem Zauber verführen zu lassen.
Kolakowski gelangt bis zum äußersten Rand des ins Leere führenden Abgrunds, wenn er gegen die "Philosophie der Priester", die irgendein Absolutes verewigt, von der "Philosophie der Narren" spricht, der er sich nahe fühlt: "Wir treten für die Philosophie der Narren ein, also für die Haltung der negativen Wachsamkeit gegenüber jedem Absoluten", eine "Philosophie, die ohne Absolutes und ohne ein Endziel auszukommen versucht". So äußert er sich am Ende eines Essays, in dem er in großen Zügen zu zeigen versucht, inwiefern philosophische Dispute "eine Fortführung theologischer Dispute" und eine Wiederholung der gleichen Themen in anderer Tonart sind. Diese Annäherung der Blickrichtungen kommt nicht von ungefähr, da auf beiden Seiten wesentliche Rätsel angegangen werden, von denen wir uns nicht losmachen können und die mit dem Ursprung und Schicksal des Menschen zu tun haben. "Die Frage nach der Möglichkeit einer Eschatologie ... gehört zu den wichtigsten Fragen der philosophischen Anthropologie, jenes Gebietes also, das heute die meisten wirklich aktuellen philosophischen Fragestellungen behandelt." Mit dem Problem der Eschatologie verbundene Probleme sind die der Theodizee, der Natur und der Gnade. Dazu heißt es, "[d]ie Theodizee ist eine Methode zur Umwandlung von Werten in Tatsachen".[9] In diesem Zusammenhang hätte er hinzufügen können, daß die Eschatologie eine Methode ist, um aus Erinnerungen oder Erfahrungen Hoffnungen zu machen, und die von Natur und Gnade eine Methode, um Bedürfnisse zu Freiheit werden zu lassen. Im Mittelpunkt von ihnen allen geht es um das Rätsel des Menschen, der auf dem Weg der Moral eine Lösung sucht. Die Frage nach dem Menschen steht auch weiter im Mittelpunkt der Betrachtung, und zwar derart, daß sie durch keine andere gelöst oder übernommen werden kann: Phi-

[9] L. Kolakowski, Der Mensch ohne Alternative, München 1961, S. 276, 280, 278, 252, 255.

losophie, soweit sie lebendig ist, wird im Grunde zu Anthropologie, die auf die Moral zurückgeführt wird.
So gesehen scheinen die grundlegend moralischen Interessen der Philosophie in der neuen Kantischen Ära gesichert. Die richtige Bezeichnung dafür wäre im engsten Sinne des Wortes "Anthropologie". Leider bewegt man sich mit diesem Wort auf problematischem Boden. Der Einhelligkeit der Frage "Was ist der Mensch?" entspricht keine ebensolche Einhelligkeit in der Antwort. Der Pluralismus dieser Antworten ist die ganze postkantianische Philosophie, soweit es in dieser Zeit überhaupt noch Philosopie gab. In diesen Fällen kann man sagen, daß moralische Interessen herausgearbeitet und sogar in den Vordergrund der Aufmerksamkeit gerückt werden; die Antworten darauf sind ganz unterschiedlich, wobei die Richtung der Antwort jeweils davon abhängt, wie "Menschsein" identifiziert wird.
Aber nicht dies allein ist der Grund für alle Komplikationen. Die echte Probe, die jener Anthropologismus zu bestehen haben wird, kommt von außen; das anthropologische Fragen kann nämlich seinerseits in Frage gestellt werden. Eine neue rationalisierende Säkularität, die nun das Subjekt und das Bewußtsein betrifft, tritt neben die, welche Gott verdrängte und den Menschen an seine Stelle setzte. Die Macht, die diese Säkularisierung betreibt, ist die der Wissenschaft. Unter ihrer Herrschaft wird jedes Problem zu Fragen der Form "Wie ...?", die nicht mysteriöse Realitäten betreffen, wie sie bei den Fragen nach Gott oder nach dem Menschen angenommen werden, sondern Erfahrungstatsachen und -phänomene, die sich durch positives Wissen beantworten lassen.
Bei Sokrates erstreckte sich der Zweifel im Namen der tatsächlichen Welt der Vernunft auf die Fabelwelt der Mythen. Descartes zweifelte im Namen der neuen und scheinbar einzig sicheren Wahrheit des Bewußtseins an der Welt der von der Vernunft entdeckten Wesenheiten. Das Glück des *cogito*, das über Kant bis zur Phänomenologie und zum Existentialismus gelangt, war beneidenswert. Aber der Zweifel erstreckt sich inzwischen auch auf das Bewußtsein, das sich letztlich als verschleiernde Maske anderer Dinge - und damit als "falsches Bewußtsein" - erwiesen hat. Das Bewußtsein wird also im Namen anderer Realitäten, deren Geschöpf es ist, in Frage gestellt. Der Mensch verliert da-

mit seine uralte Protagonistenrolle. Auf die Götterdämmerung folgt - keineswegs ganz unabhängig davon - die Menschendämmerung.
Wie die metaphysische und anthropologische Säkularisierung die Theologie untergrub, so glaubt auch die Säkularisierung der positiven Wissenschaft die Philosophie - auch als Anthropologie - untergraben zu können. Alle ihre Fragen, darunter insbesondere die moralische Frage, blieben dann offen. Vielleicht geschieht es aber auch, daß ebenso, wie der philosophische Anthropologismus glaubte, mit seinen Mitteln alle Fragen, die sich die Theologie gestellt hatte, angehen und besser als diese lösen zu können, die positive Wissenschaft denkt, daß auch sie mit ihren Mitteln alle von der Philosophie aufgeworfenen Probleme angehen und wiederum besser als jene lösen kann. Nach dieser Annahme fiele auch eine wirklich problematisierbare moralische Frage (sofern es sie gibt, was vielleicht nicht der Fall ist; vielleicht war das, was man so nannte, eine Pseudofrage) in die Lösungskompetenz des positiven Wissens. Vielleicht gibt es aber auch in der Moral weder Fragen noch Antworten, sondern nur Erfahrungen ...
Anders ausgedrückt: In primitiveren Zeiten berief man sich auf die Religion als Inspiration und Fundament einer "moralischen Lebensweise". Die kritisch gewordene Reflexion verpflanzt diese Lebensweise in Bereiche, die dem menschlichen Denken zugänglich sind. Dieses Denken konnte man sich zunächst als "etwas Göttliches" darstellen; schließlich wird es aber doch als auf Menschenmaß reduziert und dadurch endlich verstanden. Die Lebensweise, in der die Moral besteht, drückt sich hier in den weiter oben betrachteten ontologischen und anthropologischen Versionen - von Sokrates bis Kant - aus. Die Kritik verfährt aber am Ende mit der Philosophie genauso, wie sie es mit der Religion getan hatte. Daraus ergibt sich jene letzte, anspruchsvollere Form der Rationalität, auf die die Wissenschaft so stolz ist. Die Wissenschaft gewinnt also für sich die Aufgabe, Inspiration und Fundament einer endlich aufgeklärten Lebensweise zu sein, falls so etwas überhaupt Sinn macht, da ja, wie Nietzsche sagte, die Sakralisierung des asketischen Erkenntnisideals, das selbst jedes geheiligte Ideal zerstört, den Lebensquell austrocknet. Die nacheinander erfolgten Reduktionen von Religion

auf Metaphysik, Metaphysik auf Anthropologie und Anthropologie auf Wissenschaft hätten zum "Tod der Moral" geführt, obwohl jede dieser Instanzen vorgab, dieser besser zu dienen als die früheren. Ist das hier gezeichnete Bild, abgesehen von den Unzulänglichkeiten der Schematisierung, überzeugend? Bedrängt nicht das, was man seit jeher unter Moral versteht, auch weiterhin das Bewußtsein? Welche Formulierung kann man ihr geben, die validierbare und trotzdem nicht selbstzerstörerische Bedeutungen enthält?

*

Die Infragestellung, der die Philosophie ausgesetzt war, sowie deren Ergebnisse haben sich auf das Verständnis von der Moral ausgewirkt.

Diesbezüglich sind einige Erläuterungen notwendig, die man auf zwei beschränken kann: 1. Was versteht man eigentlich unter dem Denken? 2. Welche Stellung, welche Aufgabe kommt der Moral in dieser Situation zu?

1. Was eigentlich unter dem Denken verstanden wird, hängt heute weitgehend davon ab, wie es von denen ausgeübt wird, die "Wissenschaft" betreiben. Wissenschaft betreiben heißt Gegenstände beschreiben oder erklären. Die objektive Rationalität macht Aussagen über all das, worüber sie etwas sagen kann; darüber hinaus gibt es nichts, worüber sich etwas sagen ließe, weil die Welt des Objektiven die ganze Wirklichkeit ist - zumindest, wenn es darum geht, sie zu denken.

In dieser Vorstellung bleibt kein Platz für irgendein anderes Wissen, wie etwa das philosophische, das die Aufgabe hat, Objekte der Realität zu begründen. Wenn trotzdem weiter Philosophie getrieben wird, dann muß sie sich mit Dingen auf eine Weise beschäftigen, die nicht zu dem führen, was wir eigentlich Denken nennen, oder sie kann sich mit dem auseinandersetzen, was in der Wissenschaft gedacht wird, was die Philosophie in der Form der Wissenschaftsphilosophie tut.

2. Stellung und Aufgabe der Moral ließe sich in dieser Situation auf zwei Weisen verstehen: *a)* Man könnte es den Wissenschaftler entscheiden lassen, der die Welt im Hinblick auf Objekte untersucht; damit wäre man bei der "Wissenschaft von den Sitten"; oder *b)* man könnte sie zur Philosophie dieser Wissenschaft in Form der "Philosophie der Moralwissenschaft" machen. In beiden Fällen wäre die Moral eine theoretische Erkenntnis, die entweder Realitäten beschreibt oder das Wissen über diese Realitäten definiert und ordnet.

Auf diese Weise verschwinden die spezifisch moralischen Fragen über *autognosis*, über das, was getan werden soll oder was der Mensch ist ...

In allen oder doch in den meisten dieser Fälle gibt es auch weiter moralische Probleme; es gibt weiter Fragen und Antworten dazu. Nur haben diese nicht mehr die Form des sokratischen "Erkenne dich selbst" oder einer der davon gegebenen Interpretationen. Es sind nicht Fragen der Art "Was soll ich tun?" oder "Was ist der Mensch?". Vielleicht lösen sich diese Fragen in den normalen Fragen der Physik (Biologie, Psychologie, Soziologie ...) auf; aber gewiß sind es weder metaphysische noch anthropologisch-philosophische Fragen. Das heißt, sie werden im Angesicht postmetaphysischer und postanthropologischer Rationalität erörtert. Was wird dabei aus der Moral?

In der Art und Weise, wie Metaphysik und Anthropologie das moralische Problem angehen, findet Reichenbach[10] die These impliziert, die das postuliert, was er "kognitiv-ethischen Parallelismus" nennt, der sich im sokratischen Glauben des "Tugend ist Erkenntnis" manifestiere. "Das Motiv

---

[10] H. Reichenbach, Der Aufstieg der wissenschaftlichen Philosophie, Gesammelte Werke in 9 Bänden, Bd. 1, Braunschweig 1977.

für diesen Parallelismus", so der Autor weiter, "scheint der Wunsch zu sein, die Ethik auf einer besseren Grundlage als der Religion zu verankern." Seiner Meinung nach ist "die Vorstellung von der Tugend als Erkenntnis ... eine im wesentlichen griechische Denkweise" (S. 143 ff.). Was nicht heißt, daß diese Denkweise in der späteren Philosophie nicht beneidenswert fruchtbar geworden wäre; insbesondere die Fälle Spinoza, Kant, Hegel und Marx werden dazu untersucht. In dem Kapitel seines Buches, in dem er das "Wesen der Ethik" analysiert, erklärt er, warum die Ethik *qua* Ethik, d. h. als Anleitung zur Tugend, keine Erkenntnis ist: "Wenn die Ethik eine Form der Erkenntnis wäre, dann würde sie nicht das sein, was die Moralphilosophen von ihr verlangen, nämlich, sie könnte keine moralischen Anweisungen geben" (S. 389).
Schlick[11] sagt gleich eingangs: "Die Ethik sucht nur Erkenntnis." Das bedeutet, daß sie eine Wissenschaft ist, und "als solche rein theoretisch ... ihr Ziel ist allein die Wahrheit". Damit sich dies einlösen läßt, muß der Forscher, der sich für Ethik interessiert, "vergessen, daß er an dem Gegenstand seines Forschens außer dem rein erkenntnismäßigen Interesse auch noch ein rein menschliches Interesse hat. Denn für ihn gibt es keine größere Gefahr, als aus einem Ethiker zu einem Moralisten zu werden, aus einem Forscher zu einem Prediger ... Natürlich können Forscher und Prophet ein und dieselbe Person sein; man kann aber nicht im gleichen Augenblick beiden Zielen dienen, denn wer beide Aufgaben vermischt, wird keine lösen." Aufgabe der ethischen Theorie ist es nicht, "das Moralische zu schaffen, zu setzen, ins Leben zu rufen". "So gewiß der Ausdruck 'sittlich gut' einen guten Sinn hat, so gewiß muß man zu ihm auf analoge Weise gelangen können wie zum

[11] M. Schlick, Was will die Ethik?, in: ders., Fragen der Ethik, hrsg. u. eingel. von Rainer Hegselmann, Frankfurt a. M. 1984.

Sinne der Worte 'Leben' oder 'Licht'" (S. 54-57), d. h. mit deskriptiv-explikatorischen Verfahren. Was in der Ethik beschrieben und erklärt wird, ist für Schlick eine Art von Ereignissen, die sich in der Psychologie abspielen: "Das zentrale Problem der Ethik ist also allein die Frage nach der Kausalerklärung des moralischen Verhaltens ... eine rein psychologische Frage" (S. 73).

Was diese dem neopositivistischen Umfeld entnommenen Bekundungen behaupten, ist, daß es keine "normativ-explikative, keine "praktische Erkenntnis" gibt und folglich auch nicht jene von der metaphysischen bzw. anthropologisch-philosophischen Tradition postulierte Moral.

Aus dem analytischen Umfeld hört man ganz ähnliche Behauptungen. So heißt es bei Hudson: "Moral philosophy, as I understand it, must not be confused with moralizing"; letzteres sei Sache des Moralisten: "He talks about what people ought to do". Der Moralphilosoph dagegen "[q]ua moral philosopher, ... thinks and speaks about the ways in which moral terms, like 'right' or 'good', are used by moralists when they are delivering their moral judgments." Er interessiert sich nicht für das, was die Leute tun sollen, sondern er fragt sich: "What *are* people doing when they talk about what they ought to do?". Während sich der Moralist für "Ethik" interessiert, interessiert sich der Moralphilosoph für "Metaethik".[12] Er läßt sich nicht über gesolltes Verhalten aus, sondern über den Diskurs - zweiter Ordnung -, der sich über solches Verhalten ausläßt. Die Analyse dieses Diskurses zeigt dann, daß er eine ganz eigene Gestalt und bemerkenswerte Komplexität besitzt. Der Moralphilosoph tut nichts anderes, als das Knäuel zu entwirren, d. h. er betreibt logische Analyse einer Sprachform. Er fragt also nicht nach Pflichten, die zu erfüllen wären,

[12] W. D. Hudson, Modern Moral Philosophy, London 1970, S. 1.

oder nach Personen, die sie erfülen, und er ist auch kein Lehrmeister der Tugend. Sein Interesse konzentriert sich auf die Bedeutung bzw. die Funktionen dieser Ausdrucksweise im Reden der Leute, wenn sie sich als Moralisten aufspielen.

Die Forscher, von denen es auch innerhalb dieser Strömung "Legionen" gibt, sind zu unterschiedlichen Ergebnissen gekommen, z. B. daß die Sprache der Moral deskriptiv verstanden werden kann: "Many moral philosophers have tried to find some such factual description with which to replace moral terms like 'ought'. But many of them have come to the conclusion that none can be found."[13] Von diesen letzten sagen die einen, daß es sich um Wörter handelt, die von letzten, intuitiven und undefinierbaren Qualitäten sprechen; andere, man könne sie nicht weiter verstehen, da sich ihre Funktion darin erschöpfe, Gefühle auszudrücken; wieder andere ordnen sie einer bestimmten Art von Aussagen zu, die aus Präskriptionen bestehen; und schließlich gibt es solche, die sie anstaunen wie ein Heiligtum, in dem sich das Mystische enthüllt.

Jedenfalls aber hat die moralische Frage das Element gewechselt. Vereinnahmt durch die Wissenschaft, interessiert sie sich dafür, was die Leute tatsächlich tun, und diesem Interesse wird in einer sogenannten "Wissenschaft der Sitten" entsprochen. Vereinnahmt durch die Philosophie, die übrig bleibt, wenn es keine Metaphysik oder Anthropologie mehr gibt, richtet sich das Interesse entweder darauf, die moralischen Begriffe zu entsakralisieren, um zu zeigen, daß sich dahinter einfach ganz gewöhnliche Gegenstände der einen oder anderen Wissenschaft verbergen, oder darauf, die Suche nach den Objekten aufzugeben und

---

[13] Ebd. S. 6.

zu versuchen herauszufinden, was man tut, wenn man von diesen Objekten spricht, oder noch einfacher, was man tut, wenn man von Moral - mit oder ohne Objekte - spricht. Kein Wort wird hier verloren über die "Pflege der Seele" in der Tugend, zu der das "Erkenne dich selbst" führte; auch nicht darüber, "was der Mensch ist", zu dem die Verwirklichung eines würdigen Lebens durch die "Pflicht" führte. Das, was in den angeführten Fällen gesagt wird, macht jedoch schwerlich Sinn ohne eine Annahme, die stillschweigend gemacht wird, als könne man darüber nichts sagen. Diese Annahme ist, daß es Handlungen und Agenten gibt; ohne sie läßt sich nicht erklären, wie es zur Sprache der Moral kommt. Das *factum* der Sprache der Moral ist - um eine kantianische Argumentationsweise zu benutzen - die *ratio cognoscendi* dessen, ohne das dieses *factum* keine *ratio essendi* hätte. Agent und Handlung sind diese *ratio essendi.* Aber der Abstand zwischen diesem doppelten Grund ist allzu groß, um mit den Mitteln der Logik überbrückt werden zu können. Da es zwischen der Welt des Agenten oder der Handlung und der Logik keinen Zugang auf konsistentem Wege gibt, ließen sich diese Dinge nur durch unbegründete Forderungen aufrechterhalten. Da dies einer Vernunft, die logisch vorgeht, unerhört scheint, läßt sich der Fall folgendermaßen abschließen: Entweder kommt man zu dem Ergebnis, daß die Annahme, daß es Agenten und Handlungen gibt, ein archaisches Überbleibsel ist, das sich mit einem zivilisierten Bewußtsein nicht verträgt und das uns nur durch eine falsche Vorstellung aufgedrängt wird, die sich aus den Spuren der Vergangenheit in manchem heutigen Sprachgebrauch herleitet; oder daß man die Hoffnung nicht aufgeben sollte, daß sich Handlungen durch Beschreibungen und Erklärungen verstehen lassen, d. h. durch gewöhnliche Ereignisse der physischen Welt. Schließlich hat auch die Physik selbst lange genug gebraucht, bis sie sich daran gewöhnt hatte, ihre Gegenstände zu denken, ohne sich der Art von Handlungssprache zu bedienen, die von den alten animistischen und teleologischen Vorstellungen geprägt war. Hudson, der sich gegen Ende seines Buches mit diesem Thema beschäftigt, meint, man müsse mit der Möglichkeit rechnen, daß "the language of action will drop out of use". Selbstverständlich wäre dann die Sprache der Moral nicht mehr dieselbe, die wir jetzt kennen. Der Tod der Handlungssprache, so fügt er hinzu, "would make whatever came afterward not recognizable as what we mean by human life. The end of morality would be the end of man".[14] Wir haben also mit der Untersuchung der Moral begonnen und sind am Ende auf den "Tod des Menschen" gestoßen. Weiter oben habe ich ein ähnliches Ergebnis erwähnt - auf dem ich beharren will -, wobei nur der Weg umgekehrt war: Beginnt man mit der Untersuchung des Menschen, kommt man zum Tod der Moral. Sich zu lösen von der Illusion der "Handlung" im Sprachgebrauch (Hudson) entspricht dem Erwachen aus dem "anthropologischen Traum" (Foucault).

*

Man scheint hier also zu einer Art drastischer Alternative zu gelangen.

1. Einerseits zu einer Erklärung oder Analytik des Lebens, wonach dieses in Wirklichkeitsstrukturen eingebettet ist, aus denen es Informationen erhält, die in ihm, ohne sein aktives Zutun, zu Ereignissen der Welt werden: der objektivierten, vorgezeichneten Welt, wie sie uns die positive

[14] Ebd. S. 363 ff.

Erkenntnis vorsetzt. Die Wissenschaften vom Menschen, die sich mit den Naturwissenschaften solidarisieren, scheinen die Dinge zu diesem Ergebnis zu führen. Zur Ausschaltung von Fragen über das Subjekt bzw. den individuellen Agenten, über die Freiheit, über verantwortungsvolle Lebenskompromisse, über Werte und den Sinn des Daseins ...; sie werden entweder verlagert oder in die "Reserve" dessen verbannt, was weder ein anständiges Wissenschaftsstatut hat noch haben kann. Auf die Frage nach der Natur seiner Kulturanthropologie antwortet Lévi-Strauss, daß sie "das Problem angeht herauszufinden, inwieweit der menschliche Geist nicht frei ist". Nirgends sieht er Erkenntnis, die die Form einer *autognosis* oder eines "menschlichen Denkens [annimmt], daß sich absolut äußert"; sondern immer sieht er es "zusammen mit einer Reihe von Beschränkungen, die in erster Linie externe Beschränkungen sind". Er stellt sich das menschliche Universum als striktes System von Antworten vor, die diktierten Rollen entsprechen. "Die Menschheit wird reguliert von den großen Determinanten biologischer und demographischer Art. Die Zukunft der Menschheit wird die immer größerer Sklaverei unter der *Fatalität* der Natur sein." Ein Ende, zu dem der Wille, "die Wissenschaften vom Menschen zu Wissenschaften zu machen", führt. Diese Wissenschaft verhüllt keinerlei praktisches Interesse, das darin bestünde, "die Gesellschaft zu verändern". Ihre Aufgabe ist es nicht, "den Menschen zu erziehen, sondern ihn aufzulösen".[15] Der Diskurs über den Menschen muß also die

[15] Zu den Zitaten und zu ihrer Vervollständigung mit weiteren, nicht weniger deutlichen Passagen über die Negation von Interiorität und Subjekt vgl. P. Caruso, Conversaciones con Lévi-Strauss, Foucault und Lacan, Barcelona 1969, S. 24 f.; 30 f., 37 und 39; C. Lévi-Strauss, Mithologiques, I. Le cru et le cuit, Paris 1964, S. 18 f., 21; ders., El pensamiento salvaje, Mexiko 1964, S. 357 (franz. Original: La pensée sauvage, Paris 1962); ders., Anthropologie structurale deux, Paris 1973, S. 48.

Handlungssprache aufgeben, um sich auf die Erklärung von Ereignissen zu beschränken. Die "Anthropo-Logie" als Erkenntnis verschwindet. Die "zu Wissenschaft gewordene" Erforschung des Menschen sollte besser "Entropo-Logie" heißen. Es wird zugegeben, daß alle frühere Philosophie "Moralphilosophie" war. Aber der Strukturalismus gibt das Interesse an der Moral auf, wenn er sich damit befaßt herauszufinden, "inwieweit der menschliche Geist nicht frei ist".[16]

2. Am anderen Extrem bleibt das Interesse an jener Philosophie, die ihre Aufmerksamkeit auf die Freiheit richtet, auf das, was nach der Ablehnung des "Einheitsprinzips und der Allmacht und Überlegenheit des Begriffs" existiert.
Was die Moral betrifft, ergeben sich daraus diese beiden antithetischen Thesen: *a)* "Für das moderne Denken gibt es keine mögliche Moral".[17] *b)* "Die Zeit ist gekommen ..., moralische Abhandlungen zu schreiben."[18]

---

[16] Caruso a. a. O. S. 24. Die Erwähnung der "Entropie" deutet an, wie sehr die Subjektivität und ihre Ausdruckskraft von der Objektivität der Strukturen beherrscht wird; dies erlaubt es, die Menschen zu studieren, "als wären sie Ameisen", "indem die Kultur wieder der Natur und letztlich dem Leben in der Gesamtheit seiner physisch-chemischen Bedingungen zugeordnet wird" (Lévi-Strauss, El pensamiento salvaje, S. 357 f.). Manche der jüngeren Titel aus dem Werk Poppers weisen auf diese Neigung der Wissenschaft zum Verzicht auf das Subjekt hin: "Epistemology without a Knowing Subject", "On the Theory of the Objective Mind", "Quantum Mechanics without 'The Observer'" (vgl. K. Popper, An Intellectual Autobiography. Unended Quest, Glasgow 1976, S. 61); G. Ryle, The Concept of Mind, London 1965, S. 15 f.; vgl. dazu A. Koestler, The Ghost in the Machine, London 1967, S. 197 ff.

[17] M. Foucault, Les mots et les choses, Paris 1966, S. 339; vgl. auch S. 391-398.

[18] B. H. Levy, La barbarie à visage humaine, Paris 1977, S. 226; anderswo heißt es: "Il ne reste que l'éthique et le devoir moral" (S. 218).

Logik, Geschichte und Rationalität: Zu einer Selbstkritik der analytischen Vernunft

Von Javier Muguerza

Inwieweit kann es heutzutage noch von Interesse sein, ein weiteres Mal auf die Beziehungen zwischen analytischer Philosophie und Marxismus zurückzukommen? Ein Thema wie dieses scheint doch, wie Ferrater Mora sagen würde, ganz besonders dazu prädestiniert, alle möglichen "metaphilosophischen" Neigungen nur zu verschlimmern - etwa die Vorliebe der Philosophen, sich immer wieder oder sogar ausschließlich "mit Denkweisen und Typen der Philosophie, mit Richtungen, Schulen, Tendenzen und Kehren zu beschäftigen, sie zu definieren und zu kritisieren, die einen eliminieren und die anderen absorbieren zu wollen, Taue zu kappen, Brücken zu bauen oder hinter sich abzubrechen, usw."[1] -, Neigungen, die, wenn sie nicht gezügelt werden, am Ende die Philosphie in Ermangelung einer anderen, fruchbareren Beschäftigung zur störrischen Nabelschau verkommen lassen. Nachdem aber diese Warnung ausgesprochen ist, die es besonders im Zusammenhang mit der in unserem Land betriebenen Philosophie verdiente, ernst genommen zu werden, kann ich doch nicht umhin einzugestehen, daß die genannten Neigungen offenbar unwiderstehlich sind. Immerhin hat die obige Warnung - wie ihr Autor selbst lächelnd zugibt - etwas "Meta-Metaphilosophisches". Fügen wir uns also in unser Schicksal, und geben wir uns wenigstens für einen Augenblick diesen Neigungen hin.

[1] José Ferrater Mora, Meta-metafilosofía, in: Teorema IV (1974) 1, S. 5-10, hier S. 5.

Zuvor aber doch noch eine Anmerkung zu der Bedeutung, in der im folgenden der *Aufruf zum Dialog* zwischen analytischer Philosophie und Marxismus zu verstehen ist - ein Dialog, den man sich weniger eklektisch als polemisch wünschen würde. Die höchste Form des Eklektizismus, wie sie ein berühmter Philosoph des 17. Jahrhunderts beschrieb, besteht darin, zwischen den auseinandergehenden Meinungen dadurch eine umfassende Versöhnung zu erreichen, daß man sich allein auf das konzentriert, was die Philosophen bejahen, und außer acht läßt, was sie bestreiten. Ich für meinen Teil glaube, daß in unserem Fall eine Versöhnung weder einfach noch wünschenswert ist. Ich neige nämlich zu dem Verdacht, daß im allgemeinen das, was in der Philosophie wirklich interessant ist, nicht so sehr in dem zu finden ist, was die Philosophen bejahen, sondern in dem, was sie ablehnen. Schließlich gibt es in dieser Welt genug Menschen zum Beifallklatschen , so daß dazu die Philosophen nicht gebraucht zu werden scheinen; dagegen könnten diese auch in Zukunft eine bedeutende Lücke füllen, wenn sie sich der Verneinung und der Kritik widmeten, was zwar sicher gesellschaftlich weniger angesehen, aber keineswegs weniger fruchtbar wäre. Nun beginnt aber wohlverstandene Kritik - wie es auch von der wohlverstandenen Wohltätigkeit heißt - immer bei einem selbst, d. h. mit einer Selbstkritik. Was ich mit der vorliegenden Arbeit beabsichtige, ist daher, auf dem Wege des Dialogs mit einer bestimmten Ausprägung des Marxismus einige Ansätze für das zu bieten, was man vielleicht - im bescheidenen Rahmen der hier gegebenen Möglichkeiten - als eine *Selbstkritik der analytischen Vernunft* verstehen kann.

Immer, wenn von "analytischer Vernunft" die Rede ist, ist ihr Vergleich mit der "dialektischen Vernunft" ein fast obligatorischer Topos; und nicht selten wird dieser Ver-

gleich so angelegt, als handele es sich um einen Vergleich der "formalen (oder analytischen) Logik" mit der sogenannten "dialektischen Logik". Ich werde jedoch, ohne dafür eine Entschuldigung zu bieten, versuchen, diese unglückliche Vorgehensweise zu vermeiden. Die bekannte Vieldeutigkeit der Vokabel "Dialektik" ist zumindest ein Hinweis auf ihre philosophische Herkunft. Und ich will folglich auch manchen ihrer vielen Bedeutungen keineswegs Relevanz absprechen. (Ich kann mich daher auch nicht dem findigen Rat eines Gegners der Dialektik anschließen, der vorschlug: Man streiche das Wort "Dialektik" überall, wo es in einem Text vorkommt; wenn danach der Text Sinn macht, dann hat man den Beweis, daß die Einführung des Wortes überflüssig war; ist der Text dagegen nicht verständlich, dann tröste man sich mit dem Gedanken, daß auch die Beibehaltung des Wortes ihn nicht verständlicher gemacht hätte.) Von all ihren möglichen Bedeutungen hat jedoch vielleicht keine so fatale Folgen wie diejenige, welche die dialektische Vernunft mit der dialektischen Logik - einer eingebildeten Dame, deren hochtrabendes Geschwätz schon immer (zu ihren Ungunsten) mit der stillen und effizienten Hausarbeit der formalen Logik kontrastierte - gleichsetzt. Was die formale Logik betrifft, so gibt es keinen anderen Grund, sie "analytisch" zu nennen, als die archäologisierende Absicht, uns auf ihre ursprüngliche aristotelische Bezeichnung zu verweisen. Schließlich ist - wie schon Aristoteles und seine Schüler nicht herauszustellen vergaßen, indem sie betonten, daß sie zum philosophischen Handwerkszeug gehört - die formale Logik ein öffentliches Gut und mitnichten das Exklusiveigentum einer philosophischen Richtung, weder der "analytischen Philosophie" noch irgendeinee anderen.
Um die Wahrheit zu sagen: Die analytischen Philosphen haben auch niemals einen Besitzanspruch auf die formale

Logik angemeldet. Aber - vielleicht aufgrund des Umstandes, daß viele von ihnen von Hause aus Logiker oder doch zumindest kenntnisreiche Liebhaber der Logik waren - sie haben sehr wohl häufig *Vernunft* und *Logik*, "Rationalität" und "Logizität" gleichgesetzt.[2] Ich habe den Verdacht, den ich im folgenden zu belegen versuchen werde, daß diese Gleichsetzung philosophisch manch fürchterliche Folgen mit sich gebracht hat.

Einer der am häufigsten vorgebrachten Vorwürfe analytischer oder para-analytischer Philosophen gegen die marxistische Geschichts- und Politikphilosophie lautet, der Marxismus sei eines doppelten Vergehens schuldig, das es erlaube, ihm die abwertenden Etiketten "historizistisch" und "naturalistisch" zugleich zu verleihen.[3] Der Marxismus mache sich des Historizismus schuldig, weil er an die Möglichkeit glaube, langfristig unbedingte historische Vorhersagen zu machen, wenn er etwa - gegen jede prognostische Mäßigung - die unvermeidliche Ablösung des Kapitalismus durch den Sozialismus behaupte. Und er mache sich in nicht geringerem Maße des Naturalismus schuldig, wenn er ein solches Faktum als Prämisse setze, aus der zu schließen sei, daß wir die Pflicht haben, für die Errichtung des Sozialismus zu kämpfen - eine präskriptive Schlußfolgerung, die sich nicht ohne weiteres aus einer faktischen Prämisse deduzieren lasse. Es ist nicht zu bestreiten, daß es im Marxismus nebeneinander - wenn auch

---

[2] Über den Unterschied zwischen "Rationalität" und "Logizität" vgl. Stephen Toulmin, Human Understanding, I. The Collective Use and Evolution of Concepts, Princeton 1972, bes. S. 248 ff. und 478 ff., sowie - für eine ungenauere und holprigere Version - ders., The Uses of Argument, Cambridge 1958, Kap. III und IV.

[3] Der inzwischen klassische *locus* für diesen doppelten Vorwurf ist Karl R. Popper, The Poverty of Historicism, London 1954; von dort haben ihn mit unterschiedlicher Nuancierung verschiedene im engeren Sinne analytische Philosophen übernommen (vgl. zu diesem Punkt meinen Aufsatz Etica y ciencias sociales, in: versch. Autoren, Filosofía y ciencia en el pensamiento español contemporáneo [1960-1970], Madrid 1973, S. 277-197).

selbstverständlich nicht ohne Reibungen - die Neigung zum Szientismus und zum Voluntarismus gegeben hat. Zweifelhaft ist aber, ob sich ein und derselbe Marxist - so sehr er auch der dialektischen Synthese verbunden sein mag - gleichzeitig beider Vergehen schuldig machen kann: Was könnte ihn denn veranlassen, uns eine willentliche Bemühung um die Annäherung an ein Ziel vorzuschreiben, dessen Erreichen uns ja die Geschichte in jedem Fall garantiert? Wer den Marxismus zugleich des - so verstandenen - Historizismus und des Naturalismus beschuldigt, der tut wahrscheinlich der klassischen Weberschen Auffassung von den Sozialwissenschaften bzw. zumindest derjenigen Version der Dichotomie "Tatsache-Wert", die gewöhnlich als "Prognose-Programm"-Dichotomie präsentiert wird, allzu viel Ehre an. Er würde damit etwa vergessen, daß - anders als naturwissenschaftliche Vorhersagen - die sozialwissenschaftliche Prognose in enger Beziehung zur politischen Progammation steht, da die Vorhersagen des Ökonomen oder Soziologen - anders, als die des Meteorologen - oft *self-fulfilling* oder *self-defeating* sind, also auf unsere Praxis Einfluß nehmen und umgekehrt von dieser beeinflußt werden können.

Wenn jemand die Errichtung einer klassenlosen Gesellschaft für möglich hält, dann stachelt seine bloße Vorhersage schon die Bemühungen derer an, die eine solche historische Aussicht für wünschenswert oder unerwünscht halten und die sich daher beeilen, ihre Verwirklichung zu unterstützen oder zu behindern. Hier gibt es also einen Berührungspunkt zwischen "Theorie" und "Praxis", dem gewisse Aufmerksamkeit gebührt. Was die analytischen Philosophen betrifft, so werden sie - selbst wenn sie die Berührungspunkte zwischen den beiden mehr oder weniger bereitwillig anerkennen - doch immer darauf pochen, daß Theorie und Praxis letztlich zu unterscheiden sind. Diese

Philosophen sind daher höchst erstaunt über die Leichtigkeit, mit der manche ihrer marxistischen Fachgenossen offenbar Schlüsse ziehen wie diesen: "Der Sozialismus *ist* voraussichtlich das Ziel, dem der Lauf der Geschichte zustrebt, also *soll* man für den Sozialismus kämpfen." Ihr Erstaunen ist umso größer, wenn die Marxisten auf den Einwurf, diese Folgerung sei ein drastisches Beispiel für den logischen Fehlschluß, der unter dem Namen "naturalistischer Fehlschluß" bekannt sei, ungerührt antworten, dieser berühmte naturalistische Fehlschluß lasse sie völlig kalt.[4] Lassen wir also den Vorwurf des Historizismus einen Moment beiseits, und konzentrieren wir uns auf den von der analytischen Philosophie gegen den Marxismus vorgebrachten Vorwurf des Naturalismus.

Es geht hier nicht um eine Diskussion der leidigen Frage, ob es überhaupt eine "marxistische Ethik" gibt - eine Frage übrigens, die sich nicht mit der simplen Feststellung abtun läßt, daß die herrschenden moralischen Werte in jedem Augenblick die Werte der herrschenden Klasse sind, so daß Begriffe wie "Güte", "Gerechtigkeit", "Pflicht" usw. ihre Bedeutung in einem gegebenen Augenblick aus den Lebensumständen und den entsprechenden Interessen der Menschen erhalten, die sich ihrer bedienen. Dies mag wohl richtig sein, ist aber keine hinreichende Erklärung dafür, daß manche Marxisten ihrerseits auf der Behauptung bestehen, man "müsse" für den Sozialismus kämpfen. Da dies nicht weiter erläutert wird, kann es nicht verwundern, daß analytische Philosophen dazu neigen, in dieser

---

[4] Zur neueren analytischen Diskussion des naturalistischen Fehlschlusses vgl. W. D. Hudson (ed.), The Is/Ought Question, London 1969, wo die dominierende Geistlosigkeit von vornherein jeden fruchtbaren Meinungsaustausch mit dem Marxismus ausschließt. (Einen Kontrast dazu bildet die Arbeit von Charles Taylor, Marxism and Empiricism, in: B. Williams und A. Montefiore [eds.], British Analytical Philosophy, London und New York 1966, S. 227-246, auf die ich noch zurückkommen werde.)

Behauptung die Äußerung einer moralischen Pflicht zu sehen. Und genauso wenig kann es verwundern, daß sie jeden Versuch, ihr das erforderliche *fundamentum obligationis* mit dem Argument zu verschaffen, daß der Sozialismus das Ziel "sei", auf das die Geschichte zuzusteuern scheine, als logisch ungültig zurückweisen. Wenn der Marxismus tatsächlich so etwas meinen und sich solcher Argumente bedienen würde, dann hätten auf jeden Fall all seine analytischen Kritiker vollkommen Recht. Die Logik - zumal die deduktive Logik - hat schwerlich etwas beizutragen zur Begründung einer vermeintlichen Pflicht, den Lauf der Geschichte zu unterstützen. Bestenfalls könnte sie vorschlagen, das Argument "Das voraussichtliche Ziel der Geschichte ist *S*, also soll man für *S* kämpfen" enthymematisch zu interpretieren, so daß es die ausführliche Fassung lauten würde "Das voraussichtliche Ziel der Geschichte ist *S*, und *S* ist wünschenswert, also soll man für *S* kämpfen". Mit dieser Auslegung hätte man aber nur erreicht, daß sich die Forderung nach einer Begründung, die sich zunächst - wenig erfolgreich - auf die Konklusion bezog, auf die neue Prämisse verlagert, denn "wünschenswert" ist "das, was es wert ist, gewünscht zu werden, d. h. was gewünscht werden *soll*", und das läßt sich schwerlich auf die Bedeutung von "was die Leute tatsächlich wünschen" bzw. "was die Leute tatsächlich interessiert" reduzieren. Was immer an dieser Stelle auch mit dem Marxismus geschehen mag: Auch die analytische Philosophie wird nicht ungeschoren davonkommen, ja, für sie hat diese Frage sogar die allerschwersten Folgen. Da nämlich für die große Mehrheit ihrer Anhänger keine andere Tätigkeit der Vernunft denkbar ist als die Anwendung der Logik und da sich die Logik als unzureichend erwiesen hat, wenn es um die Begründung irgendwelcher moralischen Pflichten geht, scheint es keinen anderen Ausweg zu geben als den Verzicht auf jegliche rationale Begründung der Moral.

Wenn ich micht hier auf die große Mehrheit der Anhänger der analytischen Philosophie beziehe, dann möchte ich damit ausdrücklich bekunden, daß nicht alle analytischen Philosophen die Mehrheitsmeinung in diesem Punkt unbedingt teilen müssen. Wenn wir diese Mehrheitsmeinung mit den Worten von Charles Taylor als "the well-entrenched doctrine according to which questions of value are independent of questions of fact" beschreiben, dann ist klar, daß diese Doktrin derzeit - wie man an dem großen Prestige sehen kann, das der Haresche Präskriptivismus in der analytischen Ethik noch immer besitzt - die halboffizielle Doktrin der analytischen Ethik ist. Es gibt jedoch Ausnahmen von diesem fast allgemeinen Konsens; und eine dieser Ausnahmen ist Taylor selbst, der zunächst mit seiner Diagnose der Insuffizienz, an der die genannte Position leidet, durchaus richtig liegt: "Its starting point is the casting of moral argument in deductive form - all the arguments against the so-called 'naturalistic fallacy' have turned on the validity of deductive inference."[5] Für unsere moralischen Urteile zu argumentieren oder zu versuchen, sie rational zu rechtfertigen, heißt, *Gründe zu geben* für diese Urteile, die zweifellos Werturteile sind. Wer urteilt, daß zwei unglückliche Eheleute sich (nicht) scheiden lassen sollten, könnten als Gründe für sein jeweiliges Urteil anführen, daß das Glück des Individuums vor jeder anderen Überlegung zu berücksichtigen ist (oder daß die katholische Lehre von der Unauflöslichkeit der Ehe um jeden Preis einzuhalten ist). In diesem Fall wäre die Feststellung

[5] Charles Taylor, Neutrality in Political Science, in: A. Ryan (ed.), The Philosophy of Social Explanation, Oxford 1973, S. 137-170, hier S. 161-162 (zuerst in: P. Laslett und W. G. Runciman [eds.], Philosophy, Politics and Society, Third Series, Oxford 1967, S. 25-57).

"Es soll etwas bestimmtes getan werden *(A)*, *weil* etwas bestimmtes anderes getan werden soll *(B)*" gleichbedeutend mit der Feststellung "Es soll etwas bestimmtes getan werden *(B)*, *folglich* soll etwas bestimmtes anderes getan werden *(A)*", d. h. es handelt sich um einen deduktiven Schluß. Nehmen wir aber an, jemand fragt sich, warum denn das persönliche Glück allen anderen Gesichtspunkten übergeordnet ist (oder warum die katholische Lehre zur Ehe um jeden Preis einzuhalten ist). Will er nicht neue *Normen als Gründe* vorbringen ("Es soll *C, D* usw. getan werden"), was auch neue Fragen aufwerfen würde ("Und warum soll *C, D* usw. getan werden?"), könnte er vielleicht daran denken, einen *faktischen Grund* vorzubringen, etwa daß es den Leuten tatsächlich um ihr Glück geht (oder daß die Lehre der Kirche tatsächlich den Willen Gottes ausdrückt).[6] Dann aber wäre offenkundig, daß die Feststellung "Es soll etwas bestimmtes getan werden *(A)*, *weil* es soundso ist *(B)*" nicht gleichbedeutend ist mit der Feststellung "Etwas bestimmtes ist soundso *(B)*, *folglich* soll es getan werden *(A)*", was deduktiv gesehen einen Fehlschluß darstellt. Den analytischen Philosophen, die moralische Argumentation und deduktive Logik - oder, wenn man dies vorzieht, *Gründe und Prämissen* - gleichzusetzen versuchen, bliebe also nichts anderes übrig, als ohne weitere Gründe oder Prämissen, d. h. ohne irgendeine Möglichkeit der rationalen Begründung, die höchste Geltung einer Grundnorm anzuerkennen: "Basta! Kein Wort mehr! Das persönliche Glück soll vor jeder anderen Überlegung Vorrang haben"; "Die Lehre der Kirche muß um jeden Preis eingehalten werden. Das ist alles. Schluß!

[6] Zur Unterscheidung von "faktischen Gründen" und "normativen Gründen" vgl. meinen Aufsatz: 'Es' y 'debe'. En torno a la lógica de la falacia naturalista, in: F. Gracia, J. Muguerza und V. Sánchez de Zavala (eds.), Teoría y sociedad. Homenaje al Prof. Aranguren, Barcelona 1970, S. 141-175, hier S. 159.

Aus!" Wie Taylor zutreffend feststellt: "Whether it [constitutes a reason] or not depends on the decisions a man has made about his values ... Ultimately, we have to decide beyond all reasons, as it were, what our values are."[7] Die Rationalitätsauffassung, wie sie im Bereich der philosophischen Analyse vorherrscht, hat etwas schockierendes an sich, das dem scharfen Auge wenigstens einiger analytischer Philosophen nicht entgangen ist. Das schlimmste an ihr ist aber nicht, das sie schockierend ist, und noch nicht einmal, daß sie uns nicht befriedigt, sondern daß sie fast nie explizit dargelegt wurde, so daß man die Möglichkeit hätte, sie ernsthaft zu diskutieren. Man spricht von "Gründen", seien dies "normative Gründe" oder "faktische Gründe"; und man spricht selbstverständlich von "der Vernunft", sie diese "theoretisch" oder "praktisch". Aber nur selten werden diese Ausdrücke auch nur halbwegs präzise definiert. Was wird denn nun eigentlich innerhalb dessen, was ich die "vorherrschende Rationalitätsauffassung" genannt habe, unter "Rationalität" verstanden?

Wenn ich von der vorherrschenden Rationalitätsauffassung spreche, dann will ich damit keineswegs andeuten, daß alle ihre Anhänger unbedingt auch Anhänger der analytischen Philosphie sein müssen, und schon gar nicht, daß sie diese Auffassung einfältig und unbeweglich vertreten. Nichts von letzerem findet sich in einer neueren Arbeit von Jesús Mosterín, die doch die erhellendste Darstellung des vorherrschenden *Rationalitätsbegriffs* ist, die ich kenne.[8] Wie immer, wenn etwas unter einem glühenden Licht betrachtet wird, gibt es um seine Darstellung des Begriffs herum einen dichten Schattenbereich, den zu erforschen interessant sein könnte. Zuvor sollte man sich aber mit der

---

[7] Taylor a. a. O. (Anm. 5) S. 162.

[8] J. Mosterín, El concepto de racionalidad, in: Teorema III (1973) 3, S. 455-480.

von ihm angebotenen Analyse unseres Begriffs beschäftigen, d. h. mit den von ihm vorgenommenen Präzisierungen. Ausgehend vom Gedanken der Rationalität als einer Methode und nicht als einer Begabung - die Anwendung der rationalen Methode setzt beispielsweise die Gabe der Intelligenz voraus, aber auch die schärfste Intelligenz wäre durchaus vereinbar mit krassester Irrationalität - unterscheidet Mosterín zwischen der Rationalität, die man unseren Überzeugungen und Meinungen zubilligt, einerseits und derjenigen, die man unseren Entscheidungen und Handlungen beimißt, andererseits. Was die erste betrifft - die *theoretische Rationalität* -, so präzisiert er den Begriff folgendermaßen: "Eine Person *X* glaubt rational, daß *p* (wobei *p* eine beliebige Aussage ist), dann und nur dann, wenn *(1) X* glaubt, daß *p*, und wenn *(2) X* ausreichende Belege dafür hat, daß *p* - d. h. wenn *p* analytisch ist -, wenn *X p* direkt beobachten kann, wenn *p* ein Theorem einer zu Zeiten von *X* geltenden wissenschaftlichen Theorie ist, wenn es vertrauenswürdige Zeugen dafür gibt, daß *p*, oder wenn *p* aus anderen Aussagen q_1 ... q_n deduzierbar ist und X ausreichenden Belege dafür hat, daß q_1 ... q_n (diese Klausel macht die Definition rekursiv), und wenn außerdem *(3) X* sich nicht bewußt ist, daß *p* mit irgendeiner seiner anderen Überzeugungen in Widerspruch wäre."[9] Was die zweite Art von Rationalität betrifft, so ist Mosterín der Meinung, daß *die praktische Rationalität die theoretische Rationalität voraussetzt* (denn während wir sehr wohl theoretisch rational sein könnten, ohne es auch praktisch zu sein, könnten wir in einem bestimmten Bereich nicht rational handeln, wenn wir nicht wenigstens in unseren Überzeugungen hinsichtlich dieses Bereichs rational sind), weswegen man sie als "Rationalität im eigentlichen Sinne"

---

[9] Ebd. S. 463.

betrachten könne. Er präzisiert dann diesen Begriff wie folgt: "Ein Individuum *X* soll rational in seinem Verhalten heißen, wenn *(1) X* sich seiner Zwecke klar bewußt ist, *(2) X* (soweit dies möglich ist) über die zur Erreichung seiner Zwecke notwendigen Mittel informiert ist, *(3) X* - soweit ihm dies möglich ist - die zur Erreichung der angestrebten Zwecke angemessenen Mittel in Einsatz bringt, *(4) X* im Falle von Konflikten zwischen Zwecken auf derselben Linie, aber von unterschiedlicher Nähe, den späteren Vorrang einräumt und *(5)* die Zwecke von *X* miteinander vereinbar sind."[10] Diese Präzisierung des Begriffs der *praktischen Rationalität* - die als "eine Strategie zur Maximierung der Kenntnisse und der Erreichung unserer letzten Zwecke" zu verstehen ist - zieht jedoch ein unschönes Korollar nach sich: "Viele der von uns verfolgten Zwecke sind bloß Mittel zu anderen Zwecken ... Spätere Zwecke sind wichtiger als frühere und im Konfliktfall vorzuziehen. Ob ein bestimmter Zweck Mittel zu einem anderen ist, ist eine wissenschaftlich entscheidbare Frage. In der Annahme eines Zwecks als ein höchster Zweck gibt es jedoch offenbar ein Moment der Willkür. Zwecke mittleren Ranges lassen sich mit Hilfe der letzten Zwecke rechtfertigen. Letzte Zwecke lassen sich untersuchen und ins Bewußtsein bringen, letztlich aber nicht rechtfertigen - denn womit wäre das möglich? -, obwohl sie manchmal erklärt werden können durch die Millionen Jahre biologischer Evolution, die auf uns lasten und Teil unseres Schicksals sind."[11] Diesem Korollar sei schließlich noch ein anderes, nicht viel weniger unangenehmes hinzuzufügen: "Rational gesehen ist überhaupt nichts absolut erlaubt oder verboten, weder von Gott noch vom Teufel, weder von der Natur noch von der Geschichte. Das einzige, was man nicht tun

[10] Ebd. S. 471.
[11] Ebd. S. 472.

kann, ist das, was physisch unmöglich ist. Das bedeutet selbstverständlich nicht, daß alles egal wäre - damit würde man dem praktischen Leichtsinn verfallen -, sondern daß es von den Zielen abhängt, die wir in einem bestimmten Augenblick verfolgen, und von der Information, die wir über die Welt besitzen."[12]
Das angenehmere der beiden Korollare wollen wir - wie ein schmackhaftes Dessert - für den Schluß aufheben und unsere Aufmerksamkeit jetzt dem ersten widmen, das mit der davor zitierten Auffassung von der praktischen Rationalität in engerer Verbindung steht. Bei letzterer vermißt man wohl immer noch ein paar Präzisierungen; der Autor beeilt sich denn auch darauf hinzuweisen, daß seine Definition keineswegs beansprucht, eine hinreichend vollständige Erläuterung des Begriffes zu sein. Zunächst einmal wird zwar unter der Hand zwischen der "Erklärung" und der "Rechtfertigung" (der Zwecke) unseres Verhaltens unterschieden; diese Unterscheidung wäre aber vielleicht noch deutlicher, wenn sie auf einer vorangegangenen Unterscheidung von *Verhalten* und *Handeln* aufbaute. Denn - wie David Braybrooke bemerkt[13] - müßte wohl das begriffliche Handwerkszeug für den Umgang mit "Handlungen" den gesellschaftlichen Regeln und Normen, die unser Handeln lenken, größere Bedeutung beimessen, als es für die mehr bio-psychologischen als soziologischen Betrachtung unseres "Verhaltens" erforderlich wäre. Auf der gleichen Linie wäre es vielleicht angebracht gewesen, darüber hinaus eine Unterscheidung zwischen *Handlung* und *Praxis* zu treffen, und zwar nicht nur aus Rücksicht auf das historische Gewicht verschiedener philosophischer Tradi-

12 Ebd. S. 477 f.

13 D. Braybrooke (ed.), Philosophical Problems of the Social Sciences, London 1965, Introduction, S. 1-19, hier S. 2 ff.

tionen - wie etwa Richard Bernstein die Frage angeht[14] -, sondern auch, weil diese Unterscheidung Bedeutung erlangen kann, wenn es darum geht, von der Betrachtung des individuellen Handelns und/oder der individuellen Praxis zu der des kollektiven Handelns und/oder der kollektiven Praxis überzugehen.

Es sind aber nicht diese Ungenauigkeiten, auf die es mir im Zusammenhang mit dem ersten der Korollare zum Rationalitätsbegriff Mosteríns ankommt, sondern den willkürlichen Charakter, den er unserer Annahme irgendwelcher *letzten Zwecke* zuschreibt.

Wie wir weiter oben sahen, sind "Zwecke" und "Mittel" gewöhnlich relative Kategorien in dem Sinne, daß ein bestimmter Zweck häufig Mittel zu einem höheren Zweck ist ..., bis man zu einem (zufälligen) letzten Zweck kommt, das (zufälligerweise) Zweck und nicht Mittel ist. Stellen wir uns vor, der Befürworter und der Gegner der Scheidung, die uns weiter oben als Beispiel dienten, diskutieren miteinander: Beide können der Meinung sein, daß die Aufrechterhaltung der Ehe gegen den Willen eines oder beider Ehepartner zu schweren Problemen führt; beide können der Meinung sein, daß auch die Probleme hinsichtlich des Sorgerechts für die Kinder aus der Ehe - sofern es welche gibt - keineswegs zu vernachlässigen sind; und trotzdem setzt der eine auf die Lehren der Kirche, während der andere für das persönliche Glück eintritt. Ihre jeweiligen Deduktionsketten - "Die Lehre der Kirche muß um jeden Preis eingehalten werden, ..., also muß die Ehe als unauflöslich betrachtet werden" und "Das persönliche Glück muß Vorrang vor jeder anderen Überlegung haben, ..., also muß Scheidung erlaubt sein" - laufen parallel nebeneinander her, ohne daß die Logik, die bei ihrer Aufstellung hilft,

[14] R. Bernstein, Praxis and Action, Philadelphia 1971, *passim*.

dazu beitragen könnte, daß sie sich irgendwo treffen. Und noch viel weniger kann sie folglich dazu beitragen, die Diskussion zu einem endgültigen Abschluß zu bringen. Innerhalb jedes dieser beiden "Moralkodizes" findet man ganz einfach eine Antwort auf die Frage, warum die Scheidung erlaubt sein bzw. die Ehe als unauflöslich betrachtet werden sollte. Auf die Frage, warum die Lehren der Kirche eingehalten werden oder warum das persönliche Glück Vorrang haben soll, kann man dagegen nur - in beiden Fällen - willkürlich mit "Darum" antworten.

Wie Charles Taylor richtig gesehen hat, ist die These von der Zufälligkeit unserer letzten Zwecke oder *Werte* eng verbunden mit einer Interpretation des Vokabulars der Bewertung im Sinne von Empfehlungen, wie sie sich nicht nur der Präskriptivismus, sondern auch der ungehobeltere ethische Emotivismus eines Stevenson zu eigen gemacht hat. Diese Interpretation - wonach ein bewertender Ausdruck wie "gut" oder ein präskriptiver Terminus wie "soll" ganz einfach nur benutzt werde, um etwas zu empfehlen - sei aber auch charakteristisch für die Webersche Auffassung von den Sozialwissenschaften, für die die Ausschaltung solcher Ausdrücke der beste Weg sei, um die Sozialwissenschaften von Empfehlungen zu bereinigen und so ihre Wertneutralität zu sichern.[15] Ob man nun Wörter wie "gut" oder "soll" zum Empfehlen benutzt oder nicht: Sicher ist, daß, falls man sie dazu benutzt, dies die Angabe von Gründen zur Untermauerung der Empfehlung verlangt. Daher kommt auch der entscheidende Unterschied zwischen der Feststellung "Ich mag *S*" - die vielleicht das letzte Wort sein kann, wenn es darum geht, eine gefühls-

[15] Die treffende Charakterisierung Max Webers als Präskriptivist *avant la lettre* wurde vorgeschlagen von W. G. Runciman (A Critique of Max Weber's Philosophy of Social Science, Cambridge 1972, S. 53), der Webers Position ausdrücklich mit der von Richard Hare in Verbindung bringt.

mäßig positive Haltung gegenüber *S* auszudrücken, und die keiner weiteren Rechtfertigung bedarf - und der Behauptung "*S* ist gut (oder: *S* soll angestrebt werden)", die eine solche Rechtfertigung sehr wohl zu erfordern scheint, wenn sie als Bewertung von *S* und nicht als bloßer Gefühlsausdruck verstanden werden soll. Es ist nämlich durchaus möglich, daß man einsieht, daß es gut ist, etwas zu tun - etwa unter Umständen sich für seinen Nächsten aufzuopfern -, auch wenn man dazu gar keine Lust verspürt, oder daß man umgekehrt einsieht, daß es nicht gut ist, etwas zu tun - etwa, diesen Nächsten mit einem Fußtritt zum Teufel zu jagen -, so sehr man dazu gelegentlich Lust verspürt. Unsere Bewertungen verlangen also Rechtfertigung und - was für uns noch wichtiger ist - *lassen diese Rechtfertigung auch zu*, und zwar mit Hilfe faktischer Gründe, ohne daß wir dafür irgendeinem naturalistischen Fehlschluß erliegen müßten. Sagt man, etwas diene den Interessen der Menschen, so ist die nach Meinung Taylors zweifellos ein Grund, um auch zu sagen, daß dieses etwas eine gute Sache ist oder daß wir es herbeiführen sollen. Und damit ist keineswegs gesagt, daß sich die evaluative Bedeutung von "*S* ist eine gute Sache (oder: *S* soll herbeigeführt werden)" auf die deskriptive Bedeutung von "*S* ist etwas, das den menschlichen Interessen dient" reduzieren läßt, denn der Schluß "*S* ist etwas, das menschlichen Interessen dient, also ist *S* eine gute Sache (oder: soll *S* herbeigeführt werden)" bleibt vom Standpunkt der deduktiven Logik betrachtet ein Fehlschluß, d. h. mit anderen Worten, man könnte immer die Prämisse bejahen und doch die Konklusion verneinen. Unsere Bewertungen lassen sich nämlich mit Hilfe von Überlegungen bestreiten, die die Gründe, die sie stützen, bestehen lassen - wie etwa, wenn jemand bezweifelt, daß die Freiheit, eine andere Person unbegründet zu verleumden, eine gute Sache ist und respektiert werden sollte, ohne daß er deswegen bezweifeln müßte, daß die Redefreiheit den menschlichen Interessen dient -, aber diese Gründe behalten ihre unbestrittene Geltung nur so lange, wie ihnen nicht andere, vermeintlich stärkere Gründe entgegenstehen. Dies erlaubt es Taylor, ausgehend von dem Gedanken, daß das Glück ein vordringliches menschliches Interesse darstellt, dieses zum *Prinzip* jeder Bewertung zu machen (ein Prinzip, das sich nur durch einen Wandel der geistigen Verfassung aushebeln ließe, der tiefgehend genug sein müßte, um die Berufung auf menschliches Glück durch die auf die Lehren der Kirche oder etwas ähnliches zu ersetzen). So heißt es bei Taylor weiter: "We can thus see why, for instance, 'anything conducive to human happiness is good' doesn't need any further grounds to be adduced on its behalf. In human happiness, which by definition men desire, we have an adequate ground. This doesn't mean that all argument is foreclosed. We can try to show that men degenerate in various ways if they seek only happiness, and that certain things which also make men unhappy are necessary for their development. Or we can try to show that there is a higher and a lower happiness, that most men seek under this title only pleasure, and that this turns them away from genuine fulfiment; and so on. But unless we can bring up some countervailing consideration, we cannot deny a thesis of this kind. The fact that we can always bring up such countervailing considerationsn means that we can never say that 'good' *means* 'conducive to human happiness', as Moore saw. But that something is conducive to human happiness, or in general to the fulfilment of human needs, wants and purposes, is a *prima facie* reason for calling it good, which stands unless countered."[16]

[16] Taylor a. a. O. (Anm. 5) S. 168.

Die soeben skizzierte Position ist mit Recht als "Neonaturalismus" bezeichnet worden.[17] Und es wäre ein Fehler, zu übersehen, daß er der Kritik wieder manche von den Schwachpunkten des alten Naturalismus bietet. Taylor läßt sich beispielsweise nicht weiter darüber aus, was unter "dem menschlichen Glück zuträglich", "im Dienste menschlicher Interessen" oder "Befriedigung der Bedürfnisse, Wünsche und Pläne der Menschen" zu verstehen ist. Zudem ist keineswegs klar, ob die Annahme des menschlichen Glücks als "höchstes Bewertungsprinzip" sich im aufgrund einer Erfahrung kognitiver Art aufdrängt oder ob sie selbt das Ergebnis einer Bewertung ist. Am wahrscheinlichsten ist wohl, daß es sich um beides zugleich handelt, denn Taylor scheint wenig geneigt, "Wissen" und "Bewertung" - wie es in der alten Polemik zwischen ethischem Kognitivismus und Anti-Kognitivismus (Emotivismus, Präskriptivismus usw.) heißt - völlig voneinander zu trennen. Mehr noch: Ihm geht es, wie wir wissen, nicht darum, den deduktiven Schritt von einer faktischen Prämisse zu einer evaluativen oder präskriktiven Konklusion zu sichern; deswegen hat auch sein Naturalismus wenig zu tun mit dem anrüchigen Anspruch, ein "Sein" und ein "Sollen" logisch miteinander zu verknüpfen. Ihm geht es vielmehr darum, den nicht weniger anrüchigen Anspruch der Sozialwissenschaften auf Wertneutralität zu kippen - speziell den Anspruch, diese Neutralität auf die politische Theorie auszudehnen. Was immer an ihr *wissenschaftlich* sein mag, neutral wird die politische Theorie niemals sein können: "The only way to avoid this while doing political science would be to stick to the narrow gauge discoveries

[17] Ich übernehme dieses Etikett von der minutiösen und treffenden Darstellung der Taylorschen Position in Fred M. Frohock, Normative Political Theory, Englewood Cliffs 1974, S. 35-43, an das ich mich auch in den vorangegangenen Absätzen stark anlehne.

which, just because they are, taken alone, compatible with a great number of political frameworks, can bathe in an atmosphere of value neutrality. That Catholics in Detroit tend to vote Democrat can consort with almost anyone's conceptual scheme, and thus with almost anyone's set of political values. But to the extent that political science cannot dispense with theory, with the search for a framework, to that extent it cannot stop developing normative theory."[18] Anders ausgedrückt: Sie wird immer etwas *Ideologisches* an sich haben. Eine politische Theorie, wie zum Beispiel der Marxismus, bringt immer - zumindest implizit - eine bestimmte Auffassung von den Interessen (Bedürfnissen, Wünschen und Plänen) der Menschen und damit von ihrem Glück mit sich. Es kann also nicht verwundern, daß sie auch eine Menge von Bewertungen absondert, die wir nicht aufgeben können - obwohl wir sie selbstverständlich kritisieren können -, wollen wir nicht den gesamten theoretischen Kontext aufgeben, aus dem sie herkommen. Auch wenn wir anerkennen, daß die Errichtung einer klassenlosen Gesellschaft im Interesse der Menschheit wäre, können wir selbstverständlich doch bestreiten, daß der Stalinismus eine gute Sache ist oder daß wir die Etablierung einer solchen Form des Sozialismus betreiben sollen. Was wir aber nicht tun können, ist bestreiten, daß die Errichtung des Sozialismus dem Interesse der Menschheit dient, und uns weiter Sozialisten nennen, es sei denn, unsere Beziehung zum Sozialismus wäre einfach irrational (wie im Fall einer Person, die sich dem Sozialismus als letztem Zweck verschreibt und sogar einer sozialistischen Partei beitritt, ohne irgendeinen Grund dafür zu haben) oder das simple Ergebnis von politischem Opportunismus (man würde dann dem Sozialismus als

[18] Taylor a. a. O. (Anm. 5) S. 57.

Mittel zur Erreichung eines anderen Zwecks anhängen, sei dies die Industrialisierung eines Entwicklungslandes oder der eigene Vorteil ..., in der zweifelhaften Hoffnung, daß die Zugehörigkeit zu einer der existierenden sozialistischen Parteien uns in unseren Breiten etwas besseres einbringen kann als ein paar Jahre Gefängnis). Wenn wir dagegen auf die Frage, warum man für den Sozialismus kämpfen soll, antworten würden, weil der Sozialismus unserer Meinung nach die Menschen glücklicher macht, dann hätten wir einen ziemlich gewichtigen Grund für die Rechtfertigung unserer sozialistischen Überzeugung gegeben. Soweit sie eine ideologische Überzeugung ist, können wir nicht erwarten, daß sie von jedem geteilt wird. Bei der in Italien vor einiger Zeit durchgeführten Volksbefragung zur Ehescheidung etwa zog es eine nicht unerhebliche Minderheit der Stimmberechtigten vor, die Lehre der Kirche über jede eudämonistische Berücksichtigung des Glücks zu stellen. In anderen Epochen wäre dies sogar die Meinung der großen Mehrheit gewesen. Woraus sich die triviale - aber vielleicht nicht überflüssige - Schlußfolgerung ergibt, daß unsere letzten Zwecke historische sind. Anders ausgedrückt: Der Neonaturalismus scheint uns zu einem gewissen "Neohistorizismus" zu führen.[19]

Dieser Historizismus hat nun seinerseits wenig mit dem zweifelhaften historizistischen Verweis auf ein vermeintliches Ziel der Geschichte, sondern vielmehr - und, ehrlich

[19] Ich muß anmerken, daß ich lange gezögert habe, bevor ich mich zur Übernahme dieses Schlagwortes entschließen konnte, bei dem zu den generellen Nachteilen aller "Neoismen" noch diejenigen hinzukommen, die sich aus der Mehrdeutigkeit des Wortes "Historizismus" ergeben (nach Meinung von Maurice Mandelstam - vgl. seinen Artikel Historicism in Paul Edwards [ed.], The Encyclopedia of Philosophy, Bd. IV, S. 22-25 - muß man sich sogar fragen, ob es irgendeine Basis gibt, die es erlaubte, die verschiedenen Bedeutungen, in denen der Ausdruck gebraucht worden ist, miteinander in irgendeine Verbindung zu bringen). Mir fällt jedoch kein besseres Wort ein für den Versuch, die Gesetze der Geschichte in den Domänen der Epistemologie, der Ethik und der allgemeinen Kulturphilosophie wieder durchzusetzen.

gesagt, gar nicht wenig - mit der vielleicht kaum weniger zweifelhaften historizistischen These von der Relativität unserer Moral zu tun. Zweifelhaft oder nicht, dieser historizistische Standpunkt würde es uns gestatten, mit dem fertig zu werden, was nach meiner Meinung den größten Reiz an Mosteríns Rationalitätsbegriff ausmacht, nämlich seine Feststellung, daß "rational gesehen nicht erlaubt oder verboten ist ..., sondern daß alles von den Zielen abhängt, die wir in einem gegebenen Moment verfolgen, und von der Information über die Welt, über die wir verfügen". Konkret wäre es also die *Historizität* - und nicht die Willkür - unserer letzten Zwecke, die sie ihrer Absolutheit entkleidet, ohne sie dadurch irrational oder bar jeder Rechtfertigung zu werden zu lassen. Man bedenke aber, daß wir damit noch nicht mehr getan haben, als ganz vorsichtig den Deckel einer Kiste zu lüften, die voll mit widerwärtigen Fragen ist. Denn bei Licht betrachtet ist nicht nur die Moral historisch, sondern jedes menschliche Kulturprodukt, wie etwa auch die Wissenschaft. Und ist nicht auch der "rationale Standpunkt" selbst, von dem aus die - theoretische oder praktische - Vernunft diese Produkte jeweils betrachtet, historisch und damit relativ?

Die Feststellung, daß Wissenschaft, Moral und menschliche Kultur im allgemeinen relativ sind, ist - für sich allein genommen - eine altbekannte Trivialität. Die Moralpsychologen, -ethnologen und -soziologen haben sie bis zum Überdruß bekräftigt, sei es durch den Verweis auf die Entwicklung der Moralität im Individuum, sei es durch Verweis auf die gesellschaftliche Entwicklung der Moralität in verschiedenen Kultursystemen.[20]

Die Relativität unserer *mores* (die im übrigen völlig vereinbar ist mit einer gewissen Universalität des "morali-

[20] Vgl. R. B. Brandt, Ethical Theory, Englewood Cliffs 1969, Kap. V und VI.

schen Phänomens" selbst, die es schwierig macht zu behaupten, es könne im strengen Sinne des Wortes "amoralische" Individuen oder Gesellschaften geben)[21] scheint unbestreitbar. Das gleiche lehrt uns auch die Geschichte der Wissenschaft hinsichtlich der verschiedenen Wissensgehalte. Was zur Diskussion steht ist jedoch nicht die offenkundige Relativität solcher - epistemischen oder ethischen - Inhalte, sondern die Relativität der Kriterien, die wir zu ihrer Beurteilung heranziehen müssen. Gerade dies ist der heikle Punkt an der erwähnten historizistischen These, die sich ja keineswegs in der - auch für unsere Zwecke unzureichenden - Formel *veritas et virtus filiae temporis* zusammenfassen läßt.[22]
Wie ich etwas weiter oben offen zugegeben habe, ist eine solche Herangehensweise an das Problem der Rationalität mit zahllosen Schwierigkeiten gespickt. Ich kann hier kaum mehr tun, als eine davon aus allen anderen, mindestens ebenso schwerwiegenden herauszugreifen. Die Frage, die wir zu beantworten haben, wäre dann: Beinhaltet die Anerkennung der *Relativität des rationalen Standpunkts* eine Konzession an den "Relativismus", diese gefürchtete philosophische Position, zu deren Gegenmittel meist ein nicht weniger fürchterlicher "Absolutismus" herangezogen wird? Ich behaupte nicht, eine Antwort auf diese Frage zu haben. Aber ich denke doch, daß sich aus der bloßen Erörterung der Schwierigkeit einer Antwort schon ein Gewinn ziehen läßt.

---

[21] In Spanien war es vor allem Aranguren, der mit seiner beharrlichen Unterscheidung von "Moral als Inhalt" und "Moral als Struktur" die Aufmerksamkeit auf diesen Punkt gerichtet hat (vgl. u. a. sein Etica, Kap. VII, in: José Luis L. Aranguren, Obras, Madrid 1965, S. 448 ff.)
[22] Vgl. die anregende Erläuterung dieser Formel bei Alfred Stern, Geschichtsphilosophie und Wertproblem, München 1967, S. 168 ff., von wo ich sie übernehme.

Was die Relativität des rationalen Standpunktes betrifft, so muß man feststellen, daß diese Rationalitätsauffassung selbst innerhalb der analytischen Philosophie im weiteren Sinne allmählich Anerkennung findet. Zunächst haben Wissenschaftsphilosophen und -historiker dieser Richtung erkannt, daß die Rationalität - anstatt eine bloße Routineübung zu sein, die es uns erlaubt, auf den ausgetretenen Pfaden eines gegebenen Paradigmas zu wandeln - vielleicht in der Fähigkeit des Wissenschaftlers oder der wissenschaftlichen Gemeinschaft besteht, mit neuen, unvorhergesehenen Situationen umzugehen. Rationalität in diesem Sinne könnte man nicht durch unerschütterliches Festhalten an stereotypen Verhaltensregeln beweisen, sondern durch die Art und Weise, in der man solche Regeln zu ändern und den richtigen Zeitpunkt dafür zu wählen in der Lage ist. Darüber hinaus würde aber diese sich entwickelnde Rationalitätsauffassung erst dann alle ihre zweifellos vorhandenen Möglichkeiten ausschöpfen, wenn man sie mit einer holistischen Auffassung von der Wissenschaft - im Sinne der in unseren Tagen von Quine wiederbelebten metatheoretischen These Duhems - verbindet, die die Gesamtheit der Wissenschaft eines Zeitpunktes betont und nicht so sehr das eine oder andere einzeln betrachtete Element daraus. Die holistische Wissenschaftsauffassung läßt sich sogar noch weiter verallgemeinern, so daß man schließlich zur *Totalität der Kultur einer Epoche* kommt,[23] denn die Wissenschaft ist im Grunde selbst auch kein von der Kultur trennbares Element. Also: Wie wissenschaftliche Sätze und Theorien - nach Quine - in das kontextuelle Gesamtmuster der Wissenschaft eingewebt

[23] Vgl. meine Arbeit La teoría de las revoluciones científicas (Una revolución en la teoría contemporánea de la ciencia), Einleitung zur spanischen Übersetzung (im Druck) von I. Lakatos und A. Musgrave (eds.), Criticism and the Growth of Knowledge, London 1970.

sind, so müßte auch die Wissenschaft eingewebt sein in verschiedene andere Arten von Kontexten, seien diese theoretischer, technischer oder praktischer Art. Der Wissenschaftler oder die wissenschaftliche Gemeinschaft sind gewiß nicht frei von Ideologie oder von den Bedürfnissen, die auch der Rest der Menschheit hat, wenn es darum geht, einen Platz in der natürlichen Umwelt oder die Mitgliedschaft in einer sozialen Gruppe zu erkämpfen, und es gibt auch keinen Grund, warum sie unempfindlich gegenüber jedweder Instanz moralischer Ordnung bleiben sollten. Und wenn die Wissenschaft nichts anderes ist als eine komplexe menschliche Aktivität, die als solche zum Gefüge der unendlichen Komplexität aller anderen menschlichen Aktivitäten gehört, dann wäre die wissenschaftliche Rationalität nur einer von vielen Versuchen, diesen vielen Herausforderungen zu begegnen. Deswegen läßt sich das, was soeben über sie gesagt wurde, auch auf jede andere Ausdrucksform der Rationalität - von der Kunst über die Philosophie bis zur Politik - anwenden. In keinem dieser Fälle ließe sich die Rationalität auf eine Verfahrensregel reduzieren, die ihren Kreativitätsfluß, ihre Erfindungskraft und letztlich ihre Möglichkeiten, uns Freude zu machen und so zu unserem Glück beizutragen, von vornherein kanalisiert. Solange die Geschichte ein Prozeß mit offenem Ausgang ist und solange wir nicht wissen, welche neue Herausforderungen sie uns bringen wird, wäre es illusorisch, die Strategien der Vernunft ein für allemal vorausplanen zu wollen.

All dies mag vielleicht gut klingen, wir mögen es sogar schön finden, es klingt aber auch - das gebe ich zu - etwas vage. Da wir nun über die Rationalität nur wenig Prospektives sagen können, sollte man vielleicht wenigstens versuchen, etwas Retrospektives zu sagen. Das Schlimme dabei ist aber, daß auch der beste Historiker nicht über die

Fähigkeiten von Mark Twains Yankee verfügt, nach Camelot zu reisen und dort *interkulturelle Vergleiche* anzustellen. Das, was den Historikern unmöglich ist, ist jedoch durchaus noch im Bereich der Fähigkeiten professioneller Ethnologen. Man muß sich also auch nicht darüber wundern, daß es innerhalb der verschiedensten Strömungen der zeitgenössischen Philosophie zu aufgeregten Auseinandersetzungen über die Möglichkeiten und Grenzen solcher Vergleiche gekommen ist. Die analytische Philosophie ist bezüglich dieses Themas keineswegs eine Ausnahme gewesen: Man denke nur an die Debatte, in der sich - unter anderen - P. Winch, A. MacIntyre und I. C. Jarvie gegenüberstanden.[24] Da Winch und Jarvie in dieser Diskussion gewissermaßen die Extrempositionen einnehmen, sollten wir unsere Untersuchung - auch auf die Gefahr einer übermäßigen Vereinfachung - auf diese beiden konzentrieren. Ausgangspunkt der Auseinandersetzung ist die Beobachtung des Ethnologen Evans-Prichard in einem inzwischen klassischen, vor fast vierzig Jahren veröffentlichten Buch,[25] daß die magischen Überzeugungen der Azande falsch seien, weil sie nicht mit der objektiven Realität übereinstimmen, d. h. weil es die Hexen, an die sie glauben, gar nicht gebe. Streng genommen stimmen

---

[24] Die Auseinandersetzung - zu der u. a. die Arbeiten von Winch, Understanding a Primitive Society, in: American Philosophical Quarterly I (1964), MacIntyre, The Idea of a Social Science, in: Aristotelian Society Supplement XLI (1967) und Jarvie-Agassi, The Problem of Rationality of Magic, in: British Journal of Anthropology XVIII (1967) gehören - sind gesammelt in B. R. Wilson (ed.), Rationality, Oxford 1970. Später haben Jarvie und Winch die Diskussion weitergeführt, ausgehend von Jarvie, Understanding and Explanation in Sociology and Social Anthropology, abgedruckt in: R. Borger und F. Cioffi (eds.), Explanation in the Behavioural Sciences, Cambridge 1970, S. 231-270. Die Standpunkte von Winch und Jarvie in dieser Auseinandersetzung sind zu vervollständigen anhand ihrer Bücher The Idea of Social Science and its Relation to Philosophy, 2. Aufl. London 1963, bzw. Concepts and Society, London und Boston 1972.

[25] E. E. Evans-Pritchard, Witchcraft, Oracles and Magic among the Azande, London 1937.

weder Winch noch Jarvie der Behauptung Evans-Pritchards zu, aber zwischen ihren jeweiligen Einwänden liegt trotzdem ein ganzer philosophischer Abgrund. Winch hält die Berufung auf die "objektive Wirklichkeit" nicht für sehr glücklich, da hier eigentlich weniger das, was Realität "ist", sondern vielmehr das, was wir für Realität "halten", gemeint sei; unsere wissenschaftlichen Überzeugungen sind vielleicht letztlich gar nicht die angemessenste Meßlatte zur Beurteilung der magischen Überzeugungen der Azande. Auch Jarvie hält es nicht für richtig, diese Überzeugungen als "falsch" zu bezeichnen; dies aber nur, weil er meint, daß sie im Grunde "unwiderlegbar" durch irgendwelche bekannten empirischen Methoden sind; das aber ist selbstverständlich gleichbedeutend damit, daß man die magischen Überzeugungen der Azande an unseren auf die Wissenschaft gegründeten Überzeugungen mißt. Im übrigen scheinen Winch und Jarvie übereinstimmend der Meinung zu sein, daß sich ihre Diskussion vor allem um *Rationalitätskriterien* dreht. Es ist vielleicht nicht ganz klar, ob Winch wirklich behaupten will, daß "die Rationalitätskriterien (die der Azande und unsere) inkommensurabel sind"; aber diese These wird ihm zugeschrieben, und er lehnt ganz sicher "die Berufung auf die Überzeugungen der westlichen Wissenschaft zum Beweis der Falschheit der Überzeugungen der Azande" ab. Jarvie dagegen läßt an seiner These keinen Zweifel; er beharrt auf der Inkommensurabilität der besagten Kriterien: "Wozu dienen Rationalitätskriterien? Zumindest müssen sie dem Zweck des Wissenserwerbs dienen. Wenn nun unser Wissen größer ist als das Wissen der Azande (was tatsächlich mindestens bezüglich eines Aspektes der Fall ist: wir wissen, wie man zu ihnen kommt und wie man ihrer Lebensform einen Sinn verleiht; sie wissen dies umgekehrt nicht), dann haben wir offenbar ein Argument, das dafür spricht, daß unsere Kriterien die Aufgabe erfüllen, die die ihren zu erfüllen versuchen, und daß sie dies besser tun. Warum sollten sie sich also nicht zu der Einsicht gelangen können, daß sie unsere Kriterien übernehmen sollten und daß die ihren ziemlich erbärmlich sind?"[26] Sollte sich diese Schlußfolgerung hinsichtlich der zeitgenössischen Wissenschaft und Technologie durchsetzen, dann mit größter Wahrscheinlichkeit nicht aufgrund abstruser philosophischer Auslassungen über Rationalitätskriterien, sondern auf anderem, sehr viel wirkungsvollerem Wege. In einer Welt wie der unseren, die nicht mehr die von Evans-Pritchard und noch nicht die von dem Ökonomen Kenneth E. Boulding als *the coming spaceship Earth* prophezeite ist,[27] erhalten Wissenschaft und Technologie von Tag zu Tag mehr den Charakter planetarischer Konstanten, woraus möglicherweise auch die Konsolidierung einer ebenfalls planetarischen Zivilisation folgt. Der Preis, der für diese Errungenschaft in der Münze kultureller Vielfalt und Entwicklung zu zahlen sein wird, läßt sich noch nicht abschätzen; er wird weitgehend davon abhängen, ob jene wissenschaftlich-technologische Uniformierung auf dem Wege der Ausbreitung des neokolonialistischen Imperialismus oder auf dem der brüderlichen Zusammenarbeit der Völker stattfinden wird, die die Besatzung des "Raumschiffs Erde" bilden. Aber zurück zu unserem Thema: Sicher ist, daß das Dilemma der Vergleichbarkeit, das Winch und Jarvie bedrängte, mit aller Deutlichkeit die beiden miteinander (wenn auch nicht unbedingt mit beiden Autoren) untrennbar verbundenen Alternativen gezeigt hat. Auf der einen Seite haben wir den kulturellen *Relativismus*, den viele schrecklich finden,

---

[26] Jarvie, Understanding and Explanation in Sociology and Social Anthropology, a. a. O. S. 268.
[27] K. E. Boulding, The Economics of the Coming Spaceship Earth, in: G. de Bell (ed.), The Environmental Handbook, New York 1970, S. 95-100.

auf der anderen den - für viele andere nicht weniger unerträglichen - *Absolutismus*. Selbst wenn die Ereignisse uns dazu verhelfen sollten, diesem Dilemma im Rahmen der Zivilisation der Zukunft zu entgehen, bliebe es doch hinsichtlich des interkulturellen Vergleichs im geschichtlichen Rückblick, wo wir es nur mit vollendeten Tatsachen zu tun haben, immer bestehen. Auch hier haben nämlich kultureller Relativismus und Absolutismus beständig ihre Rolle als Skylla und Charybdis gespielt, die jeden Philosophen bedrohten, der sich der Frage zu nähern gewagt hat. Keiner von ihnen hat meines Wissens diese stürmischen Meere mit so majestätischer Sicherheit befahren wie Hegel. Und man kann nicht sagen, daß Fortuna ihm geholfen hätte, das Ufer tatsächlich zu erreichen, wenngleich es ihm doch fast gelungen wäre. Den Inbegriff des Hegelschen Historizismus können wir für unsere Zwecke in seiner berühmten Erklärung sehen, wonach - frei übersetzt - die Philosophie das *Gewissen ihrer Zeit* ist.[28] Wie kein Mensch sein eigenes Alter überschreiten, geschweige denn alterslos werden könne, so könne auch die Philosophie nicht danach streben, die Gegenwart zu überspringen, geschweige denn sich auf eine überhistorische Ebene zu verlegen. Allgemein betrachtet sei daher weder die Philosophie noch irgendeine andere menschliche Aktivität ein Vehikel absoluter Wahrheiten oder absoluter Werte, und es gebe - abgesehen von ihrer Entwicklung im Laufe der Geschichte - auch nichts Absolutes an der Vernunft, auf die man sich gewöhnlich beruft, um solche Wahrheiten und Werte zu beurteilen. Der wahre Richter ist nicht die Vernunft, sondern die Geschichte selbst, was anscheinend

[28] Für eine hervorragende Auslegung des Hegelschen Ausspruchs "Philosphie ist ihre Zeit, in Gedanken erfaßt" vgl. Pedro Cerezo, Teoría y praxis en Hegel, in: A. Alvarez Bolado u. a., En torno a Hegel, Granada 1974, S. 89-144, hier 125 ff.

ausreicht, um jeglichem Ereignis aufgrund der einfachen Tatsache, daß es sich ereignet hat, Wert zu verleihen. Wenigstens ist dies die übliche Interpretation der gleichfalls berühmten Erklärung, daß alles *Rationale* wirklich und alles *Wirkliche* rational sei. Nun gab es aber zumindest eines, was der Hegelsche Historizismus nicht einpassen oder verarbeiten konnte, nämlich die offenkundige Inkonsequenz, daß er der eigenen Philosophie und der eigenen Epoche absoluten Charakter verlieh. Und da Hegel diese Inkonsequenz - vermutlich von ihm nicht unbemerkt - beging, muß man sich fragen, was er mit dieser Vorgehensweise bezweckte. Ohne damit übertrieben wohlwollend zu sein, kann man vielleicht diese Inkonsequenz als eine letzte, verzweifelte Bemühung verstehen, den relativistischen Implikationen des Historizismus zu entgehen. Jedenfalls kommen hier zwei Sünden zusammen, von denen allerdings wenigstens eine wohl nur eine läßliche Sünde ist. Das Sündhafte liegt nämlich weniger darin, daß der eigene Standpunkt zur Warte erhoben wird, von der aus man zurückschaut - welchen anderen als den eigenen Standpunkt könnte man denn wählen? -, als vielmehr darin, daß dieser Standpunkt verabsolutiert wird und man damit Gefahr läuft, den Lauf der Geschichte - wenn auch nur in der eigenen Einbildung - anzuhalten. Ortega, dem das Dilemma interkultureller Vergleiche keineswegs fremd war, suchte gerade in einem gewissen "Perspektivismus" den Ausweg, um zugleich dem Relativismus und dem Absolutismus zu entgehen; allein die Sicht der Dinge *sub specie aeternitatis* verurteilte er als ahistorisch: "Der Standpunkt der Ewigkeit ist blind, sieht gar nichts, existiert nicht".[29] Das wirklich schlimme Vergehen besteht also nicht darin, daß man vergangene oder gegenwärtige fremde Kulturen mit dem

[29] José Ortega y Gasset, El sentido histórico de la teoría de Einstein, in: Obras completas, Bd. III, Madrid 1947, S. 231-242.

Maßstab unserer eigenen Rationalitätskriterien zu messen versucht, sondern darin, daß man nicht die Möglichkeit zuläßt, daß diese Kriterien ihrerseits an anderen Maßstäben und von anderen gegenwärtigen oder zukünftigen kulturellen Installationen aus gemessen werden. Die Hegelsche Position diesbezüglich ist zumindest zweideutig, denn während die Gleichsetzung von Realität und Rationalität ohne weiteres jede geschichtliche Hervorbringung als rational rechtfertigt - Lug und Trug, Unrecht und Verbrechen, das ganze nicht rückgängig zu machende Leid und Elend der Weltläufte eingeschlossen -, soll die Geschichte zugleich das allerstrengste Gericht über diese Welt sein, dessen unanfechtbarem kritischem Urteil sich die sichersten Wahrheiten und die erhabensten Werte zu beugen hätten.[30] Neben der konformistischen Akzeptanz alles tatsächlich Gewesenen, für die sich sicher eine Rationalisierung finden läßt, wäre damit auch der Realisierung irgendwelcher aus der Unzufriedenheit mit unserer derzeitigen historischen Lage geborenen geistigen Entwürfe der Vernunft die Türen geöffnet. Anders ausgedrückt: Ist nicht, auch wenn alles Reale leider *rationalisierbar* ist, alles Rationale glücklicherweise *realisierbar*? Die Errichtung einer klassenlosen Gesellschaft könnte beispielsweise solch eine rationale Utopie sein, ein Projekt, bei dem die Verbindung von Kritik und Vorstellungskraft die Vernunft über die Grenzen hinaustragen kann, die ihr von der unkritischen Ergebung in die Gegenwart gesetzt werden. Selbstverständlich ist der Sozialismus eine Utopie, zumin-

[30] Wie Shlomo Avineri hervorgehoben hat, läßt sich das Schisma des Hegelianismus in den dreißiger Jahren des letzten Jahrhunderts dahingehend zusammenfassen, daß die einen bevorzugt die erste und die anderen die zweite Hälfte des Satzes "Was vernünftig ist, das ist wirklich; und was wirklich ist, das ist vernünftig" betonten; vgl. The Social and Political Thought of Karl Marx, Cambridge 1971, S. 124 ff., sowie ders., Hegel's Theory of the Modern State, Cambridge 1972.

dest in dem Sinne, daß es bisher keiner Gesellschaft in unserer Welt gelungen ist, seine Ideale zu verwirklichen. Aber er ist nicht auf die gleiche Weise und im gleichen Maße utopisch wie etwa der Einfall, das Wasser der Meere in Limonade zu verwandeln. Wenn aber eine Utopie die Möglichkeit der Verwirklung - sei sie auch noch so klein und entfernt - besitzt, dann ist ihr Fehler nicht, daß sie Utopie ist, sondern vielmehr, daß sie es bleibt. Wenn es darum geht, eine Utopie in Realität zu verwandeln, braucht die Vernunft selbstverständlich mächtigere Verbündete als die Imagination - um nicht zu sagen die bloße Kritik -, wie zum Beispiel die Gewalt. Da aber auch die Kritik notwendig ist, kann sich die Philosophie nicht - wie es Hegel vorschwebte - damit begnügen, das Gewissen ihrer Zeit zu sein, sondern sie muß ihr *kritisches* Gewissen sein. Man sollte aber auch nicht glauben, diese Aufgabe sei allein den Philosophen vorbehalten. Ein kritischer Geist gehört ebenso sehr oder sogar noch mehr zum Handwerkszeug von Wissenschaftlern und Künstlern, Moralisten und Politikern. Umgekehrt ist es jedoch vielleicht bezeichnend für die derzeitige philosophische Konjunktur, daß - im Unterschied zu all den anderen Beschäftigungen, die kritisch sein mögen, aber zugleich noch vieles andere sind - der Philosophie kaum noch eine andere Aufgabe geblieben ist als die Kritik.

Insofern ist die Philosophie eine ziemlich undankbare Aufgabe, da Kritik von manchen als störend und von anderen als müßig empfunden wird. Die Kritik allein kann das Kritisierte nicht verändern, wenn auch umgekehrt kein auf Veränderung gerichtetes Handeln ohne Kritik möglich wäre. Das ist der Grund, warum die Kritik und folglich auch die Philosophie so oft mundtot gemacht wird und von den Herrschenden dieser Welt nicht gerade gefördert wird. Wenngleich dies oft von ihr verlangt wird, kann doch wahre Kritik schwerlich konstruktiv sein, denn um etwas errichten zu können, braucht man ein gewisses Maß an mit Kritik gänzlich unvereinbarem dogmatischem Vertrauen. Im übrigen muß man nicht Nihilist sein, um anerkennen zu können, daß auch destruktive Kritik ihr Gutes haben kann. Ebenso wie der Skeptizismus, der jeder Art institutionalisierter Weisheit mißtraut, gerade dadurch gelegentlich weise sein kann, so kann auch Kritik manchmal sehr viel effizienter sein als jedes Dogma. Ohne sie würden jedenfalls die alten Götter, die sich im Laufe der Jahrhunderte ein ums andere Mal unseres Geistes bemächtigt haben, in den listigsten Verkleidungen immer wieder auferstehen und unter die verschiedensten Herrschaftsformen zwingen. Ein kritischer Geist, Nonkonformismus oder der einfache Wille zum Neinsagen können uns für sich allein nicht aus all diesen Übeln erlösen, die die Gewohnheit des Jasagens, bequemer Konformismus oder Dogmatismus mit sich bringen. Aber nur mit ihrer Hilfe können wir darauf hoffen, daß eine Erlösung möglich wird.

Die Mühen des Wollens

Von Victoria Camps

Warum wird der Kantische "gute Wille", das einzige, was *per definitionem* gut ist, in den Händen von Kant selbst sofort zum Willen zur Pflicht? Warum bedeutet "gut" letztlich "das, was getan werden soll", und nicht das, worauf man Lust hat, was einem Spaß macht, was glücklich macht, was bewegt? Wenn "das Gesollte" dem "Gebotenen" entspricht, dann enthält das Syntagma "guter Wille" einen Widerspruch: Das Gute wollen würde bedeuten, das Aufgezwungene, also das Nichtgewollte wollen, gleichzeitig wollen und nicht wollen, "aus Pflicht" wollen und nicht, weil es dem Willen so gefällt. Ist es aber wirklich erlaubt, so vom Willen, von der Lust oder der Pflicht zu sprechen, als ließe sich jeder dieser Ausdrücke isoliert analysieren und aus sich selbst heraus definieren? Können wir an den Willen denken, ohne dabei das Subjekt zu berücksichtigen, das etwas will? Können wir an die Pflicht denken ohne zu berücksichtigen, wer sie auferlegt und wem die Gebote auferlegt werden? Kant tut dies offenbar. Seine *Grundlegung zur Metaphysik der Sitten* ist eine reine Begriffsanalyse: aus dem Begriff des "guten Willens" wird der der "Pflicht" und aus diesem der des "Gesetzes" hergeleitet, das seinerseits als Imperativ der "Universalität" definiert ist, sowie darunter, als Grundlage des gesamten Systems, der Gedanke der Willensfreiheit. Die Kantische Ableitung ist zulässig, weil der Ausgangspunkt eine Fiktion ist: ein von den Sinnen gelöstes, ein reines Wollen, das nichts wünscht als seine eigene Güte, das nur will, was man *wollen soll.* Wer aber bestimmt dieses Wollen? Der Wille selbst, wenn er rational ist. Das aber heißt, daß man, damit die erste Fiktion aufrechterhalten werden kann, weitere Fiktionen ähnlicher Art postulieren muß, wie die einer *reinen* praktischen Vernunft, die sich selbst allein durch die Gesetzmäßigkeit regiert. Im friedlichen Reich der Ethik lebt alles in vollkommener Harmonie zusammen; nichts ist widersprüchlich im mythischen Land der rationalen Wesen. Nur in der "pathologischen" Welt, wie wir sie kennen, geraten Willen, Gesetze und Freiheiten in Konflikt, denn hier gibt es nicht Einheit und Übereinstimmung, sondern Vielheit und Unterschiede. Der Widerspruch ist also kein begrifflicher, sondern er ist in uns als - wie Anthony Skillen ironisch bemerkt - Wesen, die gespalten sind "in einen himmlischen Bürokraten, der eine psychopathische Bestie verwaltet".[1] Diese - die psychopathische Bestie - ist nicht in der Lage, für sich allein ihre Sehnsucht nach Glück zu befriedigen, weil die Vernunft - der himmlische Bürokrat - sich nicht nach diesem Zweck richtet, sondern danach, einen guten Willen zu erlangen. Kant ist damit der eifersüchtigste Verfechter einer nichtnaturalistischen Ethik - das Sein ist nicht eins mit dem Sollen; weit entfernt vom gefürchteten Sprung vom "Sein" zum "Sollen", beharrt er darauf, jedes an seinem Platz zu lassen: Vernunft ist nicht Empfindungsvermögen, und alle Empfindung ist irrational. Deswegen kann uns auch die Antwort nur schwerlich befriedigen, die Kant auf die Fra-

---

[1] Anthony Skillen, Ruling Illusions, Sussex: Harvester Press 1977, S. 138; die Stelle lautet vollständig: "Um der Moral Geltung zu verschaffen ... muß Kant den 'reinen' menschlichen Willen über das grobe, ungehobelte Reich der empirischen Kausalität erheben, den Menschen aufteilen in einen himmlischen Bürokraten, der eine psychopathische Bestie verwaltet, eine von weltlichen Unwägbarkeiten völlig unabhängige individuelle Würde, Freiheit und Rationalität postulieren und - wie ein barocker Prediger - göttlichen Lohn und ewige Strafe im Jenseits als Dividende der geforderten moralischen Investition versprechen."

ge gibt, die ihn selbst am meisten beschäftigt, nämlich auf die Frage nach der Begründung der Ethik: Warum soll man die Pflicht wollen? Welche Motive oder Gründe haben wir, die uns gebieten würden, das ideale Sollen zu verwirklichen? Und schließlich: Warum soll man moralisch sein? Das Sollen ist ein *factum*, aber ein *factum* der Vernunft. Da wir aber nicht reine Vernunft sind, verlangen wir, daß man uns den Grund für die Pflicht erklärt, daß man uns von dieser unantastbaren Verbindlichkeit überzeugt, von dieser Notwendigkeit, die zugleich frei ist, weil sie keine natürliche, sondern eine moralische Notwendigkeit ist.

Das pietistische Erbe, das Kant im Blut trägt, hindert ihn daran, die Ethik vom Begriff der Pflicht zu trennen, von einer Pflicht, die zudem unerbittlich ist für einen, der wie er im Abscheu und der völligen Verachtung der Lüge, der Untreue, der Unehrlichkeit erzogen wurde. Dies ist der Grund dafür, daß der gute Wille der ist, der dem kategorischen Imperativ verfallen ist, welcher präzise und ohne die Möglichkeit von Ausnahmen richtet. Allerdings gibt es auch eine andere, fortschrittlichere Version des guten Willens, wo nämlich in der zweiten Formulierung des kategorischen Imperativs das Prinzip des Wollens zu einem Plädoyer für die Anerkennung der menschlichen Würde wird: Der Wille ist gut, der das Reich der Zwecke zu verwirklichen sucht, in dem jedes Individuum Zweck und nicht bloß Mittel für die anderen ist. Dieser Wille ist etwas konkreter: Er spiegelt das Wollen des Unterdrückten, des Machtlosen wider, der nicht für immer Gegenstand der Manipulation sein will, der seine eigene Autonomie einklagt. Gewiß scheint uns die Universalität der Maxime - die erste Formulierung - ein deutlicheres, sichereres Kriterium für das zu liefern, was unsere Pflicht ist. Die Errichtung des Reichs der Zwecke dagegen ist nicht mehr als eine so vage Idee, daß sie - wie ich zu behaupten wage - noch nicht einmal das Adjektiv "regulativ" verdient. Wie sollte man denn Normen aus der bloßen Idee von einem Reich autonomer Wesen ableiten? Trotzdem sehen wir bei dieser Formulierung des Imperativs der praktischen Vernunft eine mögliche Synthese von Wollen und Sollen. Offenbar ist das Reich der Zwecke nicht nur eine Pflicht, sondern auch ein wünschenswerter Zweck, gerecht, aber auch liebenswert.

Für die sogenannten teleologischen Moraltheorien stellt sich das Problem zunächst anders dar. Dabei wird nicht vom *factum* des Sollens ausgegangen, sondern von der Annahme, daß rationale Wesen einen je eigenen Zweck besitzen, der sie glücklich machen soll. Theoretisch handelt es sich um Ethiken der Mittel - welche Mittel die besten sind, um den Zweck bzw. das Wohl des Menschen zu erreichen - oder konsequentialistische Ethiken - eine Handlung wird an ihren Folgen gemessen, an dem Grad, in dem diese zur Verwirklichung des vorgenommenen Zwecks beitragen. Dazu ist allerdings ein Kriterium erforderlich, das die Mittel bzw. die Folgen bewertet, das abwägt, *welche* von ihnen annehmbar oder vorzuziehen sind. Es ist nun aber so, daß das *Vorzuziehende* in der Regel nicht mit dem tatsächlich *Vorgezogenen* übereinstimmt, was immer auch die Utilitaristen behaupten mögen. Bentham beispielsweise setzt als Verhaltensmotive Lust und Schmerz. Worin besteht aber die Lust? Darin, daß sie die größte Menge an Gutem für die größte Zahl von Individuen hervorbringt. Wenn, um dieses Ziel zu erreichen, gewisse Wünsche oder sogar gewisse Freiheiten und Rechte aufgegeben werden müssen, dann hilft es nichts: sie müssen aufgegeben werden. Das Wohl oder der Nutzen aller wird ethisch dem Wohl oder Nutzen des einzelnen vorangestellt. Es scheint also, daß auf die eine oder andere Weise Glück oder Lust selbst für den Utilitaristen nur denkbar sind in Zusammenhang mit Pflichten und Geboten, die zwar vielleicht tatsächlich gewollt, selbstauferlegt sind (obwohl man immer daran zweifeln sollte, daß diese "Selbstauferlegung" tatsächlich eine solche ist), die aber doch jedenfalls "auferlegt" sind, sei es auch von einem selbst. Das Ergebnis ist immer, daß *finis coronat opus*: der Lohn für richtiges Verhalten ist das Bewußtsein von der erfüllten Pflicht, das tugendhafte Leben selbst. Darauf reduziert sich die Sehnsucht nach Glück.

Die Schlußfolgerung, die man aus all dem ziehen kann, ist, daß letztlich alle ethischen Systeme einander sehr ähnlich sind, wenn man nach der Bilanz ihrer Kosten und Nutzen fragt. Unbeantwortet ist aber noch immer die Frage: wozu? Marx, Nietzsche und Freud verzichteten nicht auf den Hinweis, daß die Kosten zu hoch seien. Was hat man von heiligen, aber neurotischen Menschen? Was für eine Erlösung ist es, die den einzelnen zu unüberwindlicher Schwäche verurteilt? Und wer könnte noch auf eine praktische Vernunft vertrauen, die nach wie vor die Vernunft des Mächtigen ist? All dies führt uns zu der Behauptung, daß der Irrtum und der schlimmste Fehler der meisten ethischen Systeme - der Systeme zudem, die historisch erfolgreich waren - in ihrer *Unfähigkeit, das Subjekt angemessen zu denken*, liegt. Der dem kategorischen Imperativ verfallene Wille ist nicht der Wille irgendeines empirischen Subjekts, nicht einmal der von Kant selbst, dessen Abscheu vor der Unredlichkeit ihn schwerlich daran gehindert haben dürfte, gelegentlich gute Gründe dafür zu finden, nicht vollkommen redlich zu sein. Auch wird der besondere Wille Rousseaus - ein Wille, wie man ihn sich rebellischer und unbequemer kaum vorstellen kann - kaum jener "allgemeine Wille" gewesen sein, den er theoretisch predigte. In den großen Moraltheorien finden wir nur transzendentale Subjekte und Willen vor, das heißt sekulare Substitute für einen transzendenten Gott. Aber dies ist nicht der Punkt, den man Kant vorwerfen muß, der ganz bewußt das empirische Subjekt als Motor der Moral ablehnt: Moral und Erfahrung stimmen nur zufällig einmal überein, und selbst dann nie vollkommen. Sehr wohl kann man diesen Vorwurf jedoch anderen hedonistisch ausgerichteten Theorien machen - wie etwa der Benthams -, die im Prinzip das Individuum und sein Glück mehr zu berücksichtigen scheinen. Aber nur im Prinzip, denn - wie wir gesehen haben - hat das Individuum wenig zu sagen angesichts der Entscheidungen jener Fiktion von der "Mehrheit", in der individuelles und kollektives Interesse - allerdings durch Vermittlung des Strafrechts - identisch zu sein scheinen.

Wie immer jedenfalls die ethische Kategorie aussehen mag, die man zum Ausgangspunkt macht, das Resultat ist immer ein Prinzip - kategorischer Imperativ, Nutzenprinzip, Gerechtigkeitsprinzip, Grundbedürfnisse als Kriterium -, das zum Sprachrohr einer Vernunft und eines Wollens wird, ja sogar einer Lust oder einer Macht, die anscheinend niemand jemals wird erleben können. Gewiß ist die Ethik, wie wir sie bis heute gedacht haben, nicht Gegenstand empirischer Erkenntnis, da sie ja niemals verwirklicht wurde; aber gewiß ist auch, daß wir ihre Verwirklichung erhoffen. Man kann nicht diese Hoffnung aufgeben und doch weiter Moral predigen. Gibt man sie auf, weil uns bislang alle Rechtfertigungen, Kriterien und letzten Garanten enttäuscht haben, dann bedeutet dies die Hingabe an den Skeptizismus des "Wozu?".

Ein einem unlängst erschienenen Buch macht der britische Philosoph Alasdair MacIntyre das Scheitern der aufgeklärten Ethik für die heutigen ethischen Probleme verantwortlich: "The problems of modern moral theory emerge clearly as the product of the failure of the Enlightenment project. On the one hand the individual moral agent, freed from hierarchy and teleology, conceives of himself and is conceived of by moral philosophers as sovereign in his moral authority. On the other hand the inherited, if partially transformed rules of morality have to be found some new status, deprived as they have been of their older teleological character and their even more ancient categorical character as expressions of an ultimately divine law. If such rules cannot be found a new status which will make appeal to them rational, appeal to them will indeed appear as a mere instrument of individual desire and will. Hence there is a pressure to vindicate them either by devising some new teleology or by finding some new categorical status for them, The first project is what lends its importance to utilitarianism; the second to all those attempts to follow Kant in presenting the authority of the appeal to moral rules as grounded in the nature of practical reason. Both attempts, so I shall argue, failed and fail, but in the course of the attempt to make them succeed social as well as intellectual transformations were accomplished."[2] Das ausführliche Zitat war hier angebracht, da es den derzeitigen Zustand der Ethik ganz klar zeigt. Weder dem vermeintlich von einer deontologischen Ethik wie der Kantischen weit entfernten Utilitarismus noch der analytischen Philosophie, die Kant weiter als "graue Eminenz der Moralphilosophie" verehrt, gelingt es, die Nebelschwaden zu vertreiben, die die Aufklärung in unseren Köpfen zurückließ. Nur eine einzige neue Theorie - die zweifellos der englischen Aufklärung eines Hume oder Adam Smith nähersteht - hat versucht, sich einen Weg zu bahnen und die Ethik neu zu denken; aber nur wenige haben ihre Verdien-

[2] A. MacIntyre, After Virtue. A Study in Moral Theory, London: Duckworth 1981, S. 60.

ste anerkannt; die meisten befanden, sie mache dem Subjektivismus und dem Relativismus zu viele Konzessionen. Ich meine die *emotivistische* Theorie, die - wiederum nach MacIntyre - eine Frucht der Fehlschläge der Aufklärung ist. Eine zwar unvermeidbare, aber wenig anziehende Frucht nach dem Geschmack und den Gewohnheiten eines Denkens, das dazu neigt, sich von den Reizen des Kategorischen und Absoluten entzücken zu lassen. MacIntyre ist der Ansicht, daß die Thesen des Emotivismus über die letztendliche Subjektivität jeder Entscheidung, über mit Hilfe der Rationalität nicht überwindbare Meinungsverschiedenheiten, über das Fehlen objektiver Kriterien usw. für unsere pluralistische Gesellschaft typisch und passend sind, in der die Bürokratisierung der Existenz nur schlecht mit einer hypothetischen individuellen Autonomie vereinbar ist. Trotzdem stößt der Emotivismus bei professionellen Ethikern auf wenig Gegenliebe, weil er in gewissem Sinne die Aufgabe des Anspruchs bedeutet, den die Ethik verkörpert, da er nicht weit davon entfernt ist, ein *anything goes* zu vertreten. Gäbe es nämlich wirklich keine andere Grundlage für die Moral als Gefühle oder das "Ich stimme zu", wären Moral und persönlicher Geschmack dasselbe, welchen Grund hätte man dann, nicht eine Welt ohne moralische Überlegungen vorzuziehen? Wie könnte man gegen eine solche Präferenz argumentieren, wenn alle Mittel der rationalen Argumentation verbraucht wären? Drückt sich der Emotivismus nicht um die Frage des Warum der Moral?

Tatsache ist, daß der Emotivismus als Reaktion auf einen Wertepluralismus und auf die Krise der Glaubwürdigkeit endgültiger, zeitloser Rechtfertigungen entsteht. Ich für meinen Teil glaube überhaupt nicht, daß diese Strömung versucht, die Unbekannte zu umgehen, die das Verschwinden transzententaler oder göttlicher Stützpfeiler ohne zufriedenstellende Antwort gelassen hat: Warum soll man moralisch sein? Jedenfalls liegt das Ungenügen der emotivistischen Antwort in ihrem Optimismus und ihrem übermäßigen Vertrauen in die guten Gefühle der Menschen. Moritz Schlick etwa schreckt nicht davor zurück, "Pflicht" mit "Güte" gleichzusetzen: "das sittliche Verhalten [entspringt] aus Unlust und Lust, der Mensch ist edel, weil er *Freude* daran hat; die moralischen Werte stehen so hoch, weil sie die höchsten Freuden bedeuten, die Werte stehen nicht über ihm, sondern sind in ihm; gut zu sein ist für ihn *natürlich*."[3] Gegen Kant setzt Schlick auf das Gebot Mark Aurels: "du [tust] das Rechte, nicht weil es sich schickt, sondern weil du dir selbst damit einen Gefallen erweist". Ich fürchte, derartige Überzeugungen werden zumindest den Anstrich der Naivität erhalten, sobald wir uns an die Greuel erinnern, in die sich die menschliche Gattung allein im Laufe dieses Jahrhunderts verwickelt sah und sieht. Wie ist es möglich, daß Schlick Mitte der dreißiger Jahre, wo die Erinnerungen an den Ersten Weltkrieg noch ganz frisch sind und der Zweite schon in Vorbereitung ist, solche Dinge sagt? Gut zu sein ist *natürlich*? Es ist klar, daß es den Emotivisten weniger um die rationale als um die psychologische Begründung geht: Wir sollen moralisch sein - so sagen sie -, weil eine Welt, in der bestimmte Werte respektiert werden, angenehmer ist als eine Welt ohne diese Werte. Das Spezifische, das Kriterium der Sittlichkeit zu suchen, wäre für sie Zeitverschwendung; sie gehen davon aus, daß diejenigen, die sich durch die Ratlosigkeit und Unzufriedenheit angesichts dessen, was wir sehen und was uns umhüllt, angespornt fühlen, sich auf die Verteidigung und Annahme gewisser Grundwerte und

---

[3] M. Schlick, Problems of Ethics, New York 1962, S. 205 [hier zitiert nach: M. Schlick, Fragen der Ethik, hrsg. und eingel. von R. Hegselmann, Frankfurt a. M.: Suhrkamp 1984, S. 199].

-rechte einigen werden, auch wenn sie hinsichtlich der Form ihrer Umsetzung in die Praxis oder hinsichtlich ihrer Rangordnung unterschiedlicher Meinung sein mögen.

Die Ethik überlebt - dies ist die Grundannahme -, solange es Zweifel und solange es Besorgnis über die wichtigsten Entscheidungen gibt. Diesen Zweifel aufrechtzuerhalten, ist das höchste Gebot der Ethik. "Gut zu sein ist natürlich" bedeutet, daß es natürlich ist, sich unzufrieden und beunruhigt zu fühlen, daß es natürlich ist, etwas besseres zu erwarten und es auch erreichen zu wollen. Es bedeutet, daß man vor allem diese - ganz egal, ob primäre oder sekundäre - "Natur" nicht verlieren darf. Dies ist die Lektion des Emotivismus, die wir heute nicht mißachten dürfen.

Außerdem ist anzuerkennen, daß die Ratlosigkeit, in die uns der Emotivismus stürzt, nicht sehr verschieden ist von der, die auch aus gewissen Theorien mit vermeintlich absoluten kategorischen Imperativen, Regeln und Prinzipien entspringt. Der Unterschied ist nur, daß letztere im Namen einer Vernunft sprechen, die Konflikte aufzulösen weiß, während die Emotivisten sich nicht auf sie verlassen, sondern Bestürzung und Unentscheidbarkeit als eines der unlösbaren Elemente der Ethik betrachten. Diese Anerkennung der eigenen Grenzen wäre schon allein ein Punkt zugunsten des Emotivismus. Es gibt aber noch einen weiteren, der, wie ich meine, noch gewaltiger ist. Der Emotivismus geht davon aus, daß eine ethische Welt vergnüglicher und angenehmer ist und daß wir sie deswegen auch wollen und für sie kämpfen *müssen.* Er sagt uns nicht, wie diese Welt sein soll, denn das Gute wird wie bisher auch weiterhin - wie schon Aristoteles sagte - auf viele Weisen ausgedrückt werden. Außerdem sind wir zu verschieden, um uns mit einem einzigen Modell des Guten zu begnügen. Jedenfalls aber muß man sich vom Guten positiv berührt fühlen und das Schlechte ablehnen. Der Emotivismus verurteilt nur eins: die Gleichgültigkeit, *das Fehlen von Gefühlen.* Und ist nicht tatsächlich die Gleichgültigkeit die Haltung, die am meisten zu fürchten ist, sobald man den Pluralismus und die Inexistenz einer - transzendenten oder immanenten - Grundlage von Werten und Geboten angenommen hat? Trotz alledem wird sich der philosophische Liebhaber einer deontologischen Ethik nicht so leicht überzeugen lassen. Er wird sagen, daß die Ethik, die sich sehr wohl definieren läßt als die Verteidigung gerechter Anliegen, zunächst einmal entscheiden muß, welches denn diese Anliegen sind, und erst in zweiter Linie die zu verurteilen hat, die zu ihrer Verwirklichung nicht beitragen. Nun ist es aber so, daß es den "fundamentalistischen" Ethiken nicht gelingt, diese Unbekannten zufriedenstellend zu bestimmen, sondern daß sie auf einer Ebene der Allgemeinheit verharren, auf der zum Beispiel Freiheit, Frieden und Solidarität gerecht sind. Der Emotivismus dagegen sagt uns, daß die Dinge gerecht sind, von denen wir *glauben*, sie seien es, wobei er Glauben im Humeschen Sinne, als ein *Gefühl* auffaßt. Denn sicher ist doch, daß wir, solange wir tatsächlich glauben, daß es gerechte Anliegen gibt - *solange wir dies glauben* -, diese verteidigen werden und die Ethik in Sicherheit ist. Aber, so argumentiert der Philosoph auf der Suche nach letzten Gründen weiter, warum sollen wir diesen Glauben an Dinge, die wir für gerecht halten, nähren, wenn wir doch andererseits nicht sicher sind, ob wir sie werden verwirklichen können, wenn - wie Javier Muguerza geschrieben hat - die gerechten auch unrettbar vergebliche Anliegen sind? Warum soll man moralisch sein - auch hier wieder diese Frage -, das heißt, warum sich für hoffnungslose Fälle einsetzen, nur weil wir sie für gerecht halten?[4] Ich kann dazu zu meinen Gunsten

[4] Vgl. Javier Muguerza, Etica y teología, después de la muerte de Dios, in: Enrahonar (Barcelona) 2 (1981).

nur sagen, daß, wenn wir eine überzeugende Antwort auf diese Frage hätten, die erste und letzte Unbekannte der Ethik gelöst wäre. Wir suchen keine endgültige, ja nicht einmal eine vorläufige Antwort, sondern eine Herangehensweise an die Frage, die irgendwie die dahinterstehende Bestürzung widergibt. Genau deswegen will ich immer wieder an die zentrale Rolle erinnern, die die Überzeugungen in der Erkenntnistheorie Humes (oder auch in der Wittgensteins) spielen: die Überzeugungen sind die Grundlage eines großen Teils der allgemein zugänglichen Erkenntnis (und selbstverständlich auch anderer, weniger verbreiteter Erkenntnisse); das aber heißt, daß die Überzeugungen das Verhalten motivieren und erklären. Ob sie nun reines Gefühl sind oder nicht und wie groß ihr Grad an Rationalität auch sein mag, jedenfalls handeln wir mehr aufgrund von Überzeugungen als gestützt auf Gewißheiten. Wir glauben, daß der Erfolg auf unserer Seite sein wird, daß wir Geld gewinnen werden, daß unsere Kinder uns nicht enttäuschen werden, daß wir alt sterben werden und daß wir im Alter nicht verfallen werden: lauter Vermutungen. Warum sollte also der Glaube an gewisse gerechte und verteidigungswürdige Dinge unbegründet sein? Vielleicht liegt es an dem Laster der Philosophen, daß sie sich niemals von einem Problem trennen wollen. Das Individuum, das ja letztendlich die Entscheidungen fällt, tut dies - wenn überhaupt -, weil es an verteidigungswürdige Dinge glaubt, wenn es sich auch andauernd verunsichert fühlt und nicht weiß, was es auf die Frage "Was soll ich tun?" antworten soll. Die Frage des Philosophen ist das nicht. Sie war es, solange der Philosoph bzw. der Theologe darauf vertrauten, den Inhalt des göttlichen Gesetzes auffinden bzw. erkennen zu können, welches die Pflichten oder Zwecke der praktischen Vernunft sind. Inzwischen aber haben wir das geoffenbarte Gesetz aufgegeben, weil es uns die Autonomie verweigert, und wir *glauben nicht mehr*, daß das Gericht der praktischen Vernunft uns das Mysterium des Sollens wird enthüllen können. Wir können nur noch Binsenweisheiten von uns geben, und wir sind verunsichert angesichts einer Wirklichkeit, die nicht so ist, wie wir *glauben*, daß sie sein sollte, und einem Sollen, das wir nicht kennen und über das wir nur stammeln können. In dieser Situation ist es nicht Aufgabe des Philosophen, dieses Sollen weiter zu präzisieren - wir sind schließlich keine Futurologen, und Prognosen waren in den Humanwissenschaften nie sehr angesehen -, sondern (wie andererseits Javier Muguerza, nach seiner Herabwürdigung des Einsatzes zugunsten gerechter Anliegen, sehr richtig gesagt hat) es ist die Aufgabe des Moralphilosophen, die Spannung zwischen Sein und Sollen, d. h. zwischen dem, was da ist und was uns mißfällt, und dem, was wir anstreben, aufrechtzuerhalten.[5] Auf diesen Zweck, auf die Aufrechterhaltung der Spannung muß die Ethik, die der Philosoph betreibt, gerichtet sein, indem sie zeigt, daß darin unsere "Menschlichkeit" bzw. unsere Rationalität wurzelt; dies allein ist der Sinn der Frage "Warum soll ich moralisch sein?"

Und hier - ich wiederhole es - hat der Emotivismus tatsächlich etwas anzubieten. Natürlich können wir einem *anything goes* nicht zustimmen, falls es das ist, was der Emotivismus von uns verlangt. Solange die Welt Welt ist, wird es Gutes und Schlechtes, Besseres und Schlechteres geben, und wir sollten das in der Tat auseinanderhalten *wollen* (auch wenn wir es nicht mit letzter Gewißheit können). In den "Mühen des Wollens", wie Peirce sagte, wurzelt die Ethik, und ohne Wollen gibt es keinen Wissensfortschritt. Die Emotivisten liefern uns keine Kriterien,

[5] Javier Muguerza, De la intrascendentalidad de la razón, Vortrag anläßlich der II Semana de Etica, Santiago de Compostela 1981.

aber doch ein Grundprinzip: Die Moral muß uns gefallen, die Gefühle müssen sich für das Gerechte erwärmen können. Die Ethik muß sich der Ästhetik annähern, wie sie es früher schon einmal getan hatte. Aristoteles spricht in der *Eudemischen Ethik* von der "moralischen Schönheit"; Augustinus schlägt die Liebe als einzige Norm vor; Spinoza spricht nicht von Gütern, sondern von "Freuden"; für Hume beruht jede Norm oder Tugend auf der "Sympathie". Nach meinem Verständnis zielt die emotivistische These "*X* ist gut bedeutet 'Ich bin für *X*; sei du auch dafür!'" auf die *Ausbildung des Geschmacks* ab, auf eine Sensibilisierung zugunsten der Verbesserung von Gesellschaft und Individuum. Offenbar ist es keine Tatsache, daß die Ethik der Ästhetik nahekommt, sondern *es ist eine Vorschrift*. Es sei nicht vergessen, daß die Ethik von Tatsachen nur ausgeht, um sie abzulehnen; und sie lehnt sie ab, weil sie dem vorgeschriebene Ideal nicht entsprechen. Die Vagheit dieser Vorschrift birgt jedoch immer das Risiko eines Irrtums. Der Emotivismus schreibt den Geschmack für das ethische Verhalten vor, ohne damit zu garantieren, daß wir immer die richtigen Verhaltensweisen gutheißen. Immerhin ist dies aber ein erster Schritt zur Verteidigung der gerechten Sache; ein erster Schritt zumindest heute, da uns die Furcht vor dem Skeptizismus, vor der Gleichgültigkeit, vor der Demoralisierung (deren sichtliche Folge das sogenannte "Abschalten" ist) mehr quält als die vor dem Relativismus oder Subjektivismus. Damit das Gute uns bewegt, muß uns das "Was soll ich tun?" bedrücken. Dabei geht es uns nicht darum, eine Antwort zu finden; es geht darum, die Beunruhigung durch die Frage aufrechtzuerhalten.

Nur so wird die Ethik dem von Nietzsche und Freud am meisten kritisierten Problem Priorität verleihen: dem Auseinanderdriften von Wollen und Sollen. Die aufgeklärte

Ethik hat nämlich zweierlei vergessen: das Elend der wirklichen, konkreten Gesellschaft (ein Fehler, den der Marxismus zu beheben versucht hat) und das Elend des wirklichen, empirischen Individuums. Nachdem lange die Notwendigkeit betont wurde, die Gesellschaft wirtschaftlich und politisch zu verändern, stellen wir jetzt fest, daß man auch daran denken muß, das Individuum zu verändern. Selbst die marxistische Philosophie macht diese Wende mit, für die sich beispielsweise Agnes Heller ausspricht, indem sie daran erinnert, daß für Lukács das Ideal "der Mensch [war], der seine Neigungen nicht einem abstrakten Sollen subsumiert, weil er das nicht nötig hat, weil es ihm *ein angeborenes Bedürfnis ist, gut zu handeln*". Im gleichen Sinne fordert sie selbst ein neues Verständnis der heute so entwerteten Haltung des "Opfers". Ich will dazu eine Passage ausführlich zitieren, weil sie voller fruchtbarer Einsichten ist: "Ist es also so ungerechtfertigt, sich einen Menschen vorzustellen, für den das Opfer zu einem Moment persönlicher Selbstverwirklichung wird? Können wir wirklich bestreiten, daß es einen Menschen geben kann, für den das apollinische Prinzip seinen repressiven Charakter verliert, ohne daß es gleich mit dem dionysischen eins wird? Kann man nicht an einen Menschen denken, für den *die Bedürfnisbefriedigung* des anderen *an sich* zu einer wesentlichen, inhärenten Komponente seiner eigenen Bedürfnisbefriedigung werden kann? *Der Mensch ist ein Wesen, das wünscht und genießt, aber er ist auch ein moralisches und rationales Wesen.* Die Entwicklung all seiner Bedürfnisse bedeutet nicht nur das Herausbildung seiner Genuß- und Handlungsfähigkeiten, sondern auch seiner moralischen und kognitiven Anlagen. Immer mehr menschliche Tätigkeiten müssen von der Bindung an das Sollen befreit werden. Allerdings können wir nicht *über alles Sollen hinaus* gehen; das Sollen zeigt den

Menschen (nicht nur relativ) *Normen* auf, deren Einhaltung nicht als Spiel aufgefaßt werden darf; und doch wollen wir, daß sich bei all unserem Handeln unsere Fähigkeiten in einem freien Spiel der Kräfte entfalten können. Diese Antinomie ist auf der theoretischen Ebene unauflösbar. Wir können aber hoffen, daß unsere Nachkommen in der Lage sein werden, sie sogar in der Praxis zu lösen."[6] Ich neige zu der Ansicht, daß sie in der Praxis eher gelöst ist als in der Theorie; es sind unsere begrifflichen Überlegungen, die Dualitäten und unauflösbare Antinomien erzeugen. Versteht man die Moral und ihre Pflichten als ein ebenso lebenswichtiges Grundbedürfnis wie Nahrung, Schlaf und Sex, dann bedeutet dies zweifellos, daß man sich diese Moral auferlegt als ein Ziel, das man erreichen soll, aber man betrachtet zugleich diese Auferlegung als eine Anforderung, die sich aus unserer gesamten Seinsweise ergibt, nicht nur aus der Vernunft, sondern auch aus unseren Lüsten und Leidenschaften. Eine der Lektionen der Moralphilosophie von Agnes Heller lehrt uns, daß die *Grundbedürfnisse* keine Fakten, sondern Gebote darstellen: Wohl müssen wir essen; aber das Grundbedürfnis besteht nicht nur darin, einfach um des Überlebens willen zu essen, sondern mit einer gewissen Würde zu essen. Dies erkannte schon Platon, als er auf das "Bedürfnis" stieß, seinem Staat einen gewissen Luxus mitzugeben. "Bedürfnis" ist ein Begriff, der sich nicht auf "Überleben", sondern auf "Leben in Würde" bezieht. Im Prometheus-Mythos, wie ihn uns der *Protagoras* erzählt, kommt Hermes zur Erde herab, um den Menschen - die von Prometheus schon das Feuer erhalten haben, das ihnen bei der Befriedigung ihrer materiellen Bedürfnisse helfen soll - den *Sinn für die Moral* zu bringen, ohne den ein würdiges Zusam-

[6] Agnes Heller, La revolución de la vida cotidiana, Barcelona 1979, S. 68 f.

menleben unmöglich ist. In der griechischen *Polis* erwirbt man den Sinn für Moral als ein Kompendium von Tugenden - Gewohnheiten -, die den Charakter der Individuen formen und sie zu gegenseitigem Verständnis *disponieren*. Das so "geformte" Leben ist gut und schön: "Die tugendhaften Handlungen sind edel und werden um des Edlen willen getan", sagt Aristoteles.[7] Etwas ganz ähnliches sollte Jahrhunderte später auch Hume schreiben, obwohl zu seiner Zeit die Tugenden von den Regeln bzw. Pflichten schon nicht mehr zu trennen waren: "Einen Sinn für Tugend zu haben ist nichts anderes als durch die Betrachtung eines Charakters eine besondere Art der Befriedigung zu *fühlen*. Das *Gefühl* selbst bestimmt unser Lob oder unsere Bewunderung. Weiter gehen wir nicht; und wir suchen auch nicht nach der Ursache für die Befriedigung."[8] Ist das "Naturalismus"? In der Tat - sofern wir unter "natürlich" nicht "angeboren" verstehen, sondern das, was nicht selten und ungewöhnlich ist, was Gewohnheit und Geschichte mit der Würde des menschlichen Lebens verbunden haben. Auf engagierte, leidenschaftliche, gefühlsbetonte Erkenntnis zu setzen ist heutzutage gängige Münze; Unparteilichkeit und Uneigennützigkeit gelten nicht einmal hinsichtlich der wissenschaftlichen Erkenntnis. In einem Kommentar zur Behauptung von William James, Annahme oder Ablehnung einer Theorie sei eine Frage "ästhetischer Präferenzen", schreibt Ernest Becker: "[S]ich für eine Theorie der menschlichen Übel entscheiden ist wie sich verlieben ... es ist, als ob man auf eine bestimmte Art

[7] Nikomachische Ethik, 1120 a 24.

[8] A Treatise of Human Nature, III, II, 2. In dem schon weiter oben zitierten Buch bemerkt MacIntyre, daß die Tugenden zur Zeit Humes nicht mehr vorstellbar sind im Sinne des aristotelischen Schemas, also "as possessing a role and function distinct from and to be contrasted with, that of rules or laws, but rather as being just those dispositions necessary to produce obedience to the rules of morality", After Virtue, S. 216.

des Seins in der Welt und damit auf eine bestimmte Art von Welt setzt."[9] Genau so ist es, und zudem ist dies eine präskriptive Angelegenheit: Wir sollen auf diese Art von Welt setzen, weil es uns gefällt, weil wir es so wollen. Ist dies nicht die einzige verständliche Version der ersten Formulierung von Kants kategorischem Imperativs? Nicht "Handle so, daß du 'wollen kannst'" usw., sondern "Handle so, daß du *willst*, daß die Maxime deines Handelns allgemeines Gesetz wird".

Die Dialektik zwischen Sollen und Wollen verweist uns auf die Nichtidentität von Individuum und Gesellschaft. Gerade weil keine Identität besteht, gibt es die Ethik, die nicht versuchen sollte, den Konflikt dadurch zu lösen, daß sie sich darauf beschränkt, Wille zum Sollen oder Wille zum Wollen zu sein, was zu einer rein auf das Individuum ausgerichteten Ethik führen würde, die einer Ethik des Gemeinwohls entgegengesetzt wäre, oder umgekehrt. Der Konflikt zwischen Sollen und Wollen zeigt sich andauernd in unserem Leben, weil er eine Dimension unserer Endlichkeit ist. Es bleibt uns nichts anderes übrig, als einen einzigen Wert vorzuziehen und auszuwählen und damit die anderen zu opfern, die aber deswegen keineswegs nicht mehr als Werte betrachtet werden. Warum nennen wir das, was wir für "vorziehbar" erachten, "Sollen"? Die Wörter werden durch die Ideologien, die sich ihrer bemächtigen, verzerrt und verdreht. "Sollen", "Pflicht", "Gebot" sind Begriffe, die gezeichnet sind von der Bedeutung, die ihnen von heteronomen, autoritären Ethiken verliehen wurde, von Ethiken also, die von der Annahme ausgehen, wir Sterblichen seien perverse, böse Wesen. Seine Pflicht erfüllen heißt demnach, der Natur zuwiderzuhandeln. Trotz seiner Bemühung, die Autonomie in die Ethik einzu-

[9] Ernest Becker, The Structure of Evil, New York 1968, S. 364.

führen, gelingt es auch Kant nicht, dieses Schema zu durchbrechen; er verinnerlicht es und ersetzt Gott durch die praktische Vernunft, die die natürlichen Neigungen genauso unterdrückt und gängelt. Nicht selten neigt man, wenn das Sollen nicht mehr sicher ist, zu einer Moral des Instinkts, des Gefühls, des Wollens und des Ichs. Das ist nicht die Ethik, die ich meine. Es geht nicht darum, den Gefühlen ohne jede Einschränkung Vorrang einzuräumen, als seien sie das einzige Kriterium für moralisches Handeln; es geht im Gegenteil darum, die Rolle anzuerkenne, die die Gefühle bei der Verhaltensmotivation spielen und auch spielen sollen. Es ist nicht so, daß das Sollen dem Wollen widerspricht; wir sind nur keine reinen Herzen, wir wollen mehrere Dinge auf einmal, das Wollen ist vielfältig und oft widersprüchlich. Die Dichotomien sind - ich sage es noch einmal - in der Theorie klar, aber nicht in der Praxis. Werte sind niemals abstrakte Werte.

Immerhin läßt sich jedes Banner dazu verwenden, die menschlichen Beziehungen zu verbessern oder aber all ihre Niedertracht zum Vorschein zu bringen. Das ist jedoch eine Gefahr, die keine ethische Theorie je wird beseitigen können: Weder Prinzipien noch Gefühle schließen an sich schon den Fanatismus aus.

Jeder Wert erfordert für seine Durchsetzung die Mitarbeit eines Unwertes: Die Arbeit - wie sie auch aussehen mag - ist seit jeher und für alle Zukunft mühsam; Lope de Vega schrieb und Goya malte im Auftrag, um den Lebensunterhalt zu verdienen. Die Befriedigung jedes Bedürfnisses erfordert die Mühe und Wiederholung des Alltäglichen, der Disziplin, des Verzichts. Welchen Sinn könnte es haben, ohne weiteres das Angenehme, Spielerisches, Mühelose zu verteidigen? Leichtigkeit, Spiel und Muße bedeuten gar nichts ohne den Kontrapunkt des Bedürfnisses, der Arbeit und der Mühe. Welchen Reiz hat denn die Muße für den

Arbeitslosen? Welchen Reiz hat das Spiel für ein Kind, das die Last der Pflicht noch nicht kennt? Es gibt also weder reine Pflicht noch reines Wollen: Jede gefühlte und angenommene Pflicht führt zu einem Wunsch, und die Verwirklichung jedes Wunsches muß Pflichten erzeugen. Man muß verstehen, was Hume sagen wollte, als er gegen den naturalistischen Fehlschluß anging: Das Sollen läßt sich nicht "logisch" aus dem Sein ableiten; aus dem Eindruck, den beispielsweise der Anblick eines gefolterten Wesens hervorruft, folgt also nicht *logisch* die Ablehnung der Folter; dagegen *fühlt man* die Folter und das damit verbundene Entsetzen gleichzeitig. Genauso wenig läßt sich Furcht daraus ableiten, daß man einen Horrorfilm betrachtet; es handelt sich vielmehr um parallele Empfindungen. "[E]s ist leicht zu sehen", sollte Bergson erklären, "daß kein Ziel ... sich in zwingender Weise aufdrängen wird, wenn es nur von der Vernunft vorgeschlagen wird",[10] denn die praktische Vernunft ist eine emotive, leidenschaftliche Vernunft.

[10] H. Bergson, Die beiden Quellen der Moral und der Religion, Jena 1933, S. 86.

Tragödie und Freiheit

Von Fernando Savater

Im Jahre 1808 traf Napoleon in Erfurt mit Goethe zusammen, der gerade dabei war, den ersten Teil des *Faust* zu beenden. Wie es scheint, sprachen sie vor allem über die Dichtkunst, insbesondere über die Tragödie und die Rolle des Schicksals. Napoleon sagte: "Die Tragödien gehören der Vergangenheit an, einem dunkleren Zeitalter. Was geht uns heute das Schicksal an? Das Schicksal ist die Politik. Ich bitte Euch inständig, kommt nach Paris. Dort hat man eine umfassendere Weltsicht." Wir wissen nicht, was Goethe geantwortet hat, der ja auch nicht gerade ein Tragiker war, wenn auch offenbar noch weniger ein Pariser. Wie wir sehen, glaubte der Eroberer Europas, die Personifizierung des modernen Helden, nicht mehr an die Tragödie. Und es wäre wohl absurd zu glauben, daß ihm später der fürchterliche Rußlandfeldzug eine Einsicht verschaffte, die ihm die Erschütterungen der Revolution und die schrecklichen Erlebnisse in Ägypten nicht hatten vermitteln können. Entgegen des üblichen Wortgebrauchs hat die bloße Ansammlung von Furchtbarem nichts Tragisches an sich; ein Schlachtfeld ist nicht mehr und nicht weniger tragisch als ein Sonnenuntergang oder ein Kuß. Wie der Kaiser sehr wohl wußte, verliert man angesichts der von Haubitzen und Bayonetten zerstümmelten Leichen nichts, was nicht eine Nacht in Paris wieder gutmachen könnte. Solch blutige Seiten gehören nicht ins Buch der Tragödie, sondern in das der Politik, also ins Buch der Geschichte. Die Tragödie weicht der Politik und der Geschichte. Oder bes-

ser gesagt: Wenn sich Politik und Geschichte auf der Bühne ausbreiten, bleibt der Tragödie nichts anderes übrig, als sich zu verdrücken.
"Aber die Geschichte ist doch eine Tragödie!", wird der eine oder andere unbelehrbare Humanist protestieren, eine jener schönen Seelen, deren Art, mit der - weniger hehren und erhabenen - Wirklichkeit gemeinsame Sache zu machen, darin besteht, über sie zu jammern. Eben nicht! Die Geschichte ist das Antitragische *par excellence*. Darin stimmt Napoleon mit Aristoteles' *Poetik* und mit Nietzsche überein: Die Geschichte mag kritisierbar, absurd, fürchterlich, grausam, Schule des Lebens, verheißungsvoll oder trostlos sein, aber niemals ist sie tragisch. Die Tragödie geht in eine andere Richtung, hat vielmehr zu tun mit jenem Schicksal, das inzwischen von der Politik ersetzt wurde. Deswegen gehört die Tragödie in ein anderes, dunkleres Zeitalter, in dem eine Weltsicht vorherrschte, die dem aufgeklärten Eroberer weniger "umfassend" erscheinen mußte als die seines Paris.
Betrachten wir die Sache etwas genauer. Der Kaiser fragt sich: "Was geht uns heute das Schicksal an?" und gibt gleich darauf die fertige Antwort: "Das Schicksal ist die Politik." Damit wird wie selbstverständlich angenommen, daß es Tragödien gab, solange sich die Menschen vom Schicksal betroffen oder bedroht fühlten, daß aber jetzt der Tod der Tragödie eingetreten ist, weil das Schicksal für die Menschen nichts mehr bedeutet, da sie sich jetzt von der Politik betroffen oder bedroht fühlen müssen. Man kann eine Gleichung aufstellen mit Schicksal und Tragödie auf der einen und Politik und Geschichte auf der anderen Seite. Unser - weniger dunkles und umfassenderes - Reich errichtet sich, nach Ausschaltung des ersten, auf dem zweiten Begriffspaar. Der Verlust der tragischen Sichtweise bedeutet natürlich nicht nur, daß wir um uns

herum keine Tragödie mehr wahrnehmen, sondern auch, daß wir nicht mehr in der Lage sind, sie in der Vergangenheit zu erkennen, wo es sie wohl einmal gegeben hat. So werden wir bei der Lektüre von Sophokles und Shakespeare auch kein Schicksal, sondern Politik und Geschichte am Werk sehen, und so können sie uns auch heute weiter begleiten, ohne Entrüstung oder Verständnislosigkeit hervorzurufen. Mit Hilfe derartiger mehr oder weniger ausdrücklich erklärter Umdeutungen verbessern wir die Autoren jener barbarischen Zeiten ... Worin besteht aber diese Verbesserung? Zunächst, wird jemand sagen, ist "Schicksal" gleichbedeutend mit "Verhängnis": Der tragische Held ist, was immer er auch tut, dazu verdammt, vom Unglück übermannt zu werden. Der politische Mensch dagegen (zum Beispiel Napoleon) kann eigene Entscheidungen fällen und je nach seiner Geschicklichkeit und nach den konkreten Umständen, in denen er sich bewegt, gewinnen oder verlieren. Dann konfrontiert die tragische Sichtweise den Menschen auch mit (man könnte sogar sagen: unterstellt ihn) Kräften aus dem vagen, irrationalen Reich des religiösen Aberglaubens, während die im weiteren Sinne politische Betrachtung der Wirklichkeit von den tatsächlichen Daten ausgeht, die das menschliche Spiel bedingen, wie etwa Machtfaktoren, Wirtschaftsbeziehungen, Technik und wissenschaftliche Kenntnisse sowie psychologische Triebkräfte. Und schließlich scheint das Schicksal keine andere Perspektive zu haben als den launenhaften Zufall oder die blinde Wiederholung seiner selbst, während die politische Planung - bei aller angebrachten realistischen Behutsamkeit - zu einem historischen Projekt der Weltveränderung nach gewissen rationalen Richtlinien ermächtigt. Folglich kann man zusammenfassend sagen, daß die tragische Perspektive zu Passivität und Hoffnungslosigkeit führt, während der politische Ansatz zum Han-

deln und zu gedämpfter (oder begeisterter) Hoffnung motiviert. Sicher haben uns die Tragiker mit den düsteren, verworrenen Vorstellungen ihrer Zeit auch wertvolle Überlegungen über die Grausamkeit der Macht, über psychologische Verwicklungen und ihre gesellschaftlichen Auswirkungen vermittelt, so daß sie uns, wenn sie nur richtig gelesen werden, bei unserem politischen Verständnis der Welt nützlich sein können. Deswegen verbannt sie der moderne Mensch auch nicht aus seiner Polis, wie Plato es empfahl, sondern unterwirft sie allenfalls einer gewissen *Umerziehung*; und wenn er sich ans Denken oder Schreiben macht, versucht er natürlich, ihre "tragischen" Irrtümern zu vermeiden.
Was ich nun auf diesen Seiten vertreten möchte, ist genau der entgegengesetzte Standpunkt. Ich glaube nämlich, daß die tragische Sichtweise die einzig wirksame Auffassung von Freiheit ist und daß ihre symbolische Fähigkeit diesbezüglich zwar ergänzt, nicht aber übertroffen werden kann. Weit davon entfernt, zu Fatalismus oder Aberglauben zu führen, stellt sie den einzigen Zugang zur Freiheit dar, der den Zwang der Notwendigkeit verneint, obwohl sie ihn souverän berücksichtigt; und ebenso wenig führt sie zu einer ideologischen Verbrämung des idealistischen Transzendentalismus. Und schließlich meine ich, daß die tragische Sichtweise den einzigen Rahmen bilden kann für eine Ethik, die den Begriff der Tugend im vollen Sinne der Kraft und Anerkennung der unverfügbaren schöpferischen Dimension des Menschen beibehält. Ich stelle fest, daß ich sie als dreifach einzigartig dargestellt habe; und tatsächlich kann man sich keinen anderen Standpunkt vorstellen, von dem aus eine ganz radikale Hoffnungslosigkeit (das heißt, ein *totales* Abblocken jeder Hoffnung, bei dem diese als widersprüchliches Trugbild erscheint, das durch jede Zunahme an Verständlichkeit und Präzision zur Dro-

hung wird) mit der vom Handeln ausgehenden freudigen Aussicht nicht nur versöhnt, sondern sogar theoretisch verbunden ist.
Wir haben bisher vom "Tragischen" bzw. der "tragischen Sichtweise" in einem weiteren, abstrakteren oder - wenn man so will - philosophischeren Sinn als dem gesprochen, der sich allein auf die Eigenart einer bestimmten Literaturgattung beschränkt. Weiter unten werde ich versuchen, den Begriff etwas vollständiger und genauer zu fassen. Im Augenblick wollen wir uns aber dem zuwenden, was uns die engere Bedeutung von Tragödie im Sinne einer bestimmten Form des dramatischen Schauspiels, die ihren Ursprung im klassischen Griechenland hatte, zu unserem Thema sagen kann. Wir müssen uns dazu, wie es die Tradition vorschreibt, auf die *Poetik* des Aristoteles beziehen, denn diese berühmte knappe Kunstlehre enthält die erste Definition der tragischen Gattung und Diskussion (bzw. Schaffung) ihrer Normen. Die Grundkategorie der Tragödie ist für Aristoteles die *Handlung*. Das dramatische Schauspiel stellt im Grunde die Nachahmung einer Handlung dar *(mimesis praxeos)*; die tragischen Personen werden in voller Aktion gezeigt *(prattontes)*. Jean Pierre Vernant, dessen meisterhafte Studie über *Skizzen über den Willen in der griechischen Tragödie* mir in der folgenden Untersuchung von großem Nutzen sein wird, betont diesen Aspekt mit Nachdruck und erinnert daran, daß sich das Wort "Drama" selbst vom dorischen *drân* ableitet, das dem attischen *prattein* (handeln) entspricht. Aber wir wollen den Stagiriten selbst in einem ausführlicheren Zitat zu Wort kommen lassen: "[D]ie Tragödie ist nicht die Nachahmung von Menschen, sondern von Handlungen und Lebensweisen, von Glück und Unglück. (Glück und Unglück beruhen aber in Handlungen und das Ziel der Tragödie ist eine Handlung, keine charakterliche Qualität. Qualifiziert

sind die Menschen je nach ihrem Charakter, glücklich oder unglücklich sind sie aber auf Grund ihrer Handlungen.) Sie handeln also nicht, um die Charaktere darzustellen, sondern in den Handlungen sind auch die Charaktere eingeschlossen. Darum sind Handlung und Mythos Ziel der Tragödie. Das Ziel aber ist das Wichtigste von allem. Es könnte ja auch ohne Handlung gar keine Tragödie entstehen, dagegen wohl ohne Charakter ... (Es handelt sich bei der Tragödie um eine Nachahmung der Handlung, und dann mit ihrer Hilfe vor allem um eine Nachahmung der Handelnden." Nach dieser Lektüre scheint die Vermutung nicht allzu gewagt, daß Aristoteles das tragische Theater Shakespeares viel besser gefallen hätte als das Racines, wobei er darin fast mit der ganzen Welt einer Meinung wäre - bis auf einige französische Kritiker, allen voran André Gide. Leben, Glück und Unglück liegen im Handeln, sind Handlungs-, nicht Seinsweisen. Aristoteles stellt die Handlung den Charakteren *(ethos)* gegenüber und hält letztere *im Hinblick auf den tragischen Konflikt* für weniger wichtig. Ja, er stellt sogar fest, daß die Tragödie ohne Charaktere auskommen könnte, daß sich diese also völlig in einer Handlung auflösen könnten, in der nicht der Mythos eines *seienden*, eines fest etablierten Subjekts genährt wird, sondern die verschiedenen Subjekte zu nichts weiter als reinen negativen Brennpunkten des Handelns werden. Der *ethos* erhält seine eigentliche Dimension als Strukturelement der tragischen Handlung nur dadurch, daß er sich dem Geschick oder Schicksal *(tiche)* und der Macht des Heiligen *(daimon)* stellt und sich damit verbindet. Die Tragödie stellt keine Charaktere dar; genauso wenig geht es ihr darum, theologische Fragen aufzuwerfen oder die verschiedenen Seinsweisen der Götter zu beschreiben; *vor allem und in erster Linie zeigt sie auch nicht das unergründliche Wirken des Schicksals*, wie aus oberflächlicher, topischer Sicht gelegentlich behauptet wird. Jede der drei Komponenten erhält ihre wahre tragische Dimension erst im Zusammenspiel mit den anderen im Augenblick des Handelns, dem zeitlosen Moment, der - wie wir noch sehen werden - brennenden, drängenden Ewigkeit, die den eigentlichen Gehalt der Tragödie ausmacht. Sobald wir vom Vorrang der Handlung abweichen, verliert die Tragödie ihren Daseinsgrund. Dies ist die Meinung von Aristoteles; und ganz abgesehen davon, wie weit sie als Maßstab der literarischen Interpretation trägt, ist dies der Kern dessen, was für uns das größte Interesse besitzt, wenn hier die tragische Sichtweise als wirksamste Symbolisierung der Freiheit gesehen werden soll.

König Pelasgos, eine der Personen in den *Schutzflehenden* von Aischylos, sagt zu Beginn des Stückes: "Ich schwanke. Furcht befällt mich vor dem Tun/ Und vor dem Nichttun, vor dem Spiel des Glücks." Dieser Augenblick der Entscheidung ist der Beginn der tragischen Sarabande. Hier hält die Zeit an, die Folge der Ereignisse, wie sie *von außen* gesehen werden, von der zeitlichen Außenseite her, ist für die tragische Sicht ohne Bedeutung. Tatsächlich ist die Zeit die Zerstörerin der Handlung als solcher, als freie Entscheidung und Herausforderung des Schicksals: Wenn die Zeit zum Protagonisten wird, verliert die Handlung an Bedeutung und verflüchtigt sich. Aristoteles hat auch diesen Punkt auf subtile Weise angesprochen, als er die Tragödie der Geschichte, wie sie die Historiker erzählen, gegenüberstellte: "Die Geschichte muß nicht eine Handlung, sondern eine Zeitspanne und das, was darin einer oder mehreren Personen geschah, darstellen, ohne daß es allzu sehr auf die Verbindung zwischen den einzelnen Ereignissen ankäme." Die Geschichte ist nicht tragisch, weil es ihr nicht um die Handlung geht, die als Entscheidung, Wahl und Geschick oder Schicksal außerhalb der Zeitlichkeit liegt, sondern um die genaue Darstellung einer Zeitspanne. Sie hat keine weiteren Darsteller als die Zeit selbst, denn den Menschen *geschieht* in der betreffenden Zeitspanne das eine oder andere, doch sie *handeln* eigentlich nicht, sie werden nicht aus dem Blickwinkel des Handelns gesehen, sondern aus dem des Zeitverlaufs, der sie in ihrer Passivität mit sich fortreißt. Die geschichtlichen Ereignisse, die den Menschen in der von einem Historiker untersuchten Epoche zustoßen, können schrecklich, blutig, äußerst schmerzhaft sein, niemals aber tragisch sein, denn sie werden aus der Sicht der Zeit betrachtet, nicht aus der des Handelns. Nach letzterer läßt sich die Sorge ausdrücken: Handeln oder nicht handeln, wobei in jedem Fall *tiché* herausgefordert wird, das Geschick oder Schicksal, der undurchdringliche - Clément Rosset, der in seiner *Logique du pire* eine der hellsichtigsten zeitgenössischen Darstellungen des Tragischen gegeben hat, würde sagen: *undenkbare* - Zufall, in dem sich Pläne und Leidenschaften brechen. Nichts beeinträchtigt und beeinflußt diesen aktiven Moment weniger als die Zeit, ihre Konsequenz und ihre Determination; im Auge des Historikers wird das menschliche Eingreifen in die Welt zu Passivität. Sollte man dieses Handeln nun *frei* nennen? Die Antwort ist angesichts der entscheidenden Bedeutung, die man dem Thema zuschreiben kann, enttäuschend eindeutig: Das Handeln ist ohne Einschränkung als frei anzusehen, *denn andernfalls wäre es nicht Handlung, sondern Passivität.* Dies ist ein Punkt, den Sartre zu Beginn seiner Untersuchung der Freiheit in *Das Sein und das Nichts* gut herausgearbeitet hat. Wenn man sagt, der Mensch ist ein Handelnder, dann sagt man damit, daß er frei ist, daß also die Handlungen wirklich in ihm ihren Anfang nehmen - daß es tatsächlich "seine" Handlungen sind - und nicht aus mehr oder weniger mittelbaren Wirkungen einer anderen, äußeren, eigentlich aktiven und aktivierenden Ursache bestehen. Gerade weil sie für wirkliche Handlungen gehalten werden, nicht für Glieder einer Kettenreaktion, die ihren Ursprung anderswo hat, oder für unausweichliche Folgen einer früheren, äußeren Bewegung, gerade deswegen kann man von der Tragödie als der Nachahmung von Handlung sprechen. Zwischen verschiedenen passiven Folgen eines deterministischen Mechanismus könnte sich gar kein tragischer Konflikt ergeben; nur das Leben mit seiner Unvorhersehbarkeit, seiner Improvisation und seinen Zufällen kann tragisch sein. Das Unausweichliche und Unerbittliche muß sich, um tragische Züge anzunehmen, aus dem Handeln oder Nichthandeln mit seiner Herausforderung des Schicksals ergeben; andernfalls ist es einfach die offenkundige und überflüssige Illustration des Wirkens einer Kausalkette. Gerade weil das Handeln als solches sich nicht in die Kausalkette einfügt, sondern diese durchbricht, ist es unmöglich, es in eine Zeitspanne einzuschließen. Es geschieht zwar in der Zeit, negiert diese aber als *kairos*, als die Zeitenfolge zerstörende Gelegenheit.

Was ist aber nun Freiheit? Seit der entscheidenden Abhandlung Schopenhauers über den freien Willen wissen wir, daß es bei dieser Frage weniger darum geht zu fragen, ob ich "tun kann, was ich will", als vielmehr darum, ob ich "wollen kann, was ich will". Was das erste Problem betrifft, so entspricht die Frage, ob ich "tun kann, was ich will" ganz einfach der Analyse, ob ich die Bedeutung des Gesetzes als allgemeine Form der Bewertung des Verhaltens verstehe; ein Gesetz verstehen heißt fähig sein, es zu übertreten; mehr noch: es tatsächlich übertreten in der wirklichen Verinnerlichung der beiden Bereiche, die seine Grenze bestimmt. So sah Hegel jene verworrene Geschichte mit dem Apfel im Paradies; denn der Ungehorsam gegenüber einem Verbot ist die einzige Möglichkeit für ein rationales Wesen - also eines, dem Regeln auferlegt werden, um ihm seinen Unterschied zu Tieren und Pflanzen zu verdeutlichen -, es anzuerkennen: Indem sie sündigten, gehorchten Adam und Eva dem Gesetz auf die einzige ihnen mögliche *menschliche* Weise. Ich kann tun, was ich will, weil ich verstehe, was das Gesetz bestimmt; ich kann also tun, was ich will, *nur nicht das Gesetz selbst mißachten, nur nicht ohne Gesetz sein.* Mein Wille ist frei, weil er das Gesetz kennt; ohne das Gesetz wären meine Handlungen nicht wirklich Handlungen, sondern nur Reaktionen, die durch irgendwelche empirischen Bedingungsfaktoren bestimmt sind. Darauf muß nicht näher eingegangen werden: Kant hat alles erforderliche dazu schon gesagt. Selbstverständlich hat "tun, was ich will" nicht allzu viel zu tun mit dem Verlust der Bewegungsfähigkeit, wenn ich gefesselt bin, oder mit dem ermüdenden Geschwätz über Sachzwänge als Beschränkung der Freiheit. Es ist wirklich gräßlich, wie diesbezüglich noch immer alles in einen Topf geworfen und ganz ernsthaft behauptet wird "um frei zu sein, muß man das bestehende System zerstören, sich von der ökonomischen Entfremdung emanzipieren, usw.", als wäre die Freiheit, die die Moral fordert, die Presse- oder Versammlungsfreiheit bzw. - schlimmer noch - als wäre die Forderung nach oder der Kampf um Presse- und Versammlungsfreiheit nicht gerade eine der Entscheidungen, die die moralische Freiheit fällen kann, sondern eine Voraussetzung für diese. Schon Sartre hat einmal festgestellt: "Die menschliche Realität trifft überall auf Widerstände und Hindernisse trifft, die sie nicht geschaffen hat; aber diese Widerstände und Hindernisse haben Sinn nur in der und durch die freie Wahl, die die menschliche Realität *ist*". Bezüglich des letzten Teils dieser Meinung wird weiter unten noch mehr zu sagen sein. Ich werde Sartre auch benutzen, um gegen die plumpe, groteske und weit verbreitete Vorstellung anzugehen, man könne nicht wirklich tun, was man wolle, weil die eigenen Projekte durch andere behindert oder zum Scheitern gebracht werden. Beispiele dafür sind Aussagen der Art "Ich bin nicht frei, mir ein Auto zu kaufen, weil ich nicht genug Geld habe" oder "Ich bin nicht frei, Soundso zu kriegen, weil sie mich nicht mag und einen anderen liebt". Sartre stellt dazu treffend fest: "Überdies muß man, entgegen dem gesunden Menschenverstand, feststellen, daß die Wendung 'frei sein' nicht bedeutet, 'erreichen, was man gewollt hat', sondern 'sich dazu bestimmen, durch sich selbst zu wollen (d. h. zu wählen im weiteren Sinne)'. Anders ausgedrückt, der Erfolg ist für die Freiheit in keiner Weise wichtig." Der einzige Erfolg, der für die Moral wichtig ist, ist der der Autonomie des Wählens selbst, alles weitere heißt, "das Schicksal herausfordern", wie Aischylos sagen würde. Nun spricht Sartre sowohl von "sich dazu bestimmen, durch sich selbst zu wollen" als auch vorher von der "freie[n] Wahl, die die menschliche Realität *ist*". Diese Bemerkungen führen uns von der ziemlich einfachen Frage "Kann ich tun, was ich will?", deren Antwort letztendlich eine gewisse analytische Evidenz besitzt, zu der tieferen und weniger klaren Frage "Kann ich wollen, was ich will?" Genau dieser Punkt ist es, der in der Ethik seit Schopenhauer diskutiert wird.

Man erinnere sich an die bekannte Schopenhauersche Darstellung des Problems: Ich kann wählen, was immer ich will, und in diesem Sinne bin ich frei; aber ich kann nicht das Wollen selbst wählen, das meine Wahl bestimmt; meine *Motive* beeinflussen mich unausweichlich mit der gleichen strikten Notwendigkeit wie jede andere Kausalbeziehung der physischen Welt. Ich werde immer so handeln, wie es mir, d. h. meinem *Charakter*, entspricht, wobei Charakter mehr in einem metaphysischen als in einem psychologischen Sinne zu verstehen ist. Meinen Charakter kann ich aber erst *im Nachhinein* kennen; er zeigt sich mir durch mein Handeln und durch die Motive, die stark genug sind, mich zu bewegen. Könnte ich den Willen, der mich ausmacht, bis in die hintersten Winkel erforschen, wäre ich auch in der Lage, im voraus alle meine zukünftigen Handlungsoptionen festzulegen. Führt nun diese Auffassung zu einer ganz radikalen Aufhebung der Freiheit im innersten Kern menschlicher Intimität? Ja und nein. Denn dieser Charakter, der ich bin und der mit absoluter Notwendigkeit alle meine Handlungen (und zwar nicht nur auf der Ebene des bewußt Gewollten, sondern auch auf der meiner Erinnerungen, meiner Träume, meines ästhetischen und erotischen Geschmacks, meiner Versprecher, meiner Neurosen ...) bestimmt, ist zugleich auch etwas ganz und gar Unbedingtes, dort angesiedelt, wo jeder kausale Bezugspunkt, jeder Versuch der rationalen Durchdringung aufhören muß. Als bloßer reiner Wille zwingt ihn nichts zu sein, wie er ist; vielmehr gehört er zu dem, was alles andere dazu zwingt zu sein, wie es ist. Obwohl Schopenhauer niemals auf den Gedanken kommt, ihn so zu nennen, kann man ihn doch als *tiche*, als Glück und Wagnis, ansehen. Angesichts der besonderen Merkmale dessen, was Schopenhauer "Willen" nennt, müßte man sagen, daß der Charakter des Menschen mehr "zufällig" als "frei" ist; mit Sicherheit kann man jedenfalls sagen, daß er auf keinen Fall "notwendig" ist. *Jeder hat den Charakter, den er haben will, gerade weil sein Wollen nichts anderes ist als sein Charakter*. Jeder ist das, was er sein will, da er nichts anderes ist als sein Wollen; damit sind wir bei etwas noch Undenkbarerem als der "freien Realität, die der Mensch ist", wie sie Sartre versteht, bei etwas noch weniger Durchsichtigem und "Bewußtem" als das "Sich-selbst-Wählen" und das "Projekt" der Existentialisten. In unserem "Verpflichtetsein zum Freisein" gibt es eine dunkle, undurchdringliche Stelle, die von Sartres Phänomenologie nicht hinreichend gefaßt werden kann, die aber in der griechischen Tragödie ihren vollkommenen Ausdruck findet: Deswegen ist der Orest von Aischylos tragisch, während der der *Fliegen* sich damit begnügen muß, bloß absurd zu sein. Die griechischen Tragiker waren nicht darauf spezialisiert, den Konflikt zwischen Freiheit und Schicksalhaftigkeit darzustellen oder zu zeigen, in welchem Maße wir schicksalhaft frei sind, sondern sie enthüllten meisterhaft, daß *die Schicksalhaftigkeit keine andere Grundlage hat als die Freiheit selbst, wie auch das Freie seine Wurzeln in dem einzigen hat, was man ohne jede Einschränkung als schicksalhaft ansehen muß.*

Die Vorstellung vom Charakter als unausweichlichem Bestimmungsfaktor menschlichen Handelns ist keine Erfindung der Schopenhauerschen Philosophie; das einzig Originelle daran ist nämlich nur die begriffliche Verbindung, die sie zwischen Charakter und universalem Willen herstellt. Aber schon Kant hatte in der Auflösung der dritten Antinomie der reinen Vernunft einen ähnlichen Standpunkt eingenommen - wenn auch vielleicht dem von seinem Schüler später Behaupteten weniger ähnlich, als dieser selbst glaubte, weswegen der Vorwurf, Kant sei später in der *Kritik der praktischen Vernunft* wieder dahinter zurückgegangen, nicht ganz berechtigt sein mag. Aber auch schon bei den Griechen, die den mehrdeutigen Begriff des "freien Willens" nicht kannten, wird die Rolle des *ethos* oder Charakters für die Verursachung des menschlichen Handelns nachdrücklich betont. Jean-Pierre Vernant etwa faßt die aristotelische Vorstellung davon folgendermaßen zusammen: "Die Unterscheidung von zwei Handlungskategorien bei Aristoteles stellt nicht die *erzwungene* der *frei gewollten* Handlung gegenüber, sondern den von außen auferlegten Zwang der von innen heraus wirkenden Bestimmung. Und diese innere Bestimmung ist nicht etwa, weil sie sich vom äußeren Zwang unterscheidet, nicht notwendig. Das Subjekt reagiert, wenn es den Neigungen seines Charakters, seines *ethos*, folgt, notwendigerweise, *ex anankes*, aber seine Tat entspringt selbstverständlich ihm selbst; es entscheidet keineswegs unter der Last eines Zwanges, sondern behauptet sich als Ursprung und Ursache dessen, was es tut, und ist dafür auch voll verantwortlich." Obwohl Schopenhauer diese Unterstützung wohl nicht sehr behagte, nimmt auch Hegel bei der Behandlung des tragischen Helden in den Vorlesungen über die Ästhetik eine der seinen ähnliche Haltung ein: "Die tragischen Helden sind ebenso schuldig als unschuldig. Gilt die Vorstellung, der Mensch sey schuldig nur in *dem* Fall, daß ihm eine Wahl offen stand, und er sich mit Willkür zu dem entschloß, was er ausführt, so sind die alten plastischen Figuren unschuldig. Sie handeln aus diesem Charakter, diesem Pathos, weil sie gerade dieser Charakter, dieses Pathos sind; da ist keine Unentschlossenheit und keine Wahl. Das ist eben die Stärke der großen Charaktere, daß sie nicht wählen, sondern durch und durch von Hause aus das *sind*, was sie wollen und vollbringen. Sie sind das, was sie sind und ewig dieß, und das ist ihre Größe. Denn die Schwäche im Handeln besteht nur in der Trennung des Subjekts als solchen und seines Inhalts, so daß Charakter, Willen und Zweck nicht absolut in Eins gewachsen erscheinen ... Zugleich aber führt ihr kollisionsvolles Pathos sie zu verletzenden schuldvollen Thaten. An diesen nun wollen sie nicht etwa unschuldig seyn ... Ihr fester starker Charakter aber ist Eins mit seinem wesentlichen Pathos und dieser unscheidbare Einklang flößt Bewunderung ein, nicht Rührung, zu der auch Euripides erst übergegangen ist." Sieht man einmal von der Unbestimmt-

heit ab, ob denn nun die tragischen Charaktere sich selbst wählen oder nicht wählen, sowie von dem abschließenden Seitenhieb gegen Euripides, daß er "pathetisch" sei und uns rühre (ich glaube, er ist nicht pathetischer und rührender als Sophokles, und es stimmt auch nicht, daß wir für die Personen bei Aischylos nur "Bewunderung" empfinden), dann scheint die Meinung Hegels genau in die gleiche Richtung zu weisen, die Schopenhauer in seiner tragischen Sicht *jeder* Form der moralischen Freiheit - ohne Beschränkung auf die Helden der klassischen Tragödie - einschlug. In all diesen Fällen wird die volle Verfügbarkeit im Augenblick des Übergangs zum Handeln kombiniert mit dem eisernen Block des Willens, den der Charakter darstellt. Dem wäre aber noch eine weitere Komponente hinzuzufügen, die bislang nur kurz erwähnt worden war: der *daimon*, das göttliche Element, das sich mit dem *éthos* verbindet, um so das Handeln der *tiche*, dem Zufall bzw. dem Schicksal zu öffnen.
Der *daimon* ist die göttliche Dimension, die in das tragische Handeln eingreift. Es handelt sich nicht um etwas, das von der Option des menschlichen Charakters abgetrennt wäre, sondern das vielmehr als dessen Kehrseite und Grundlage wirkt. Er kann in Form von Verschleierung, Prophezeiung, Warnung oder Herausforderung auftreten, kann Widerstand sein, aber auch Unterstützung. Der *daimon* spielt nicht mit dem *ethos*, wie es ihm gerade in den Sinn kommt, sondern steht für so etwas wie dessen *Schatten*, für alles, was die gezwungenermaßen individualisierenden Begierden des *ethos* verachten, vergessen oder übertreten; das Wollen des *ethos* sieht sich gezwungen, all jene Dimensionen seiner Verwurzelung in der Immanenz zu ignorieren, die seine Trennung und seine Definition durch sukzessiven Ausschluß überschreiten, und deswegen gerät er in Konflikt mit den anderen Charakteren, mit dem

objektivierten Willen in der Polis und mit dem in der Natur entfalteten Willen, obwohl etwas in ihm - seine "milde" Seite, die das Vergehen der Individualisierung *(hamartia)* zum Teil aufhebt - seine Wesensgleichheit mit dem erahnt, was er sich als Rivalen und Bedrohung gegenüberstellt. Der *daimon* verhindert, daß die Einseitigkeit des *ethos* am Ende die Freiheit zu einer neuen Form von deterministischem Mechanizismus versteinert, nämlich zu dem des unerbittlichen, omnitransparenten logisch-rationalen Projekts. Wiederum ist es Jean-Pierre Vernant, der die Gegenüberstellung am klarsten ausgedrückt hat: "*Ethos*, der Charakter, *daimon*, die göttliche Kraft, das sind die beiden Ordnungen der Wirklichkeit, in denen bei Aischylos die tragische Entscheidung wurzelt. Da der Ursprung des Handeln zugleich im Menschen und außerhalb von ihm liegt, erscheint dieselbe Person einmal als Handelnde, als Ursache und Quelle ihrer Taten, ein andermal wie von einer Kraft, die sie fortreißt und überwältigt, getrieben und überflutet. Allerdings sind menschliche und göttliche Kausalität zwar auf diese Weise im tragischen Werk vermischt, jedoch nicht miteinander zu verwechseln. Es sind verschiedene, manchmal entgegengesetzte Ebenen. Gerade da aber, wo der Kontrast vom Dichter am deutlichsten unterstrichen wird, geht es trotzdem nicht um zwei einander ausschließende Kategorien, auf die sich - je nach dem Grad der Initiative der Figur - deren Taten verteilen ließen, sondern um zwei gegensätzliche, untrennbare Aspekte, die - je nach dem Standpunkt, den man einnimmt - den gleichen Handlungen zugehören." Zwar kommt die übliche deterministische Gefahr für die Freiheit von "außen", aber man sollte auch nicht die Bedrohung durch den "inneren" absoluten Tyrannen vergessen, der sich von allem abkoppelt und sich in sich selbst und seine Negativität zurückzieht, die so unbarmherzig ist wie jede Erscheinungsform des Notwendigen auch; es wäre Gottlosigkeit und *hybris*, Besessenheit, die die Verbindungen zur komplexen Fülle der Immanenz kappt, wollte sich jeder Mensch vorbehaltlos mit diesem inneren Herrn identifizieren. Der tragische *daimon* gibt der Freiheit ihre Mächtigkeit wieder, indem er in das Spiel der Handlung die mysteriöse Wirksamkeit einführt, die der *ethos* zugunsten seines eigenen, einseitigen Projekts auszurotten versucht; würde er allerdings sein Ziel vollständig erreichen, würde er gerade dadurch seine Öffnung zum Möglichen, zur *tiche*, aufheben. Auf dieser Ebene, entrückt und feindselig gegenüber dem geringsten Hauch eines monotheistischen Transzendentalismus, tritt das *Heilige* in die tragische Handlung ein, als wortlose - vernunftlose - Vergegenwärtigung der riskanten Fülle der Immanenz, die der *ethos* ständig zu schmähen sich anschickt, womit er sein eigenes Verderben bewirken würde. Denn auch der *ethos* ist mitnichten außerhalb dieses immanenten, undenkbaren Zufalls angesiedelt. Um dieses Thema abzuschließen, will ich eine weitere wunderbare Passage von Vernant zitieren: "*Ethos - daimon*, dazwischen konstituiert sich der tragische Mensch. Man nehme einen der beiden Termini weg, und er wird verschwinden. Nach einer scharfsinnigen Bemerkung von Winnington-Ingram könnte man sagen, daß die Tragödie auf einer doppelten Lesart der berühmten Formel des Heraklit beruht: *ethos anthropos daimon.* Wenn man sie nicht mehr im einen wie im anderen Sinn lesen kann (wie es die syntaktische Symmetrie erlaubt), verliert die Formel ihren rätselhaften Charakter, ihre Zweideutigkeit, und es gibt kein tragisches Bewußtsein mehr; denn damit es Tragödie geben kann, muß die Stelle zugleich heißen können 'Beim Menschen nennt man den Charakter *daimon* ' und umgekehrt 'Beim Menschen ist das, was man Charakter nennt, eigentlich ein *daimon*'."

Weder engelhafte, rationale Freiheit noch mechanizistischen Determinismus schlägt die Tragödie vor, vielmehr ein Schicksalsmodell, in dem die Freiheit Verhängnis und Stolz, Vertrag und Auslöschung ist. Gewiß gibt es keine Erlösung, aber das Handeln ist souverän möglich, und der Widerstand dagegen, besessen zu werden, bleibt stark. Was nicht heißen soll, daß ein jeder *Herr* seiner selbst wäre, sondern daß sich nichts und niemand unwidersprochen das Recht auf unsere Versklavung anmaßen kann. Die Notwendigkeit des Notwendigen wird widerrufen, wobei aber immer die starre Verbindung zwischen dem Freien als beständiger Möglichkeit und dem unkontrollierbaren, unvorhersehbaren und fatalen Zufall bestehen bleibt. Und damit sind wir wieder bei der Frage, die vielleicht den verbalen Finten des kaiserlichen Sprosses der Revolution und seines respektvollen Gesprächspartners, des olympischen Dichters, zugrundelag; diese Frage soll nun zum Schluß der Arbeit formuliert und die Antwort darauf skizziert werden: Was ist das Tragische, über seine direkte Verbindung mit einer Literaturgattung hinaus?

Nach Aristoteles weckt die Betrachtung einer Tragödie Mitleid *(eleos)* und Furcht *(phobos)*, tiefe Gemütsbewegungen, die den Zuschauer zur *katharsis*, zur Reinigung führen. Lassen wir für einen Moment letztere beiseite, und konzentrieren wir unser Interesse auf Mitleid und Furcht. Mitleid und Furcht womit und wovor? Je nachdem, wie man diese Frage beantwortet, enthüllt sich einem auch in hohem Maße das Wesen des Tragischen. Den beiden Gemütsbewegungen scheint gemein, daß sie etwas zugleich *Schmerzliches* und *Unausweichliches* beklagen. Wenn man auch keineswegs George Steiner zustimmen kann, wenn er sagt, Tragödie sei das, was schlecht endet (Walter Kaufmann hat ihn diesbezüglich in wortgewaltig widerlegt; man braucht dazu aber auch nur Aischylos oder Sophokles lesen), so hat er doch sicher Recht, wenn er feststellt, daß das Tragische einen Konflikt darstellt, dessen zerstörerische Wirkung durch keinen gesellschaftlichen oder psychischen Wandel des Menschen je vollständig zu beheben ist. Kein Eheberater und kein Scheidungsgesetz hätte die Tragödie Othellos verhindern, kein medizinischer Fortschritt Philoktet heilen und kein noch so gut organisierter Altenschutz König Lear vor der Verzweiflung bewahren können. Nur das begriffsstutzigste Philistertum könnte glauben, daß das Tragische auf irgendeine - transzendentale oder umstandsbedingte - Weise *wiedergutzumachen* ist. *Das Tragische besteht gerade darin, daß wir uns keine Gesellschaft und keine psychologische Form von Menschheit vorstellen können, in der das Tragische nicht präsent wäre*: daher das Mitleid und die Furcht. Heißt dies nun, daß die tragische Schlußfolgerung lautet, alles sei egal und jede Anstrengung des Menschen, seine Lage zu verbessern, unnütz oder gar traurigerweise lächerlich? Nichts wäre falscher. Die *Orestie* zum Beispiel endet mit der Einrichtung eines athenischen Gerichts, das über Blutsvergehen richten und den unheilvollen Rausch der Kette der Rache vermeiden soll; gewiß wird dies Agamemnon, Ägisthos und Klytämestra nicht wieder zum Leben erwecken, es wird das entsetzliche Klagen Kassandras nicht mäßigen, es wird noch nicht einmal bewirken können, daß Orest sich frei fühlt von der Schuld des Muttermordes; aber es wird den gepeinigten Menschen helfen, auf *menschliche* Weise der unvermeidlichen Zerreißprobe zu begegnen, der *ethos* und *daimon* sie unterziehen. Nicht daß die Bemühungen des Menschen das Tragische auflösen könnten - sie sind ja selbst ein grundlegender Teil der Tragödie -; aber sie zeigen doch, wie man auch auf dem gefährlichen und fatalen Hintergrund, auf dem sich die menschliche Existenz abspielt, in Würde und Besonnenheit zu leben versuchen kann; schreckliche Fehlschläge und teilweise Erfolge sind dabei gleichermaßen wichtig und lehrreich.

Angesichts des Tragischen gibt es zwei Vorschläge: den einen, bei dem das Mitleid Vorrang vor der Furcht erhält, können wir "optimistisch" nennen; den anderen, bei dem die Furcht dominiert, kann man als "pessimistisch" bezeichnen. Vertreter der optimistischen Auffassung des Tragischen ist Hegel, nach dem "[d]as ursprünglich Tragische ... darin [besteht], daß innerhalb solcher Kollision beide Seiten des Gegensatzes für sich genommen *Berechtigung* haben, während sie anderer Seits dennoch den wahren positiven Gehalt ihres Zwecks und Charakters nur als Negation und *Verletzung* der anderen, gleich berechtigten Macht durchzubringen im Stande sind, und deshalb in ihrer Sittlichkeit und durch dieselbe ebensosehr in *Schuld* gerathen." Deswegen ist eine übergeordnete rechtsprechende Instanz erforderlich, die der Staat zu errichten hat oder die letztendlich von der Ewigkeit des Geistes selbst dargestellt wird, in der sich die entgegengesetzte moralische Substanz harmonisiert, was allerdings unvermeidlich die Zerstörung der Individualitäten voraussetzt, auf denen sie zunächst beruhte. Unendliche Harmonie, die nie aufhören wird, sich der Endlichkeit als Zerreißprobe darzustellen; gerade dies bewirkt das Mitleid, das dieser moralische Konflikt beim rationalen Beobachter hervorruft. Die sogenannte pessimistische Haltung ist dagegen einfach diejenige, die auf das Handeln des Menschen den ernüchterten Blick wirft, der allerorten das unaufhörliche Scheitern von Projekten, Wünschen, Hoffnungen und Errungenschaften festhält. Gewiß hat der Mensch keine andere Wahl, als immer weiter zu erlangen, zu verteidigen und zu bewahren zu suchen, denn alles andere wäre für ihn die völlige Verneinung des Lebens, aber dies verhindert nicht, daß das vernichtende Grauen seiner Lage vor einer nüchternen Betrachtung - wie sie in erster Linie die Tragödie vornimmt - nicht zu verbergen ist. Schopenhauer gehört in diese pessimistische Linie, die hier anhand zweier Passagen von gleichem Tenor, aber entgegengesetzter Rhetorik, verdeutlicht werden soll. Als erstes die grimmige Predigt Baltasar Graciáns: "Alles, was es gibt, macht sich über den elenden Menschen lustig: die Welt täuscht ihn, das Leben belügt ihn, das Glück spottet seiner, die Gesundheit läßt ihn im Stich, das Alter zieht an ihm vorbei, das Übel bedrängt ihn; das Gute verläßt ihn, die Jahre fliehen, die Zufriedenheit stellt sich nicht ein, die Zeit fliegt dahin, das Leben geht zu Ende, der Tod bemächtigt sich seiner, das Grab schluckt ihn, die Erde bedeckt ihn, die Verwesung löst ihn auf, das Vergessen vernichtet ihn, und der gestern Mensch war, ist heute Staub und morgen Nichts." Und dann die prächtige Melancholie Chateaubriands: "Ihr längst vergangenen Gesellschaften, wieviele andere sind auf euch gefolgt! Auf dem Staub der Toten wird getanzt, und die Gräber quellen auf unter den Schritten der Freude. Wir lachen und singen auf vom Blut unserer Freunde getränktem Boden. Wo sind heute die Übel von gestern? Wo werden morgen die Freuden von heute sein? Welche Bedeutung können wir den Dingen dieser Welt geben? Freundschaft? Sie verschwindet, wenn der Geliebte in Ungnade fällt oder wenn der, der liebt, mächtig wird. Liebe? Sie ist trügerisch, flüchtig oder schuldig. Ruhm? Den teilt ihr mit dem Mittelmaß oder dem Verbrechen. Glück? Kann man eine solche Frivolität als Gut bezeichnen? Es bleiben nur diese sogenannten glücklichen Tage, die unbemerkt im Dunkel der häuslichen Pflichten vergehen und dem Menschen weder Lust machen, das Leben zu verlieren, noch, es noch einmal zu beginnen."

Nun scheint jedoch weder der optimistische noch der pessimistische Ansatz den innersten Kern des Tragischen hinreichend aufzuzeigen. Die optimistische Vorstellung geht davon aus, daß das, was dem Menschen fehlt, harmonische Unendlichkeit, tatsächlich in der Welt vorliegt und ihn trägt, auch wenn sie die Partialität des individuellen Charakters als Schmerz und Spannung erlebt, bis ihm eine völlig rationale Betrachtung der Ethik zu verstehen erlaubt, daß sein Schmerz selbst Teil der notwendigen Entfaltung eines Gutes ist, das aus ausgehaltenen und überwundenen Widersprüchen erwächst. Für den Pessimisten dagegen hat niemand in dieser Welt das, was dem Menschen fehlt, aber dieser Mangel ist so tief und allgemein, daß er alles mit Sterilität ansteckt, was ihm das Leben an Gutem bringen könnte. Während das Übel sehr real und positiv ist, ist der Genuß nichts weiter als bloß eine momentane Unterbrechung des Schmerzes - und daher negativ - oder eine undeutliche Schimäre: Keine menschliche Würde oder Größe kann über diesen Fluch triumphieren. Wir sehen also, daß Optimisten und Pessimisten darin übereinstimmen, daß dem Menschen etwas fehlt: die *Verfehlung* als Schuld ist in Wirklichkeit ein *Fehlen* als Mangel. Die tiefste, ganz radikal tragische Ebene ist aber die, die bestreitet, daß dem Menschen etwas fehlt. Dies ist der Standpunkt, den Clément Rosset in seiner im übrigen angreifbaren (weil fruchtbaren und originellen) *Logique du pire* auf brillante Weise darstellt. Dort heißt es: "Der Mensch ist das Wesen, dem *per definitionem* nichts fehlt; daher rührt auch die tragische Notwendigkeit, mit allem, was er hat, zufrieden zu sein, denn er hat alles [...] Anthropologisch betrachtet ist das Tragische nicht ein 'Seinsmangel', sondern eine 'Seinsfülle': Die härteste Vorstellung ist nicht, sich in Armut zu glauben, sondern zu wissen, daß uns nichts fehlt." Die Argumentation des tragischen Denkers Rosset verläuft so: Es fängt damit an, daß der, der behauptet, ihm fehle etwas (selbstverständlich im ontologischen Sinne des Mangelns), aufgefordert wird zu sagen, *was* genau es ist, das er nicht hat. Im Laufe der gesamten Philosophiegeschichte ist es niemals gelungen, exakt zu formulieren, was fehlt; vielleicht weil - was aber Rosset nicht sagt - *es in dem Moment, in dem es ausgedrückt würde, schon da wäre* ... Dem ist aber hinzuzufügen, daß das Tragische ebenso sehr die Tatsache ist, daß dem Menschen nichts fehlt, wie die Tatsache, daß er niemals genug haben wird: aus der Konjunktion dieser beiden Tatbestände rührt die Tragödie, aus ihr erwächst und nährt sie sich. Weder Pessimismus noch Optimismus können dieses Paradox vollständig wiedergeben; stattdessen findet es seinen vielleicht besten Ausdruck im *Humor*. Aristoteles sah nicht vor, daß die Reaktion auf die Tragödie eine andere sein könnte als Mitleid und Furcht. Aber wer weiß: Vielleicht ist der wahre Weg zur Katharsis das Gelächter!

Fragt man einen Gelehrten, woran sich die tragische Intensität am besten zeigen lasse, wird er sich wahrscheinlich für die herzzerreißende Klage des Ödipus entscheiden, der - schon erblindet - die Enthüllung seines Geschicks in all seiner Bitterkeit auskostete: "Oh, meine Dunkelheit, Wolke, die du mich mit unsäglichem Grauen umgibst, unbezähmbar, unüberwindlich, ich Unglücklicher! Ich Unglücklicher, ich Unglücklicher! Wie mir der Stachel des Schmerzes, der Stachel der Erinnerung ins Fleisch dringt!". Für mich dagegen - und damit möchte ich enden - gibt es keine tragische Formel, in der Rätsel und Verzweiflung, Wahl und Schicksal besser ausgedrückt wären und aus der man zugleich eine transzendentale Ironie besser herauslesen könnte als in Antigones Antwort auf Kreons Aufforderung, die Feinde des Vaterlandes zu hassen: "Nein! Haß nicht, Liebe ist der Frau Natur."

Ethik und Sinn des Lebens

Von Javier Sádaba

I.

Zuallererst ein paar Worte zu Titel und Inhalt dieses Artikels. Der Titel ist - anders, als es auf den ersten Blick scheinen mag - nicht sehr originell. In einer Art Gebet, das Wittgenstein im Jahre 1916 in seinem "Tagebuch" festhielt, heißt es: "Ich weiß, daß der Wille gut oder böse ist ... daß beten heißt, an den Sinn der Welt zu denken ..." Er sagt dort noch viele andere Dinge. Worauf W. mit diesen lakonischen Sätzen jedoch abzielt, ist die Verbindung von Ethik und Sinn der Welt oder des Lebens (ich will mich hier nicht auf die vieldiskutierte und oft spitzfindige Frage einlassen, ob die Zeichenreihe "Sinn des Lebens" Sinn macht). Die Ethik (ich benutze "Ethik" und "Moral" als Synonyme) wird auf etwas projiziert, das - mehr oder weniger präzise - außerhalb von nach Art der in der menschlichen Gesellschaft vorstellbaren Entwürfe kodifizierbaren und programmierbaren Normen, Pflichten oder Geboten angesiedelt ist. Den Sinn dieser Projektion werden wir später noch sehen.

Damit ist geklärt, worauf sich der Titel bezieht. Ich will aber noch eine kleine Vorwarnung zum Inhalt des folgenden geben. Bei einer solchen Darstellung kann man sich, wenn man will, darauf beschränken, einen Überblick über eine für die augenblickliche Lage relevante Theorie, eine aktuelle Doktrin oder Thematik zu geben. Meistens läuft es darauf hinaus. Man kann sich aber auch für eine ganz bestimmte Theorie oder Position entscheiden, wobei die Frage der Auswahl ganz besonders deutlich und damit der Wille des Lesers herausgefordert wird. Da ich nun davon überzeugt bin, daß uns, die wir heute leben, ziemlich wenig Originalität zuteil wurde (wie Comte sagte, ist die Gesellschaft die Gesellschaft der Toten, d. h. auf uns lastet das erdrückende Gewicht der Geschichte und ihrer Ansammlung früherer Konstruktionen), habe ich den zweiten Weg gewählt. Ich werde also zwei ethische Modelle darstellen, zwischen denen am Schluß zu wählen sein wird. Dazu sind die beiden Modelle zunächst einmal zu skizzieren. Fangen wir also mit einer ersten Annäherung an.

II.

Für die *einen* ist die Ethik im Grunde Zusammenleben, rationale, kalkulierte, gemäßigte und vor allem *teleologische* Entwicklung von Sitten und Gebräuchen. Die Ethik als *mos* wäre demnach die einzige unter Menschen mögliche Ethik. Jeder Versuch, dem Unterschied zwischen Normen und Werten nachzugehen, erschiene den Vertretern dieser Richtung folglich pervers. Das Norm-Wert- und das Sein-Sollen-Problem wäre ein rein logisches Problem und damit hinsichtlich des wirklichen Inhalts der Frage zweitrangig. Wünsche erscheinen ihnen, weil sie den Graben zwischen Tatsachen- und Werturteilen auf ewig offenhalten und von dort passiv und wankelmütig klagen, wie eine metaphysische Krankheit, die darin besteht, das Einfache zu komplizieren und völlig unnötigerweise dort Fragen zu stellen, wo keine Antwort möglich ist.
Diese Ethik, die ich hier beschreibe, ist also die Ethik der staatsbürgerlichen Partizipation, des objektiven Geistes, des institutionellen Willens und nicht die der Launenhaftigkeit, die der *Sittlichkeit* und nicht die der *Moralität*, um

diese geheiligten Wörter zu benutzen. (*Nebenbei bemerkt* fällt hier die Einigkeit von anscheinend ganz verschiedenen Geistern auf. Liest man den Schluß von Carnaps großem Werk - "Der logische Aufbau der Welt" -, wo wir aufgefordert werden, uns des Bösen zu bedienen, um mehr Gutes zu erreichen, oder bedenkt man die wiederholten Aufrufe Russells, daß wir diese schreckliche Welt in die Arme schließen sollten, um so Gutes aus Bösem zu machen, welchen Unterschied findet man dann, im Hinblick auf unser Thema, zur dialektischen Vermittlung, bei der das Schlechte zu einer Stufe auf dem Weg zu einem höheren Gut wird? Aber fahren wir fort.)

Für *andere* wäre jedoch eine so verstandene Ethik völlig verkehrt. Sie wäre erniedrigt zu einem Pakt, zu einem gegebenen, aber nicht geglaubten Wort, zu Schein und nicht Sein, zu reiner Etikette. Die oben dargestellte Ethik wäre demnach die Moral des Argwohns (der Andere ist, nach der klassischen Formulierung, ein Wolf, und gerade, daß ich in ihm den Wolf erkenne, befreit ihn und mich. Dies scheint den Anhängern des zweiten Modells der Ethik skandalös, weil sie sich nicht erklären können, warum es solche Vorzüge haben soll, aus einem Menschen einen Wolf zu machen). Die Moral nach Modell 1 wäre also keine Moral; sie bestünde vielmehr darin, ein Mittel zur Selbstverteidigung zu liefern, nämlich die Kooperation der Herde, bei der das Motto "Jeder von uns gewinnt dabei" eigentlich bedeutet "Jeder verliert etwas weniger".

Nach der zweiten Auffassung von der Moral liegen offenbar die Werte nicht in den Tatsachen. Die Tatsachen sind neutral, gleichgültig gegenüber gut und böse, zufällig. Die Ethik wäre demnach keine *teleologische*, sondern eine *deontologische*. Und die Trennung von Sein und Sollen wäre eine unverzichtbare Voraussetzung, um weiter von Ethik sprechen zu können.

Dies war bis hierhin eine noch ziemlich schiefe, leblose Darstellung ohne größeren Anspruch. Wir müssen nun einen Schritt weiter gehen und die substantiellen Grundlagen der beiden Positionen aufzeigen. Am Ende werde ich, wie schon gesagt, meine eigene Meinung dazu erläutern, die keine Entscheidung für die eine und gegen die andere Alternative sein wird, sondern eine Synthese dessen, was mir in jeder der beiden wertvoll erscheint. Die Ethik wird sich so als eine *mehrdeutige* Ethik erweisen.[1] Ich werde die meines Erachtens notwendige Mehrdeutigkeit der Ethik verteidigen. Dafür werde ich den Begriff der Moral erweitern, um ihn mit anderen, verwandten Begriffen in Verbindung zu bringen, und zwar vor allem mit dem, was ich "Sinn des Lebens" nennen will. Die Beschäftigung mit letzterem ergibt sich also zwangsläufig aus meiner Wahl. Nachdem dies klargestellt ist, will ich also nun die beiden bisher nur skizzierten Ethiken näher erläutern.

III.

Das erste Modell der Moral - die teleologische Ethik (zur Abkürzung: E_1) - hat Aristoteles zum Gründungsvater, und zwar insbesondere den Aristoteles der *Nikomachischen Ethik.* Die Ethik ist für ihn nicht nur Wissenschaft - eine Wissenschaft im übrigen, die als praktische Wissenschaft nicht die gleiche Schlüssigkeit besitzt wie die theoretische Erkenntnis -, sondern auch eine *Technik* zur vollständigen Entfaltung der menschlichen Anlagen. Genau deswegen ist auch seine Tugendlehre von so großer Bedeutung: Die Tugenden sind eine Art Vermittler (oder, etwas gewagt ausgedrückt, transzendentales Schema) zwischen der bloßen Anlage und ihrer glücklichen Umsetzung

[1] Genau wie das Wort "Ethik" selbst.

oder Erfüllung. Glücklich sein heißt also sein, was man sein kann, und sein, was man sein kann, ist gerade das, was man *soll*. Der naturalistische Fehlschluß kommt hier nicht vor. Für ihn ist kein Platz. Sein und Sollen werden eins. Das glückliche Leben ist auch das gerechte Leben, das Leben, das den geradesten Weg zum Zielpunkt nimmt. (Nebenbei bemerkt kann es demnach nicht mehr überraschen, daß Aristoteles von einem Aspekt besessen war, der bei Interpreten seines Werkes meist wenig Beachtung findet, nämlich vom Aspekt des Todes. Wenn ich seine Worte richtig übersetze, dann sagt er, daß, falls wir von einem Menschen bis zu seinem Lebensende nicht sagen können, daß er glücklich ist, wir einem Menschen Glück oder Unglück nur noch zuschreiben können, wenn er sein Leben vollendet hat, d. h. wenn er gestorben ist. Dies aber ist ein Widerspruch: Nur Subjekten kann man Prädikate zuschreiben, und wo nichts existiert, läßt sich auch nichts zuschreiben. Aristoteles ist hier gewissermaßen auf die Frage nach dem Sinn des Lebens gestoßen, der uns beim Entwurf eines glücklichen Lebens verborgen ist. Aber machen wir zunächst einmal weiter.)

Gewöhnlich heißt es, daß bis zu Kant alle Ethik - mit ganz wenigen Ausnahmen - teleologisch war. Was nicht heißt, daß sie nicht unterschiedliche Argumentationsweisen enthielte. Auch die Schemata, auf denen der Teleologismus beruht, sind von ganz verschiedener Art. Ihr großer Verbündeter war im Grunde der Utilitarismus; ihr natürlicher Verbündeter wäre jedoch der Naturalismus. Und heutzutage versucht der Neo-Utilitarismus, der "gute Gründe" mit der Rückbesinnung auf Aristoteles vermischt, eine überzeugende Moral von "Nutzen und Vorurteilen" (wie Ferrater Mora sagt) zu konstruieren, eine Moral also, die weit entfernt ist von den strengen Kantischen Imperativen oder den überkommenen metaphysischen Lehren,

die unser Verhalten im Göttlichen, in Gott oder den Göttern verankern wollen.
Was läßt sich zu alledem sagen? Das soll im folgenden diskutiert werden. Zuvor will ich jedoch ein Zwischenspiel einfügen. Es war die Rede von Gott und den Göttern als möglichem Fundament der Moral. Das scheint mir nicht ganz von der Hand zu weisen, und bevor ich fortfahre, möchte ich dazu ein paar Sätze sagen.

IV.

Logisch betrachtet gibt es verschiedene mögliche Kombinationen der Ableitbarkeit und Vereinbarkeit von Religion und Moral. Historisch jedoch hat die Zurückführung der Moral auf die Religion und ihr Gegenteil am meisten Aufmerksamkeit gefunden. Dem läßt sich noch, berücksichtigt man Kierkegaard, der Standpunkt der Unvereinbarkeit der beiden hinzufügen. Was die mögliche Begründung der Ethik auf der Religion betrifft, so war es Platon, der sie - durch den Mund des Sokrates - beispielhaft thematisierte. Der platonische Dialog des *Euthyphron* stellt die wohl vollständigste klassische Widerlegung einer auf etwas anderem als der Religion begründeten Moral dar. Bartley III hat in *Moral and Religion* (1971) das "Dilemma des Euthyphron" - Ist etwas gut, weil Gott es will, oder will er es, weil es gut ist? - analysiert und kam einmal mehr zu dem Schluß, daß die Ableitung unseres moralischen Verhaltens aus Gott oder den Göttern sowohl die Moral als auch die Religion ruiniert. Was die Rückführung der Religion auf die Sittlichkeit betrifft, so hat sich in letzter Zeit vor allem Braithwaite sehr ausführlich damit befaßt. Seine Bemühungen sind jedoch rundum gescheitert. Sein willkürlich selektiver Entwurf hat nur wenige überzeugt. Bestenfalls dient er dazu, *einige* religiöse Ver-

haltensweisen verstehen zu helfen, nämlich gerade die, die mit moralischem Verhalten zusammenfallen. Das ist aber auch alles.
Kehren wir aber zur ersten Beziehung zurück, also zu der, die die Moral aus der Religion zu konstruieren - manchmal auch nur zu stützen, aber das ist dann wieder eine andere Frage - versucht. Ist das wirklich so "démodé" und unzeitgemäß, daß es keine Beachtung verdiente? Mitnichten. P. Geach hat kürzlich solide Argumente vorgebracht, um zu zeigen, wie die Moral ihre festeste Grundlage im "Reich Gottes in der Natur" hat. Das Moralgesetz hätte demnach also das Gesetz Gottes hinter sich. Ich teile seine Position nicht ohne weiteres. Denn um ihm zu folgen, müßte man zuerst an seinen - den christlichen - Gott glauben. Ich meine jedoch, daß ihr volle geistige Hochachtung gebührt und daß sie es wert ist, sehr viel sorgfältiger als üblich analysiert zu werden. Dies ist es, was ich hier festhalten wollte. Damit ist das Zwischenspiel beendet. Es ist an der Zeit, die Frage zu beantworten, die offen geblieben war und die sich auf die weiter oben gegenübergestellten Ethiken bezog.

V.

Die teleologische Ethik *(E_1)* wird unter die Gesellschaft subsumiert, zurückgestutzt auf die Menge der Handlungen - selbstverständlich: freier Agenten -, die in ihr vorkommen. Ihre vollständige Beschreibung ist daher eine gesellschaftliche Beschreibung. Sie wird also letztlich zur Soziologie reduziert. Die individuelle Ethik verliert infolge des Gesagten ihre Bedeutung, wenn sie nicht gar zu einem widersprüchlichen Begriff wird. Griffiger ausgedrückt: E_1 verfügt über einen Trick, der sich aus zwei Bewegungen zusammensetzt. Erstens schaltet sie alles aus, was nicht auf soziales Verhalten rückführbar ist. (Ethik und Sitte ist so das gleiche.) Ist dies vollbracht, dann ist der zweite *move* ganz einfach: Man bedient sich der üblichen Kriterien - wie etwa der gesammelten Erfahrung, der erwarteten resultierenden Nutzen und Kosten usw. -, um danach die fraglichen Moralkodizes oder -programme zu beurteilen. Will man *X*, dann ist *Y* oder *Z* das geeignete Mittel, will man *Z*, dann ist das geeignete Mittel *V* usw. Und damit ist man auch schon fertig. Die Ethik hat sich, scheinbar ganz einfach, verflüchtigt. Die großen alten Probleme - von denen eines das Humesche Gesetz war - werden zu alltäglichen Problemen, zu den in einer bestimmten Gemeinschaft auftretenden Problemen; da aber diese Gemeinschaft die unsere ist, sind diese nämlichen Probleme die einer wissenschaftlichen, kontraktualistischen, rationalen Politik nach offen zutage liegenden Kriterien, also weit entfernt von der - wie es heißt - Willkür des Subjektiven oder von den Utopien des Verrückten.

Es ist nun ganz natürlicherweise so, daß diese Haltung in eine ganze Weltanschauung eingebettet ist. Es handelt sich dabei um diejenige Auffassung von der Welt, nach der *das Positive* nicht nur am meisten, sondern *als einziges* zählt. Ohne hier eine erschöpfende Namensnennung bieten zu wollen: Es geht um die Ethik, die einer sogenannten kritischen, rationalen, offenen, wissenschaftlichen, possibilistischen, teleologischen, sozialvertraglichen usw. Philosophie angehört. Ihre Vertreter können im übrigen ganz verschiedene und sogar entgegengesetzte Meinungen über die konkreten Probleme innerhalb dieser einen Weltanschauung haben.

Diese Weltanschauung stellt sich uns sofort klarer dar, wenn wir E_1 mit der Frage nach dem "Sinn des Lebens" konfrontieren. Sehen wir uns dies einmal an: "Sinn des Lebens", werden die Vertreter von E_1 sagen, ist eine

Pseudo-Proposition. Wörter, Zeichenketten, die grammatikalisch gesehen korrekt, semantisch aber falsch sind, d. h. aus dem Zusammenhang gerissen, mit unklaren, unvollständigen Regeln. Ein neueres Beispiel für diese Haltung finden wir bei M. Bunge (*Teorema* 1976). Schon der Titel ist aufschlußreich: "Das Sein ist ohne Sinn, und der Sinn ist ohne Sein". Seine Klarheit ist allerdings dankenswert. Bedeutung oder Sinn, sagt Bunge - der hier als Paradigma für eine große Gruppe von Philosophen dient, die alle E_1 nahestehen -, hätten nur Propositionen oder Wörter, keineswegs aber Dinge, und daher sei es absurd, vom Sinn des Lebens, der Geschichte oder des Menschen zu sprechen. Die sind, was sie sind, und fertig. Sinn könne sinnvollerweise nur mit dem Sinn der Sprache verliehen werden; er werde auf dieser und nur auf dieser Ebene zugeschrieben. Entsprechend sei eine Handlung mit Sinn eine solche, die auf ein vorher festgelegtes Ziel gerichtet sei. Aber solche Handlungen müßten sich in bedeutungsgeladenen Propositionen beschreiben lassen. Wenn ich mich beispielsweise rasieren wolle und, anstatt den Rasierapparat zu benutzen, sänge, tanzte oder herumliefe, dann hätte das Singen, Tanzen oder Herumlaufen einen Sinn - in diesem Fall zwar einen schlechten Sinn, aber er ließe sich jedenfalls ohne Mißverständnisse in meiner Sprache darstellen. Etwas ähnliches liege vor, wenn ich sagte "Der Mond ist größer als die Sonne". Dieser Satz sei durchaus sinnvoll; er ist bloß falsch. Nicht mehr sinnvoll sei es dagegen, vom letzten oder absoluten Ziel oder vom Sinn des Lebens ganz allgemein zu sprechen, genauso wenig wie es - ganz analog - sinnvoll sei, von allen vollständigen Universen des Diskurses zu sprechen. Es gebe in diesen Fällen keine semantische Möglichkeit, den Sinn zu bestimmen. Soweit meine Darstellung dieser Position. Es wird niemanden überraschen, daß, wer das Unmögliche will, in der ewigen Gegenwart leben - das einzige Thema der Utopie, wie der alte Bloch sagte - usw., daß er von E_1 als irrational, metaphysisch, utopisch, chaotisch, ohne Programm ... dargestellt werden wird - die wohlbekannte alte Leier.

Im Grunde würde mir die Haltung, die E_1 zugrundeliegt, unangreifbar scheinen, wenn sie ihre Grenzen beachten würde, wenn sie uns mit Sancho Panza sagte, daß, wenn man nach Mehl geht, eine Mühle eine Mühle und kein Riese ist, oder mit Max Weber, daß man mit der Bergpredigt keine Politik machen kann (und zwar nicht nur keine Realpolitik, denn Politik und Realpolitik sind, nebenbei bemerkt, dasselbe). Leider begnügt sich aber meist E_1 nicht damit. Sie sagt mehr. Explizit oder implizit sagt sie, *daß alles, was darüber hinausgeht, weniger illegitim als vielmehr sinnlos ist: Zeitverschwendung*. Damit verfällt E_1 aber ganz schnell in einen Widerspruch, der sich zu verstecken sucht wie der Schwanz zwischen den Beinen. Nämlich in den folgenden: Es gibt doch einen Sinn, und zwar den, der darin besteht, die begriffsfähigen Unmittelbarkeiten zu leben. Auf diese Weise erhält der Ausdruck "Sinn des Lebens" erneut einen, *seinen* Sinn.

Es ist nicht leicht, Argumente gegen E_1 zu finden. Und die wir dann doch vorbringen, zerreißt sie vielleicht einen nach dem anderen in der Luft. Die Sache ist kompliziert. Man hat den Eindruck, als würde in zwei verschiedenen Sprachen gesprochen. Wie dem auch sei, *ich setze auf etwas anderes*. Ich glaube, die Ethik ist *nicht nur* das, was E_1 behauptet. Ich glaube, daß eine Ethik, die wie E_1 um eine ganze Reihe von Begriffen gekürzt ist, kein vollständiges Verständnis vom Menschen vermitteln kann. Deutlicher gesagt: Sie liefert uns den Schlüssel zu zwei Modellen vom Menschen und seiner Stellung in der Welt. Wir können uns nicht - wie Iris Murdoch - darüber beschweren, daß E_1 Begriffe wie Liebe, Hoffnung, Mitleid - *pace* Nietzsche - und sogar Sünde vergessen hat, Begriffe, die zwar nicht im strengen Sinne ethische sind, die aber doch die Moral umgeben, sie ergänzen. Dies führt uns schon zu E_2.

VI.

Das Paradigma für E_2 ist gewöhnlich der Kategorische Imperativ. Tugend sei demnach zu ethischer Strenge geworden; theoretische Vernunft und praktische Vernunft zwei getrennte Bereiche ohne jede Verbindung untereinander. Man braucht aber gar nicht bis ins 18. Jahrhundert zurückzugehen. Ohne die ontologischen Annahmen Kants und mit Hilfe der formalen Techniken unserer Zeit hat man versucht, eine rationale Begründung der Ethik - und der Politik - wiederzubeleben, die zugleich mit dem Utilitarismus vereinbar sein sollte. Auf diese Weise lassen sich die rigoristischen Exzesse des Kantischen Systems vermeiden. Ein solcher Fall ist der umstrittene Rawls. Das Ideal eines Urzustandes mit einem Höchstmaß an Freiheit - besser: an geteilter Freiheit - und Rationalität, aus dem sich ein moralisches Verhalten rational begründen läßt, hat in den vergangenen Jahren viel Aufmerksamkeit und Zustimmung gefunden. Ähnliches ließe sich auch sagen von der semantischen Begründung der Moral nach E. Tugendhat, der damit Rawls zu Hilfe kommen wollte. Ganz knapp zusammengefaßt geht Tugendhat folgendermaßen vor: Entweder wolle man rational sein, oder man wolle es nicht, wenn es darum geht, unser Handeln zu beurteilen. Wolle man es nicht, dann könne man, bitteschön, auch nicht davon sprechen, was moralisch - und noch viel weniger davon, was unmoralisch - ist. Für eine Begründung der Ethik bliebe also nur die Vernunft. Nun müsse sich aber diese an den Regeln für guten Sprachgebrauch und ihr Gegenteil orientieren. Und mit Hilfe dieser Regeln gelangten wir am Ende zu dem bekannten Universalitätsprinzip - zur Unparteilichkeit bzw. der Goldenen Regel der Kantischen Moral als einziger Garantie der Ethik.

Was soll man davon halten? Zunächst einmal ist selbstverständlich die Bemühung um eine formale Grundlage der Moral sehr lobenswert. Schon weniger akzeptabel ist die Behauptung, man habe sie gefunden. Und äußerst angreifbar ist schließlich die Reduktion der Moral auf vorher festgelegte Rationalitätskoordinaten. In diesem Punkt sind sich E_1 und E_2 näher, als es scheinen mag. Die rationale Moral von E_1 und E_2 schenkt den Begriffen keinerlei Beachtung, die ich als unverzichtbar für eine Auffassung von der Moral bezeichnet habe, die die Enge einer Gesellschaft gewordenen Ethik überwinden kann. Es kann daher auch nicht verwundern, daß die zuletzt vorgestellte Schule - zumindest in ihren aktuellen Ausprägungen - das Problem des Lebenssinnes auf ähnliche Weise behandelt. Die Vermutung ist nicht sehr gewagt, daß ihre Einstellung dazu im wesentlichen mit der weiter oben in dem Abschnitt über E_1 dargestellten übereinstimmt. Der Sinn des Lebens wäre demnach für E_2 entweder eine Paraphrase der von ihren Anhängern im voraus festgelegten Rationalität oder aber ein ebenfalls semantisch sehr dunkler Begriff.

Damit scheinen wir in einer Sackgasse zu stecken. Weder die teleologische noch die deontologische Ethik scheint zufriedenstellend. Gewissermaßen ist es auch so. Ich erkenne zwar die Notwendigkeit irgendwelcher Konventionen zur Herstellung irgendeines Zusammenlebens an, weigere mich aber, dies dann ohne weiteres die *ganze* Moral zu nennen. Andererseits akzeptiere ich zwar, daß es in der Ethik einen Bereich nicht weiter zurückführbarer Werte gibt, weigere mich aber, dies ebenfalls ohne weiteres ethische *Erkenntnis* zu nennen. Die Moral wird also *doppelköpfig bzw. zweideutig*. Das ist es, was ich vertrete. Wenn meine Interpretation richtig ist, dann hat L. Wittgenstein die Ethik so verstanden. Eine Darstellung seines Denkens kann also von Nutzen sein, um sie deutlicher zu umreißen. Ich werde diese Darstellung sehr knapp halten und die Kenntnis der Hauptzüge der Wittgensteinschen Philosophie voraussetzen.

VII.

W. hat nur selten über Ethik gesprochen. Und wir werden sogleich sehen, warum das so sein mußte. Wenn sich die Ethik als Wert, der Wert hat, nicht aussprechen läßt, dann kann man eben nur schweigen. Direkt von der Ethik hat er nur in einem ganz kurzen Vortrag - der geschriebene Text umfaßt nur neun Seiten - von 1930 gesprochen. Im *Tractatus*, seinem großen Frühwerk, kommt das Wort Ethik nur in drei Paragraphen vor. Hinzu kommt, was er uns indirekt in seinen äußerst interessanten und weitgehend unbekannten - 1967 erstmals publizierten - Bemerkungen zu dem Werk *The Golden Bough* des Ethnologen Frazer hinterlassen hat. (Zudem wird hier vorausgesetzt und weiter unten noch einmal betont, daß W. seine Ziele im wesentlichen beibehalten hat.) Für W. - und zwar sowohl für WI als auch für WII - steht der *Wert* - bzw. das Höhere oder Gott, in der Terminologie des *Tractatus* - außerhalb der Vorstellungskraft, außerhalb dessen, was durch sprachlichen Ausdruck faßbar ist.[2] Er ist das, was überhaupt nur Wert hat, und sofern er Wert hat, können wir ihn niemals in den Tatsachen finden. Deswegen ist es - ich wiederhole es - irreführend, die Bedeutung, die W. der Ethik zuge-

[2] Das war kein Unsinn, er "bezieht sich" auf das, was Wert hat. Aber es kann nicht die Rede davon sein, in diesen Bereich einzudringen.

steht, an der Anzahl der Wörter zu messen, die er ihr widmet. Gerade das Gegenteil ist der Fall. Als Beleg kommen hier die - zumindest in unseren Tagen - oft zitierten Bekenntnisse seines Freundes P. Engelmann gelegen, in denen dieser schreibt, daß das wichtigste im *Tractatus*, die Ethik, gerade in dem liegt, was *nicht* ausgesprochen, sondern nur angedeutet ist.

Tatsachen und Werte sind also unvereinbar. Nach den Annahmen des *Tractatus* über die Sprache ist das, was man erkennt, was man durch einen Satz darstellt, "ausmalt" oder abbildet, ein möglicher, externer und insofern zufälliger Sachverhalt, als er in jeden der beiden Pole des Satzes - nämlich Wahrheit oder Falschheit - münden kann. Daß ein Satz Sinn macht, heißt gerade, daß er etwas darstellen kann, das die Wirklichkeit später als wahr oder nicht wahr sanktioniert. *Während* man sich nun aber etwas über die Welt vorstellt, *zeigt* sich uns *eo ipso* jene andere, nicht faßbare Seite. Dies bezeichnete W. mehr oder weniger treffend als *das Mystische*, worin er die Ethik, die Ästhetik und die Religion einschließt. Er schließt sie ein ohne deutliche Abgrenzungen. Das ist aber keineswegs zufällig so. Es gibt einfach keine Möglichkeit, sich dem einen zu nähern, ohne sich auch den beiden anderen zu nähern. Sie zeigen sich letztlich nur in einer Art "Intuition", "Erfahrung" oder "Gefühl". Oder besser: Diese Erfahrung, die sich hervorrufen, aber nicht aussprechen läßt, diese besondere Art zu "sehen", bei der man das Ganze und nicht nur die in der Sprache ausdrückbaren Teile vor sich hat, findet ihre tiefste Bekundung im Schweigen. Angesichts der Ethik kann man letztlich nichts tun als schweigen. Zu diesem Schweigen paßt sehr gut das chinesische Sprichwort über die Wiedergewinnung des Friedens, in dem es heißt: "Der kürzeste Weg, um zu sich selbst zu kommen, geht durch die ganze Welt". Nach dem

langen Marsch bis an die Grenzen unserer Sprache gibt es für uns nämlich nichts mehr zu erkennen, aber indem wir so die Insel unserer Erkenntnis eingegrenzt haben, sind wir doch zumindest - und dies sind wieder die Worte von P. Engelmann - auf einen Ozean gestoßen.
Ist nicht aber völliges Schweigen zu viel verlangt? Das Mystische - so hieß es weiter oben - ist eine Art, die Welt zu sehen, wenn man erst einmal weise genug geworden ist, die Grenzen der Erkenntnis nicht zu übertreten. Das Mystische ist also die Schöpfung einer ganzen Welt durch einen Perspektivenwechsel. Dieser Gedanke sollte von einem großen Teil der Schüler Wittgensteins noch erweitert werden. Schließlich und endlich sprach dieser auch von dem, wovon man nicht sprechen kann, wie es im *Tractatus* heißt. Die Erregung durch das Wort, die unerwiderte Anrufung der Sehnsüchte wird nämlich im letzten Satz des *Tractatus* als das überhöht, "wovon man nicht sprechen kann", *wie man von den Dingen der Welt spricht.* Es wäre demnach nicht übertrieben zu sagen, daß schon im *Tractatus* die Möglichkeit einer irgendwie anderen Art von Sprache anklingt, um das Unaussprechliche - zu dem auch die Ethik gehört - zu sagen.
In seinem Vortrag zur Ethik, der später als die Veröffentlichung des *Tractatus* liegt, betont W., daß sich jene - die im übrigen als die Menge der aus dem Staunen über die *Existenz*, die *Erlösung* und die *Schuld* zusammengesetzten Erfahrungen dargestellt wird - nicht in die Sprache einkapselt, und zwar deswegen nicht, weil der Wert die Sätze gerade so überflutet, wie eine Gallone Tee das Täßchen, das sie aufnehmen soll - der Vergleich ist nicht von mir, sondern von W. selbst. Eine klare und präzise Sprache ist nur hilfreich, solange man sich auf die Welt bezieht. Für sonst nichts. Könnte man ein "großes Buch" schreiben - so sagt uns W. - über alle möglichen vergangenen, gegen-

wärtigen und zukünftigen Sachverhalte, würde man darin doch nichts über die Werte finden. Auf Tatsachen, so zahlreich und groß sie auch sein mögen, läßt sich nichts Wertendes gründen. Das wäre genauso lächerlich wie die Begründung einer Religion auf einem Supermann oder großen Zauberer. Unsere Erwartungen und unsere Befürchtungen blieben, auch wenn sie thematisiert würden, doch immer die gleichen.

Beenden wir hier die Betrachtung von WI und seiner Auffassung von der Ethik. Staunen, sich wundern und so handeln, wie es mir mein Wille eingibt, sobald ich die *ganze Welt* schaue, das sind die negativen Verhaltensregeln der Wittgensteinschen Moral. "Sei glücklich" und "Lebe die Gegenwart" sei das äußerste, was man sagen könne, ohne sich in einen konkreten Moralkodex zu flüchten.

Die Lage in WII ist etwas komplexer. Obwohl der Unterschied, soweit er unser Thema betrifft, nicht allzu groß ist, gibt es doch eine Nuancierung, die einen Vorteil bringt. Dem wollen wir uns jetzt zuwenden.

Es gibt eine endlose Auseinandersetzung darüber, inwieweit das Wittgensteinsche Denken kontinuierlich ist oder einen Bruch aufweist. Es ist noch nicht sehr lange her, da war es üblich, der These des Bruchs zuzuneigen. WI war demnach der Vater des logischen Positivismus; WII der der analytischen Philosophien. Diese vereinfachte Vorstellung läßt sich nicht mehr aufrechterhalten, unter anderem, weil wir heute über umfangreiches unveröffentlichtes Material aus der Übergangszeit verfügen. So kann man feststellen, daß WII zwar mit dem einheitlichen, universalen Modell der deskriptiven Sprache bricht, daß aber trotzdem seine Ziele die gleichen bleiben. Kantianisch verschlüsselt sind es die folgenden: Die Grenzen zu ziehen zwischen dem, was wir erkennen, und dem, was wir *nicht* erkennen, um so zu wissen, was wir erwarten können.

Am deutlichsten kommt diese Haltung des zweiten Wittgenstein zum Ausdruck in den schon erwähnten Bemerkungen zu dem Werk von Frazer, des Ethnologen, der zu Beginn des Jahrhunderts einen solchen Aufruhr verursachte. W. spricht dort von der Magie, von der Funktion der Symbole, von unserer (der sogenannten westlichen) Gesellschaft, die unfähig sei, diese Arbeit zu leisten, letztlich also vom Symbol *nicht* als Vehikel der abbildenden Erkenntnis, sondern als Ausdruck dessen, was - seit jeher gewußt - *nicht* unabhängig und objektiv draußen ist, was also weder wahr noch falsch ist. Was ist nun aber dieses so offenkundige, schon gewußte, das Wittgenstein das Interessanteste nennt? Dies sind seine Worte: Geburt, Geschlecht und Tod - Elliot's Trias.
Bestünde W. allein aus den genannten Bemerkungen zu Frazer, dann könnte E_2 sich damit brüsten, daß er zu ihr gehört oder ihr doch wenigstens näher steht als E_1. Tatsache ist jedoch, daß WII besser bekannt ist für die *Philosophischen Untersuchungen*, und darin ist die Ethik einfach ein Sprachspiel unter anderen und braucht sich daher nicht in irgendeiner speziellen Sprache einrichten, die uns dann das wirklich Wertvolle zeigen würde. Beides ist gewiß. Auf eine sehr synthetische Weise gesagt, die ich sogleich ausführen will, ist die Situation folgende: Einerseits glaubt WII weiter, daß das sich Wertvolle jeder *normalen, gewöhnlichen* Sprache entzieht. Andererseits ist die Ethik als Sitte, als Lebensform, die der Mensch in seiner natürlichen Geschichte verwirklicht, den ganz normalen Umständen eingeschrieben, in denen sich das Leben und seine Formen abspielen. Dies ist die *Zweideutigkeit*, von der weiter oben die Rede war. Nach der ersten Position läßt W. nicht ab von diesem moralischen Punkt und den damit verwandten Begriffen, die alles umhüllen und sich den üblichen Konventionen entziehen; nach der zweiten ist die

Ethik in jedem ethisch-politischen Kodex und Programm enthalten, von dem menschliche Gesellschaften geformt werden. Im folgenden soll der zweite Teil etwas näher erläutert werden, die Ethik der Sitten in WII, um dann wieder auf die zurückzukommen, die uns am meisten interessiert, die Schweigen war im *Tractatus* und Mythos oder Symbol in den Bemerkungen zu Frazer, welche interessanterweise sein ganzes Leben durchziehen, da er sie 1931 zu schreiben begann und 1948 beendete.

VIII.

Worin besteht nun der Wandel hinsichtlich der Sprache in WII? Es gibt in WII nicht mehr die eine, einzige und verglichen mit jeder anderen Ausdrucksform allmächtige Sprache. Stattdessen gibt es nun, in WII, ebenso viele Sprachen, wie Funktionen, Ziele und Absichten in der Geschichte der menschlichen Gemeinschaften auftreten. Sätze sind nur eine dieser möglichen Sprachen und nicht mehr die Basis, auf der das ganze Sprachgebäude beruht. Die Wörter sind in dieser neuen Fassung wie Werkzeuge, die in jeder "Lebensform" oder in jedem "Sprachspiel" Leben, d. h. Bedeutung erlangen. Sinn oder Bedeutung wird also nicht mehr wie vorher durch die Proposition vermittelt, sondern durch das, was W. unter dem Namen "Sprachspiel" bekannt machte. Man versteht ein Spiel bzw. eine Lebensform, indem man die Regeln beobachtet, die in einer bestimmten Praxis existieren. Es gibt also nicht mehr im Denken erfaßte Wesenheiten, einfache, wohl abgegrenzte Tatsachen. In WII ist alles offen, analog, abhängig vom Kontext, von den Gegebenheiten, den Erwartungen und Absichten der Menschen.
Aus dieser Sicht ist die Ethik eins von vielen Sprachspielen, ein Sprachspiel wie jedes andere auch, wie z. B. das

Ableiten von Theoremen, das Singen von Opern oder das Beten. Es ist klar, daß diese Ethik der möglichen Kombinationen des Zusammenlebens der Menschen (obwohl sie, nebenbei bemerkt, schon einen so notwendigen universalen Wert andeutet wie die Voraussetzung der Wahrscheinlichkeit, damit die Kommunikation überhaupt stattfindet, die jede einzelne Sprache oder auch die Idee des Sprachspiels selbst durchziehen soll, nicht als Wirklichkeit, die sich mir entgegenstellt, sondern als Möglichkeit zum Genuß aus der Unerfülltheit dessen her, der sie nicht lebt, usw.) noch auf dem Niveau von E_1 bleibt. Sie umfaßt also vor allem jene Vorstellungen nicht, die ich in Ermangelung eines besseren Ausdrucks "Sinn des Lebens" oder der Existenz genannt habe. Genau deswegen will ich zurückkommen auf W.'s Bemerkungen zum *Golden Bough*. Sie helfen uns dabei, jenes Komplement zu finden, das ich für unverzichtbar in der Ethik halte. Ich komme damit zum letzten Teil dieser Arbeit.

IX.

Einiges ist schon gesagt. Es geht jetzt darum, dies zunächst zu erweitern, um dann unsere Überlegungen fortzuführen. Aus dem weiter oben Ausgeführten und besonders aus den Bemerkungen zu Frazer ergibt sich, daß es für W. einen Bereich gibt - den nämlich, der im *Tractatus* mit Schweigen bedeckt war -, in dem das angesiedelt ist - *sit venia verbo -, was Wert hat* und was eben deswegen von uns besondere Spannung verlangt, um uns damit vertraut zu machen. Anders ausgedrückt: Es handelt sich um das, was, weil es uns immer ganz nah ist, weil es nicht wie jede beliebige Tatsache in der Welt darstellbar ist, sich in Stammeln verwandelt, wenn es gesagt werden will, sich entzieht wie - auch dieses Beispiel ist von W. - das

Wissen von meinen Schmerzen. Gerade weil ich sie habe, sind sie so sehr mein, daß ich keinen Abstand von ihnen nehmen kann, daß es keinen Sinn macht zu sagen, ich wüßte, daß ich Schmerzen habe (sofern wissen im üblichen Sinne verstanden wird, also in dem Sinne, daß man zugleich immer die Möglichkeit des Irrtums eingesteht). Die Spannung hinsichtlich des Wertvollen, dessen, was über allem steht - und nicht darunter, wie die meisten Mitglieder des Wiener Kreises glaubten -, werde nicht durch die Sprache der Wissenschaft ausgedrückt, sondern durch solche Formen wie Mythos und Poesie.

Das ist auch der Grund, warum W. die Magie nicht für ein vorwissenschaftliches oder vorkulturelles Geschehen hält, wie der Ethnologe glaubte, der - unfähig, die eigene Gesellschaft abzuschütteln, seine Begriffe auszudehnen (und zu *dehnen)* - den Primitiven für kindisch oder idiotisch hält. Nichts wäre falscher. Aus der Magie müssen wir das Tiefe retten, sagt W. an der gleichen Stelle. Es ist die Tiefe der Majestät oder der Macht des Todes, dessen was uns - ich wiederhole es -, weil wir es wirklich wissen, am meisten interessiert und was, wie schon gesagt, mit jenen drei Angelpunkten - Geburt, Sex und Tod - zu tun hat, die sich mit den drei nicht weniger wichtigen Erfahrungen des Vortrags über Ethik - Existenz, Erlösung und Schuld - verflechten. Frei übersetzt: Individualität gegenüber der Welt, libidinöse Erregung oder Ruhe und das Ende aller Erfahrungen.

Die Ethik muß sich dieser Art von Erfahrungen anschließen, wenn sie nicht absorbiert und verwässert werden will. Die Ethik braucht also andere Ausdrucksformen. Sie braucht das Symbol, das auf nichts äußeres gerichtet ist, das sich nicht an der Dynamik "Frage bzw. Hypothese - Antwort bzw. empirische Widerlegung" der Wissenschaft und des *common sense* beteiligt, das also nicht fragt in der üblichen Bedeutung von fragen, sondern das den fragenden öffnet, bis er in der Melancholie der reinen Einsamkeit versinkt. Ich habe schon gesagt, daß in unserer Gesellschaft die Verwunderung, das Staunen und Ahnen, das in anderen vom Mythos übernommen wird, wohl am besten in der Poesie umgesetzt wird. Aber nicht nur in der Poesie. Auch andere, ähnliche Symbolisierungen - wie etwa die religiöse - kommen uns zu Hilfe. Dann aber begibt sich die Ethik in eine Sphäre, in der das Religiöse (im weiteren Sinne des Wortes, den ich hier nicht im einzelnen darlegen kann), das Ästhetische und jene anderen Begriffe wie die Liebe, die Hoffnung - oder die Verzweiflung -, die Leidenschaft usw. (die sich sicher nicht in irgendeinen konkreten Moralkodex einzwängen lassen) einen unausweichlichen Hintergrund bilden ... unausweichlich, wenn man dem Menschen eine bestimmte Dimension geben will. Dies genau ist das Wort: Dimension.

X.

Ich komme zum Schluß. Es gibt, so sagte ich, eine gewisse Art, die Welt zu *sehen*. Wer die Fähigkeit verloren hat, Mühlen zu Riesen oder Schenkenwirte zu Schloßvögten werden zu lassen, der hat natürlich auch die Fähigkeit verloren, die Welt auf eine bestimmte Weise zu *betrachten*, in sie einzubrechen, ihr Wert zu verleihen und ihr einen Sinn zu geben, den sie andernfalls nicht hat. Der "Sinn des Lebens" ist folglich auch keineswegs ein Ausdruck mit der deskriptiven Inhalten eigenen Semantik. Es ist im Gegenteil das Anrennen gegen die Grenzen des Wissens; gerade dabei entsteht der Respekt, das Staunen und die Trauer angesichts dessen, was man *nicht* weiß.
So unterschiedliche Philosophen wie Kant oder Mill haben versucht, dem Glauben einen Platz zu verschaffen, indem

sie dort kratzten, wo andere das Wissen verortet hatten, und sich ein Eckchen für die Hoffnung schufen. Es kann hier nicht darum gehen, dies zu wiederholen. Sehr wohl aber können wir uns mancher Begriffe bedienen, die, losgelöst aus dem Systemzusammenhang, der sie hervorgebracht hat, recht nützlich sein können. Dies gilt etwa für die sogenannten (Kantischen) Illusionen der Vernunft. Die Illusion hat jedoch einen schlechten Ruf. "Schwärmerisch" klingt - wie "naiv" - nach Dummheit oder Unreife. Freud hat - neben anderen - nicht unerheblich zu dieser Interpretation beigetragen. Aber auch die Illusion hat - wie die Magie - einen Kern, der Rettung verdient. Dieser Kern hat mit jenen Aspekten menschlicher Existenz zu tun, die zwar nicht darstellbar sind (da sie nicht zum Bereich der feststellbaren Erfahrungen gehören), die aber trotzdem *nicht*-partielle Warthaltungen aufzeigen, die ein *ganzes* Leben hinterfragen, ohne sich auf dieses oder jenes Teilstück der Welt zu beschränken. Es ist - ich sage es noch einmal - weniger Frage als Staunen und Verwunderung. Und wenn es dabei um etwas Außergewöhnliches geht, dann nicht, weil es magisch, großartig oder phantastisch wäre - so etwas wie Platons doppelte Welt. Nein. Sondern vielmehr, weil es uns in völlige Unwissenheit versetzt, in die größte aller Einsamkeiten. Deswegen wirkt in solchen Fällen die Sprache wie verloren, bricht ab in dem Augenblick, in dem man eine gewöhnliche Proposition aussprechen will.

Es ist schließlich der radikale Skeptizismus angesichts der reinen Negativität. Angesichts des Ozeans dessen, was wir *nicht* Wissen. In diesem Eckchen befindet sich die Hoffnung. Oder auch, mit gleichem Recht, die Verzweiflung. Sich weder einer monolithischen (oder monotheistischen) Vernunft zu unterwerfen, die in ihrer Begierde, alles zu umfassen, am Ende nur sich selbst gebiert, noch einem

Denken, daß sich mit dem begnügt, was es empirisch lösen kann, das also ist das Innerste jener *Sinnethik*. Es sei mir gestattet, mit dem Zitat eines Autors zu schließen, den ich sehr schätze und der mir äußerst aktuell scheint, nämlich Horkheimer: "In einer wirklich freien Sensibilität (man beachte, daß Sinn von *sentire* kommt) wird der Begriff des Unendlichen aufgenommen als Bewußtsein von der Endlichkeit des menschlichen Geschehens und von der unabänderlichen Verlassenheit des Menschen; auf diese Weise wird die Gesellschaft vor abgeschmacktem Optimismus bewahrt und davor, das eigene Wissen zu verehren, als wäre es eine neue Religion." Oder, um es im weniger zurückhaltenden Ton eines Volksliedes zu sagen: "Das Leben scheint mir traurig, wenn ich zu hoffen beginne. Hoffnung ist oft nichts anderes als der Wunsch nach einer Verschnaufpause."

Gerechtigkeit als Glück

Von Esperanza Guisán

Die These, die ich hier verteidigen möchte, ist ein bißchen gewagt und wird vielleicht Widerspruch provozieren. Trotzdem bin ich davon überzeugt, daß es eine fruchtbare These ist, die Licht auf die verzwickten Probleme der moralischen Rechtfertigung der *Gerechtigkeit*, auf das Gerechtigkeitsgefühl und die herausragende Rolle werfen kann, die das "Glück" - ein vieldeutiges Wort, das sich gelegentlich ohne weiteres durch "Interessen", "Wünsche" usw. ersetzen ließe - in der Argumentation im Rahmen der Ethik oder der politischen Philosophie spielt.

Mein Vorschlag, den ich zunächst hier etwas dogmatisch vorgestellt habe, ist folgender.

1. Gerechtigkeit ist nicht, wie von Rawls nahegelegt wurde, ausschließlich als *fairness* zu verstehen, sondern in erster Linie als ein Instrument, das zu *happiness* führt. Der passende Titel für diesen Aufsatz wäre - in englischer Übersetzung - *Justice as Happiness*, als Gegenstück zu Rawls' berühmter Arbeit *Justice as Fairness*.

Es wäre allerdings eine allzu große Vereinfachung, jetzt der Rückkehr zu einem naiven, grobschlächtigen Utilitarismus das Wort zu reden. Die These, die ich hier verteidigen will, hat ihre Wurzeln ebenso in Bentham wie in Platon, in Mill wie in Kant, in Hare wie in Habermas.

Kurz gesagt - ich hoffe dies im weiteren erklären zu können - ist die Gerechtigkeit ist nichts anderes als das Instrument, das allgemeines Glück ermöglicht, oder der Dialog zwischen rationalen Wesen, der die Umsetzung allgemeinerungsfähiger Interessen zum Zweck hat.

2. Die Kehrseite der Medaille, die ich hier vorführe, besagt gleichzeitig - wiederum in der Nachfolge von Mill und Platon -, daß eine wichtige Komponente des "Glücks" der Gerechtigkeitssinn ist. Das ist gleichbedeutend damit, daß nicht jeder Zustand von "Zufriedenheit" oder "Einverständnis" der Menschen zählt. Es wird also - selbstverständlich mit Behutsamkeit - die Ansicht vertreten, daß Glück nicht einfach ein subjektiver Zustand ist; vielmehr bin ich, da ich mich u. a. auf Positionen wie die von Piaget, Kohlberg und Habermas stütze, der Meinung, daß sich der Mensch in einer Weise entwickeln und verbessern kann, die ihn mindestens bis zu Kohlbergs Stufe 6 führt, da das Selbstwertgefühl, wie ich es interpretiere, wichtigstes Element von Glück ist. Oder sogar bis zu der von Habermas vorgeschlagenen Stufe 7,[1] wo die Vorstellung von dem, was man als erstrebenswert und als Gegenstand von Interesse (bzw. Glück) ansieht, in der kommunikativen Interaktion gebildet wird.

In der Konzeption, die ich von *justice as happiness* vorschlage, bezieht sich *happiness* also auf den Zustand, den die am höchsten entwickelten Individuen erreichen, für die sowohl das *mono-logisch* erzeugte Selbstwertgefühl zählt als auch die Tatsache, daß sie als Ergebnis des *Dia-logs* verallgemeinerungsfähige Interessen mit anderen teilen.[2]

3. Im übrigen ist, wie ich ebenfalls zu zeigen hoffe, *last but not least* "Gerechtigkeit" entweder ein abstraktes Wort

[1] Vgl. McCarthy, The Critical Theory of Habermas, London: Hutchinson 1978, S. 344; Habermas, Moralentwicklung und Ich-Identität, in: ders., Zur Rekonstruktion des Historischen Materialismus, Frankfurt a. M.: Suhrkamp 1976, S. 83 für sein Schema zu "Rollenkompetenz und Stufen des moralischen Bewußtseins".

[2] Zur Gegenüberstellung von monologisch und dialogisch erzeugten Einstellungen vgl. Habermas a. a. O. S. 84 f.

ohne jede Bedeutung oder die bloße Feststellung eines menschlichen Desideratums. Die verschiedenen Theorien der Gerechtigkeit sind, anders ausgedrückt, unterschiedliche Modelle dafür, wie man Gesellschaften mit glücklichen Individuen erzeugen kann. Entsprechend sind die verschiedenen Vorschläge dazu, was Gerechtigkeit ist, im nachhinein betrachtet, eigentlich Vorschläge dazu, was eine "wohlgeordnete", harmonische, angepaßte, kurz gesagt "glückliche" Gesellschaft ist.

Glück als Ziel von Gerechtigkeit

Was den ersten Punkt meines Vorschlags betrifft: Er ist keineswegs neu. Spätestens 1798 hatte schon Godwin im Rahmen einer gemäßigt anarchistischen Auffassung von Gerechtigkeit auf den Zusammenhang zwischen Gerechtigkeit und Glück hingewiesen:

"By justice", so stellt er fest, "I understand that impartial treatment of every man in matters that relate to his happiness."[3]

Und in seiner einleitenden Zusammenfassung heißt es:

"Justice is a principle which proposes to itself the production of the greatest sum of pleasure or happiness.
Justice requires that I should put myself in the place of an impartial spectator of human concerns...
Justice is a rule of the utmost universality, and prescribes a specific mode of proceeding, in all affairs by which the *happiness* of a human being may be affected."[4]

Die *Gerechtigkeit als Glück*, wie ich sie vorschlage, hebt gleichzeitig zwei Elemente hervor, die ich seit langem

[3] Godwin, Enquiry Concerning Political Justice (1798), Buch II, Kap. II, Penguin Books 1976, S. 169.
[4] Ebd. S. 76; Hervorhebung hinzugefügt.

schon immer wieder betont habe: Glück und Unparteilichkeit *(happiness and fairness)*.

Das heißt, daß Gerechtigkeit dann sinnvoll ist, wenn sie den kollektiven Interessen dient, daß diese kollektiven Interessen ihrerseits aber nur dann moralisch relevant sind, wenn sie, wie Habermas es nennt, "verallgemeinerungsfähig" werden. Mit Rousseau könnte man auch sagen, daß Gerechtigkeit das umzusetzen bestrebt ist, was die *volonté générale* vorschreibt, wobei natürlich dieser "allgemeine Wille" nicht mit der Summe der individuellen Willen gleichzusetzen ist.[5] Auch Piaget gibt dem - treffsicher - Ausdruck, wenn er zwischen "gegenseitigem Übereinkommen" und "gegenseitiger Achtung" unterscheidet:

"Die Persönlichkeit ist das Gegenteil des Ichs, und das erklärt, warum die gegenseitige Achtung zweier Persönlichkeiten eine wirkliche Achtung ist und nicht mit dem gegenseitigen Übereinkommen zweier individueller 'Iche' zu verwechseln ist, die fähig sind, im Bösen wie im Guten zusammenzugehen."[6]

Ebenso sind allgemeines Glück bzw. geteilte Interessen von ganz besonderer Art, die man als "moralisch" bezeichnen könnte.

Diese Auffassung des Glücks als "moralisch" tut seiner hedonistischen Komponente keinen Abbruch, sondern verstärkt sie eher noch. Auf diesen Punkt will ich aber erst im nächsten Abschnitt näher eingehen.

Hier geht es zunächst darum herauszustellen, daß die Verteidigung von *justice as happiness* als erstes die Erklärung der benutzten Begriffe verlangt.

Daran zeigt sich übrigens wieder die Bedeutung der sprachlichen Analyse und Erklärung in der Philosophie. Wer der zeitgenössischen angelsächsischen Philosophie

---

[5] Vgl. bes. Rousseau, Du contrat social, Buch II, Kap. III.

[6] Piaget, Das moralische Urteil beim Kinde, Frankfurt a. M. 1973, S. 103..

den Vorwurf macht, bloß "analytisch" zu sein, erliegt zwei schweren Irrtümern. Erstens wird in der zeitgenössischen angelsächsischen Philosophie sehr viel mehr getan, als nur Begriffe und Termini zu analysieren. Und zweitens ist das Bemühen um die "Analyse" und Erklärung unserer moralischen und nicht-moralischen Ausdrücke keineswegs eine britische Erfindung. Für diejenigen ohne historisches Gedächtnis sei daran erinnert, daß die Philosophie Platons, insbesondere in den platonischen Dialogen der sokratischen Periode, ein erster, fruchtbarer Versuch der "Analyse" dessen ist, was wir mit unserem gewöhnlichen Gebrauch ethischer Ausdrücke meinen.

Ich will hier jedoch nicht eine Verteidigung der philosophischen Analyse klassischer oder moderner Prägung betreiben. Es geht mir hier nur um den Hinweis, daß im Fall der Auffassung von "Gerechtigkeit als Glück" - wie in vielen anderen Fällen auch - der Grund für Meinungsverschiedenheiten in dner Mehrdeutigkeit der benutzten Termini zu suchen ist. Ich meine, mit anderen Worten, daß der Unmut, den eine "Gerechtigkeit" hervorrufen mag, deren Zweck es ist, Werkzeug und Instrument im Dienste der Erzielung menschlicher Befriedigung zu sein, gerade aus Mißverständnissen und meines Erachtens keineswegs korrekten Interpretationen der in meinem Vorschlag verwendeten Begriffe herrührt.

Die Analyse der Mißverständnisse, zu denen der Gebrauch von "Glück" in einem ethischen Vorschlag Anlaß geben kann, wäre eine allzu mühsame Aufgabe. Ich möchte dazu in aller gebotenen Kürze nur erläutern, was ich darunter *nicht* verstehe und was ich *tatsächlich* damit meine. Dazu will ich gleich auch sagen, daß ich den Ausdruck ohne weiteres auch durch einen anderen ersetzen würde, wenn es denn einen passenderen gäbe. (Der Vorschlag Hares, "Glück" durch *Interesse* zu ersetzen, scheint mir sehr bedenkenswert; oder auch der von Nowell-Smith, sogenannte *pro-attitudes* zur Grundlage der Ethik zu machen.) Solange der Geist meines Vorschlags beibehalten wird, habe ich keine besondere Vorliebe für irgendeine bestimmte Formulierung. Der einzige Grund, warum ich den Ausdruck "Glück" wenn möglich beibehalten möchte, ist mein Wunsch, damit meine flammende Bewunderung für John Stuart Mill auszudrücken, der es meines Erachtens durch den Gebrauch dieses Ausdrucks meisterhaft verstand, *Desiderata* wie individuelle Freiheit und die Erfordernisse des Zusammenlebens miteinander zu verbinden.

Zunächst einmal:

1) Ich verstehe unter "Glück" nicht jegliche Art individuellen Genusses oder individueller Befriedigung, sondern nur solche tieferer und dauerhafterer Art;

2) das "Glück", das hier als Terminus für und Zweck von Gerechtigkeit empfohlen wird, bezieht sich nicht allein auf das Glück des Agenten einer bestimmten Handlung, sondern auf das aller davon Betroffenen; und

3) das "kollektive Glück" bzw. das "größte Glück der größten Zahl", um die klassische Formulierung zu gebrauchen, wird hier nicht bloß als die arithmetische Summe individueller Befriedigung verstanden, sondern als das Erreichen "verallgemeinerungsfähiger" Zwecke (nach Habermas), die von den Einzelwillen im Laufe der kommunikativen Interaktion als wünschenswert erkannt werden.

Der gerechte Staat als glücklicher Staat

Zum Schluß möchte ich zumindest kurz und skizzenhaft die zu Beginn dieser Arbeit genannte dritte Implikation einer Auffassung von Gerechtigkeit als Glück erläutern.

Wie weiter oben schon angedeutet, entsprechen die verschiedenen Vorstellungen vom "gerechten Staat" ungefähr den verschiedenen Auffassungen vom "glücklichen Staat". Um hier nicht zu wiederholen, was ich anderswo schon gesagt habe,[7] verweise ich auf jene Arbeit, in der ich zu zeigen versucht habe, daß Platons *Staat* eine Abhandlung über das "Glück" sowohl auf individueller als auch auf kollektiver Ebene ist.
Schließlich sind die verschiedenen Auffassungen vom "Glück" keineswegs unschuldig, neutral oder zufällig. Im allgemeinen hängt das, was man für andere und auch für sich selbst unter Glück versteht oder als solches postuliert, von weiteren ideologischen Postulaten ab. Andererseits nähren sich ideologische Postulate auch aus unserer Vorstellung vom individuellen oder kollektiven menschlichen Glück.
Was die von mir vorgeschlagene These von der Gerechtigkeit als Glück hervorheben will, ist, daß alle mehr oder weniger utopischen Projekte, die *Polis* nach den Regeln der Gerechtigkeit, der Gegenseitigkeit usw. zu formen, nichts weiter sind als Versuche zu definieren, was gut für die Gemeinschaft ist. was gesellschaftliche Konflikte vermeidet.
Nun ist es so - und dies ist zwar eine Randbemerkung, sollte deswegen aber nicht als irrelevant betrachtet werden -, daß das Glück tausend Gesichter hat und daß man nicht einmal für eine sehr kurze Zeitspanne das Modell einer glücklichen, völlig zufriedenen Gesellschaft entwerfen kann. Nicht nur, weil die sozio-ökonomischen Bedingungen in jedem Moment der Geschichte eine Reihe von Erfordernissen und "Bedürfnissen" mit sich bringen, sondern auch, weil es häufig menschliche Forderungen und Be-

---

[7] Guisán, Aproximación analítica al pensamiento platónico, Santiago de Compostela 1982.

dürfnisse unterschiedlicher Provenienz sind, die wirtschaftliche und gesellschaftliche Veränderungen erzwingen. Es handelt sich hier zweifellos um eines der umstrittensten und heikelsten Themen der Moral- und Sozialphilosophie, das sich nicht in so wenigen groben, rudimentären Strichen abhandeln läßt, wie ich sie hier vorgezeichnet habe.

Das Gesagte mag aber ausreichen, um uns die Komplexität des Begriffs "Glück" und den ununterbrochenen ewigen Kampf um die Definition und Abgrenzung dieses Begriffes bewußt zu machen.

Das einzige, das ich hier behaupten will, ist - wie eingangs schon gesagt -, daß entweder die Entwürfe des gerechten Staates letztlich darauf abzielen, das größte Glück der größten Zahl zu gewährleisten, oder daß andernfalls "Gerechtigkeit" zu einem leeren, rein formalen Begriff wird, der dazu dient, Gesellschaften der unterschiedlichsten Art miteinander zu verbinden. Denn - wie man auf die eine oder andere Weise schon gesehen hat - macht es nur dann Sinn, *faire Verteilung* zu betonen, wenn man zugleich auch an einen Gegenstand denkt, dessen Verteilung wünschenswert ist. Das heißt: Solange wir keine Theorie über das Gute besitzen, ist eine Theorie der Gerechtigkeit sinnlos. Anders ausgedrückt kann eine Theorie der Gerechtigkeit ihren Platz nicht innerhalb einer bloß deontologischen, sondern nur innerhalb einer teleologischen Auffassung von Ethik finden. Pflicht um der Pflicht willen oder Gerechtigkeit um der Gerechtigkeit willen lassen sich niemals rational, sondern nur durch Verweis auf Intuitionen rechtfertigen.[8]

Aus dieser Sicht ist eine Theorie des gerechten Staates bewußt oder implizit eine Theorie darüber, wie der Staat Ga-

[8] Vgl. Albert, Etica y metaética, Cuadernos Teorema, Valencia 1978, S. 48.

rant des Glückes seiner Bürger ist, sein sollte oder sein kann.

Hier ist jedoch nicht der Ort für eine detaillierte Untersuchung der verschiedenen Auffassungen von Gerechtigkeit und ihrer hedonistischen, universalistischen Implikationen. Um nur ein Beispiel zu nennen, will ich mich mit der Feststellung begnügen, daß sowohl Platon in der antiken Welt als auch Marx im 19. Jahrhundert sowie Rawls von einem neoliberalen Standpunkt aus zugleich eine Theorie der Gerechtigkeit und eine Theorie des menschlichen Glücks erarbeitet haben, wobei beide wiederum untrennbar verbunden sind mit einer Theorie von der menschlichen Natur und vom Zusammenleben in Gesellschaft.

Die Vorstellung von "Gerechtigkeit als Glück" mag allzu einfach scheinen. In gewisser Weise *ist* sie es auch; und zwar mit Absicht, denn ich wollte - ohne die Komplexität der Probleme, die die Gerechtigkeit aufwirft, zu unterschätzen - einen entscheidenden Punkt betonen, der gewöhnlich unbemerkt bleibt, nämlich daß *Gerechtigkeit niemals ein Zweck* ist, sondern immer ein Mittel. Zwar ist vollkommenes menschliches Glück nicht möglich, wo es keine Gerechtigkeit gibt, aber Gerechtigkeit ist ethisch gesprochen nicht "mehr" bzw. ist nicht relevanter als das, was als ihr Korollar anzusehen ist: als das *Wohlergehen* (so vieldeutig der Ausdruck sein mag) derer, die vermeintlich gerechte Gesetze innerhalb gerechter Ordnungen und "wohlgeordneter" Gesellschaften schaffen, anwenden und befolgen.

Bei näherem Hinsehen ist vielleicht mein Vorschlag von "Gerechtigkeit als Glück" wenig originell und bedeutet nicht mehr als die Wiederaufnahme einer Diskussion, die gezwungenermaßen für beendet erklärt hatte. Einer der wichtigsten Zwecke, die ich mit diesem Vorschlag verbinde, ist es, einen Beitrag zu leisten zur Verdeutlichung der

Tatsache, daß der Begriff der Gerechtigkeit als Unparteilichkeit zumindest übertrieben und fälschlicherweise formal sowie sozial unfruchtbar ist.
Im übrigen will die "Gerechtigkeit als Glück" etwas wichtigeres, als nur eine Gerechtigkeitsvorstellung in Frage zu stellen, die derzeit meines Erachtens unverdiente Popularität genießt. Was ich hier, wenn auch vielleicht sehr unvollkommen, versucht habe, war, die viel wichtigere Diskussion über das Problem der *Rechtfertigung* der Gerechtigkeit und der Moral selbst in Gang zu bringen. Damit hoffe ich aber auch den Boden bereitet zu haben für eine eventuelle rationale Erklärung des Rechtfertigungsmodells der Macht. Dies will ich im folgenden etwas näher erläutern.

Schlußüberlegungen

Als Schlußbemerkung möchte ich hinzufügen, daß der Vorschlag, den ich im vorangegangenen entwickelt habe, nicht nur ein weiterer Beitrag zu einer langen und scheinbar müßigen Debatte zwischen mehr oder weniger unterbeschäftigten Philosophen über den teleologischen bzw. deontologischen Charakter der Ethik sein will.
Ich bin der Ansicht, daß eine Vorstellung von "Gerechtigkeit als Glück" eine unmittelbare praktische Auswirkung auf unsere Vorstellung vom Handeln der öffentlichen Gewalten und dessen Bewertung hat.
Meine Theorie der "Gerechtigkeit als Glück" erweist sich also letztlich als verbunden mit einer Theorie der Macht. Da ich mit Mill oder Russell der Meinung bin, daß ein Individuum am glücklichsten ist, wenn es an den öffentlichen Angelegenheiten partizipiert und so vom bloßen Subjekt der Gesetze zum Mit-Gesetzgeber wird, zielt die Gerechtigkeit als Glück auf die schnellstmögliche und weitestmögliche Errichtung eines Systems der direkten

Demokratie und der Selbstregierung zumindest in all jenen Bereichen des beruflichen, gesellschaftlichen und politischen Lebens ab, in denen dies jeweils möglich ist.
Andererseits bringt die Vorstellung von der "Gerechtigkeit als Glück" auch die Forderung nach den tiefgreifenden Veränderungen mit sich, die die volle Entwicklung und Befriedigung der Individuen, die eine Gesellschaft bilden, gewährleisten. Kein Prinzip, keine Theorie oder Ideologie ist sakrosankt. Es gibt keinerlei Dogma, außer der unbestreitbaren Vorschrift, daß unser Glück wichtiger ist als alles andere. Politische Theorien helfen uns bei der Umformung der Gesellschaft; aber sie sind nichts weiter als Instrumente, derer wir uns bedienen, solange sie uns nützen. Wir hängen keinem politischen Credo an, weil keines die endgültige Lösung unserer Probleme und Bedürfnisse enthält. Unsere Haltung ist zugleich eine des ständigen Überprüfens, der Kritik und immerwährenden Umbildung und der Klugheit und Vorsicht. Wir können die Menschen nicht "zwingen", unter der Obhut eines paternalistischen Staates glücklich zu sein, aus dem einfachen Grund, weil "Glück" in seinem Kern die Sehnsucht nach Freiheit und Kreativität, nach Selbstbestimmung und Wahlfähigkeit enthält. Auch können wir nicht gestatten, daß einige wenige frei und glücklich sind auf Kosten der Schmerzen, Leiden und Frustrationen der Mehrheit. Wir können nicht einmal zulassen - soweit uns dies möglich ist -, daß die Wünsche der Mehrheit auf Kosten des Glückes von Randgruppen erfüllt werden, es sei denn, es handele sich um Gruppen, die sich selbst ausschließen - Gruppen, die Befriedigung daraus erlangen, daß sie anderen Leiden zufügen.
Um einige konkrete Beispiele zu geben: Wir müssen nicht alle Welt zwingen, dem Diktat der Mehrheit zu folgen. Aber eine Regierung kann auch nicht erlauben, daß sich Minderheiten das Recht anmaßen, der Gesellschaft ihre

Meinungen aufzuzwingen oder das Bewußtsein und das Leben der anderen mit Hilfe materieller, moralischer oder psychischer Waffen zu regieren.
Individuelle Freiheit, Freiheit zum Dissidententum beziehen sich auf die Privatsphäre. Im öffentlichen Leben ist, wie seit Rousseau klar sein sollte, die *volonté générale* souverän.
Der Staat ist also nur Diener oder Instrument des allgemeinen Willens der Bürger. Die Regierenden, die politischen, intellektuellen und anderen Führer können die anderen von der Wünschbarkeit bestimmter Veränderungen zu überzeugen versuchen, wie auch die Bürger Gelegenheit erhalten sollen, diejenigen, die sie politisch, geistig, intellektuell usw. regieren, von der Wünschbarkeit bestimmter Veränderungen zu überzeugen; diejenigen, die im Besitz der legitimierten Macht sind, können niemals im Namen der "Gerechtigkeit" einen unerwünschten Wandel "erzwingen", so wünschenswert er ihnen auch scheinen mag.
Da im Namen der "Gerechtigkeit" in der östlichen Welt bzw. im Namen der "Freiheit" im Westblock die tatsächlichen Forderungen der konkreten Individuen mißachtet worden sind und man stattdessen Gerechtigkeit "diktiert" und Gefängnisse und psychiatrische Anstalten mit Dissidenten gefüllt hat bzw. vorgab, die "Freiheit" zu verteidigen, während man in Wirklichkeit nur die Interessen einiger weniger verteidigt und gefördert hat, die eindeutig gegen die Mehrheit gerichtet waren, scheinen die hier angestellten Überlegungen zur "Gerechtigkeit als Glück" (und parallel dazu des Glücks als Gerechtigkeit) einen neuen Weg weisen zu müssen, der die Prinzipien der Fairneß oder Unparteilichkeit und des größten Glücks der größten Zahl miteinander versöhnen kann. Der "Gerechtigkeit" würde auf diese Weise der Grad an *tiefgehendem* Wohlbefinden gegenübergestellt, der durch ihre Umsetzung bei

den Individuen erreicht wird. Und auch die "Freiheit" wäre mit diesem Maß zu messen. "Erleuchtete", Propheten, charismatische Führer und Platons Philosophenkönige müßten von ihrem Ansinnen ablassen, Gerechtigkeit zu "diktieren".

Ungeduldige Revolutionäre müßten das Kriegsbeil begraben. Nur das wirkliche Glück realer Wesen würde zählen, wenn es um die Legitimation der Macht geht. Macht und Gerechtigkeit würden einträchtig zusammenarbeiten, um die nötigen Änderungen herbeizuführen, so daß sich die Einzelwillen zusammenschlössen in der Suche nach verallgemeinerungsfähigen Idealen. Im Grunde ginge es darum, den alten Traum Mills oder Spencers Wirklichkeit werden zu lassen durch eine kommunikative, dialogische Ethik. Man würde also zu erreichen versuchen, daß auf dem Wege des Dialogs und der Kommunikation sich die einen die verallgemeinerungsfähigen Wünsche zu eigen machen, die schließlich zur Förderung von Solidaritätsgefühlen führen würden, und sich nicht nur auf eine Ethik des reinen "Konsenses" egoistischer oder einfach egozentrischer Individuen beschränken.

Im übrigen kann die Auffassung von "Gerechtigkeit als Glück" nicht als Stütze irgendeiner Form von Diktatur angesehen werden, indem sie Zustimmung bzw. gewisse Arten wirtschaftlichen oder anderen "Wohlergehens" gewährleistet, sondern sie führt im Gegenteil zu der Frage, welche Art der Regierung die Ansprüche entwickelter Menschen befriedigen kann. Die Frage ist aber nicht, welche Regierungsform in einem bestimmten Zeitpunkt die größte Zustimmung genießt, sondern welche Regierung unparteiische, informierte und freie Individuen am besten zufriedenstellt.

Für den hypothetischen Fall, daß ein wohlwollender, aufgeklärter Diktator einer bestimmten Gesellschaft größere

"Güter" verschaffen kann als eine Regierung, an der die Mitglieder der Gesellschaft alle aktiv beteiligt sind, würde die Theorie von *justice as happiness* uns dazu anhalten, genauer zu untersuchen, welche Individuen im einen und im anderen Fall befriedigt werden und um welche Art von Befriedigungen es sich jeweils handelt. Ich gehe davon aus, daß es völlig absurd wäre, wenn bei den "Gütern" nicht jene, die sich auf die kreative Befriedigung der Selbstentfaltung und Selbstregierung beziehen, nicht mindestens mit dem gleichen Gewicht berücksichtigt würden wie die leichter abwägbaren "Güter", die mit wirtschaftlichem Einkommen, Kaufkraft des Geldes usw. zu tun haben.

Nur wer von einer Auffassung von "Wohlergehen" und "Glück" ausgeht, bei der diese Ausdrücke quasi-synonym sind mit rein materiellem Wohlergehen und Zufriedenheit, kann Einwände haben gegen die Unterordnung von Gerechtigkeit und Macht unter den letzten Zweck der Förderung der größtmöglichen Zahl glücklicher Menschen oder der größten Quantität und Qualität an Wohlstand.

Vielleicht unterscheiden wir, die wir für *justice as happiness* sind, uns auch hier wieder von denen, die *justice as fairness* postulieren, letztlich nur im Gebrauch unserer ethischen Begriffe.

Jede Definition von Glück hängt mit irgendwelchen Lebensidealen zusammen, wie auch Lebensideale immer einer bestimmten Glücksauffassung entsprechen.

Vielleicht ist Moralphilosophie bzw. Philosophie der Politik nichts anderes als der mehr oder weniger verdeckte Versuch, die anderen davon zu überzeugen, daß unser jeweiliges Modell vom Glück das einzig richtige ist. Das würde nicht notwendigerweise zum *Emotivismus* oder Nonkognitivismus führen, sondern zu der einfachen Einsicht in die Vielfalt der Versuche, die Ziele und Zwecke des menschlichen Lebens zu definieren, je nach den verschiedenen Vorstellungen von *Wohlergehen, Befriedigung* usw., die ihrerseits wieder verschiedenen Theorien von der Natur des Menschen entsprechen.

Die Möglichkeit, daß wir auf dem Wege des rationalen Diskurses diesbezüglich zu Übereinstimmungen kommen - so beschränkt und so vorläufig diese auch sein mögen -, wird durch den Vorschlag einer Gerechtigkeit und einer Macht, die ihre *empirische Umsetzung* in den qualifizierten Haltungen der Menschen finden, nicht etwa aufgegeben, sondern gerade zu erreichen erhofft.

Ethische Rechtfertigung: Autonomie und Universalität

Von José Rubio Carracedo

Wie u. a. Lorenzen, Apel und Habermas gezeigt haben, haben die Voraussetzungen rationaler Argumentation selbst wieder als Bedingung der Möglichkeit und Gültigkeit eine gewisse "Ethik der Logik" zur Vorbedingung, auf die sich sowohl die wissenschaftliche Intersubjektivität als auch die Geltung ethischer Grundprinzipien und -normen gründet. Genauer gesagt setzt jede rationale Argumentation über ein beliebiges Thema die Geltung universaler ethischer Prinzipien voraus, die eine intersubjektive Übereinkunft erst ermöglichen. Wie Lorenzen betont, wird erst hier die Philosophie praktisch, d. h. im hermeneutischen Sinne normativ. Vorausgesetzt wird außerdem das regulative Prinzip der "unbegrenzten Kommunikationsgemeinschaft", wie sie von Apel und Habermas, ausgehend von ihren Interpretationen von Peirce, Royce und der postwittgensteinschen Sprachphilosophie, expliziert wurde.
Hieraus folgt nicht, daß die Unterscheidung von theoretischen und praktischen Argumentationen irrelevant ist und die beiden - wie bekanntlich H. Albert vorschlug - vereinigt oder gar homogenisiert werden sollten. Diesbezüglich ist die schon erwähnte "Ethik der Logik", wie Apel gezeigt hat, vage und voller Irrtümer.[1] Daß die Logik - wie jede rationale Argumentation - ein ethisches Prinzip als Bedingung der Möglichkeit *voraussetzt*, impliziert nicht, daß sie

[1] Apel, K.-O., Transformation der Philosophie, 2 Bde., Frankfurt a. M. 1976, Bd. II (hier zitiert nach: Suhrkamp-Taschenbuch Wissenschaft Bd. 165, 4. Aufl. 1988), S. 398 ff.

mit der Ethik homogen ist. Gewiß ist ohne das schon genannte "Apriori der Kommunikationsgemeinschaft" eine wirklich rationale Diskussion (mit universalem Geltungsanspruch) nicht möglich. Außerdem ist mit der wittgensteinisch-winchianischen These von der Unmöglichkeit einer "privaten Sprache" der "methodische Solipsismus" endgültig überwunden. Und auch Chomskys "grammatische Kompetenz" setzt "kommunikative Kompetenz" voraus, wie Habermas gezeigt hat. Schließlich kann es keine Argumentation ohne Argumentationsgemeinschaft geben. Diese aber impliziert das ethische Prinzip der "wechselseitigen Anerkennung" gleichberechtigter Diskussionspartner, also als echte "Subjekte der logischen Argumentation". Man kann daher Argumente nicht "verstehen", wenn man von der pragmatischen (oder "performativen") Dimension abstrahiert, wie es die formale Logik tut, da ja ihre Geltungsansprüche nur im interpersonalen Dialog expliziert werden können.

Es geht also nicht nur darum, daß eine dialogische Vernunft erforderlich ist, sondern auch darum, daß diese eine echte "Dialoggemeinschaft" voraussetzt, die sich in der "performativen" Dimension zeigt, welche die "propositionale" Dimension immer ergänzt und sie mit (nicht nur strategischen, sondern) "kommunikativen Handlungen" verknüpft. Daher kann Lorenzen den Übergang von der normativen Logik zur Begründung der Ethik vollziehen[2] - mit den Ergänzungen und Berichtigungen von Schwemmer[3] und Kambartel[4], aber unter Vermeidung der strengen Parallelisierung von "Wissenschaftslogik" und "Metaethik", wie ihn die Popperianer vorgeschlagen haben, eben

[2] Lorenzen, P., Normative Logic and Ethics, Mannheim 1969.
[3] Schwemmer, O., Philosophie der Praxis, Frankfurt a. M. 1971.
[4] Kambartel, F. (Hrsg.), Praktische Philosophie und konstruktive Wissenschaftstheorie, Frankfurt a. M. 1975.

weil sie einem monologischen Ansatz verhaftet bleiben. Klar ist jedenfalls, daß die Tatsache, daß die Logik ein ethisches Grundprinzip voraussetzt, nicht bedeutet, daß sie die Ethik impliziert und mit ihr irgendwie verschmilzt.

Die Voraussetzung einer Ethik für die Argumentation ist auch nicht als hypothetischer Imperativ zu verstehen (im Sinne von "*nur wenn* wir logische Argumentationen wollen"), denn die Alternative ist sinnlos, sieht man von ihrer rhetorischen Wirkung einmal ab. Apel denkt allerdings, daß man auf der These der "Komplementarität" von Ethik und Logik mindestens so sehr beharren sollte wie auf der These von ihrer Verschiedenheit. Immerhin ist nicht zu vergessen, daß das ethische Prinzip der "unbegrenzten Interpretationsgemeinschaft" von jeder rationalen Argumentation vorausgesetzt, aber in seiner moralischen Ausprägung auch gerechtfertigt werden muß. Bei dieser Aufgabe zeigt sich nun wieder der Sinn der Komplementarität, da die Übereinkunft über die ethische Legitimation im konkreten Fall immer verlangt, daß man alle relevante wissenschaftliche Information benutzt.

Die Kantische Frage, ob der Teufel logisch sein kann, ohne ethisch zu sein, wirft ebenfalls ein wenig Licht auf den Unterschied und die Komplementarität zwischen Ethik und Logik: Nach Kant könnte sich der Teufel "pflichtmäßig" verhalten, ohne je "aus Pflicht" zu handeln, letztlich also, ohne die Ebene der hypothetischen Imperative zu überwinden. Wie Apel expliziert, betrifft diese Unterscheidung nicht die Ebene der transzendentalen Voraussetzungen, wonach "auch Teufel sich pflichtmäßig verhalten *müssen*, wenn sie der Wahrheit teilhaftig werden wollen".[5] Das regulative Prinzip verlangt nämlich die Überwindung des "methodischen Monologismus" zugunsten

[5] Apel a. a. O. S. 404.

des "logischen Sozialismus", d. h. es setzt kategorisch Wahrheits- und Geltungswillen über partikulare und private Absichten.
In diesem Sinne präzisiert Apel in einer anderen Arbeit,[6] daß es sich um eine "*Minimalethik*" oder eine "dem handlungsentlasteten Diskurs eigene" Ethik handelt, auf die sich Habermas bezogen habe.[7] Er hält daher den Einwand von Ilting, daß die "Diskursethik" als "hypothetischer" oder "instrumenteller Imperativ" verstanden werden kann, da sie sich nicht unmittelbar auf eine moralische Norm anwenden lasse, für falsch. Danach ist die "Wahrhaftigkeitsnorm", die der argumentative Diskurs voraussetzt, eine "diskursive Wahrhaftigkeitsnorm", die sich von der moralischen Norm, die das Lügen verbietet und nur im Kontext der gesellschaftlichen Situation legitimiert werden kann, unterscheiden läßt und nicht direkt auf sie anwendbar ist.[8] Apel gibt zu, daß die zweite Hälfte des Einwands etwas für sich hat, nicht aber die erste; d. h. er verneint, daß das regulative Prinzip der "unbedingten Transsubjektivität" durch das Prinzip der Rationalität des "strategischen Interessenausgleichs" verstanden, d. h. ersetzt werden kann, das als solches mit der Forderung nach legislativer moralischer Autonomie der praktischen Vernunft nicht vereinbar ist, so sehr auch die (Entscheidungs- oder) Spieltheorie ihre Hobbesschen Wurzeln hat verfeinern können. Dies ist deswegen so, weil - wie ich anderswo im Hinblick auf Gauthier[9] ausgeführt habe - ein strategisch-rationaler Ansatz, der dem Diktat der empirischen Interessen und des

---

[6] Apel, K.-O., Estudios éticos, Barcelona 1985, S. 78 ff.
[7] Habermas, J., Theorie des kommunikativen Handelns, 2 Bde., Frankfurt a. M. 1981, Bd. I (hier zitiert nach: edition suhrkamp Neue Folge Bd. 502, 1. Aufl. 1988), S. 37 ff.
[8] Ilting, K.-H., Der Geltungsgrund moralischer Normen, in: W. Kuhlmann und D. Böhler (Hrsg.), Kommunikation und Reflexion, Frankfurt a. M. 1982, S. 612-648, hier S. 620 ff.
[9] Gauthier, D., Morals by Agreement, Oxford 1986.

freien Willens der Dialogpartner folgt, die kategorischen, universalen (transsubjektiven) Geltungsansprüche des praktischen Diskurses nicht widergeben kann.
Diese "Minimalethik" funktioniert exklusiv nur im Sinne eines "handlungsentlasteten Diskurses". Es handelt sich also um einen ähnlichen (allerdings auch nur ähnlichen) Ansatz wie die Rawlssche *original position* mit ihren strukturellen Beschränkungen (Schleier des Nichtwissens, Publizitätsprinzip, Bezug auf die gesellschaftliche Grundstruktur usw.).[10] Auch hier macht er sich methodologisch frei von den "Selbstbestätigungsinteressen der weltlichen Lebenspraxis", die stets ins "kommunikative Handeln" eingehen, die aber eine saubere Trennung von "verständnisorientiertem" und "erfolgsorientiertem Handeln" "unmöglich machen. Apel führt aus, daß "die Handlungsentlastung des Diskurses Bedingung und Mittel einer freien Rationalitätsdisposition des Diskurses" ist.[11] Diese "Minimalethik" ist Voraussetzung - und Basis - jeder Konvention und immun gegen alle Einwände aus der Sicht strategischer Rationalität.
Wie weiter oben schon angedeutet, begründet jedoch diese "Minimalethik" nicht direkt eine konkrete normativ-ethische Rationalität. Der in seiner solipsistisch-transzendentalen Metaphysik gefangene Kant mußte sich auf das *factum rationis* berufen und beging damit wohl einen "naturalistischen Fehlschluß",[12] es sei denn, man könnte ihn im transzendentalpragmatischen Sinn auffassen. Apel dagegen kann die ethische Vernunft entwerfen als letztlich in der Diskursrationalität begründet, deren Struktur er im Sinne einer "*kontrafaktisch* in der realen Kommunika-

---

[10] Rawls, J., A Theory of Justice, Oxford 1971.
[11] Apel 1985 S. 84.
[12] Ilting, K.-H., Der naturalistische Fehlschluß bei Kant, in: M. Riedel (Hrsg.): Rehabilitierung der praktischen Philosophie, Bd. I, Freiburg 1972, S. 113-132.

tionsgemeinschaft *antizipierten* idealen Kommunikationsgemeinschaft" voraussetzt. Damit sichert sich die ethische Vernunft ihren Charakter als "*autonome*, moralisch gesetzgebende Vernunft, die *a priori* auf eine Gemeinschaft von gleichberechtigten, da mit einem Selbstzweck versehenen, rationalen Wesen *bezogen* ist".[13]

Hier ist kein Platz für einen "pragmatischen Fehlschluß", der auftreten würde, wenn die Normenbegründung durch Rückgriff auf einen "übereinstimmenden Willen" (einen übergeordneten Zweck) der an einem Normenkonflikt Beteiligten, möglicherweise auf Kosten Abwesender (H. Lübbe), vorgenommen würde, da es sich dann um einen faktisch-strategischen Konsens handeln würde, der bewußt nicht die Gründe *aller* Betroffenen berücksichtigt.

1. Autonomie und Universalität

Zwar ist es richtig, daß die Regeln der "Minimalethik" (Autonomie und Universalität) nicht ohne weiteres auf konkrete ethische Normen anwendbar sind; sie liefern aber "die notwendige Kapazität der vorhersehbaren Folgen der zu begründenden Normen", um den "Konsens aller Betroffenen" zu erzielen.[14] Als historisch und gesellschaftlich eingebundene "endliche Wesen" besitzen wir demnach einen gemeinsamen Nenner, der einen Konsens in den Konflikten des alltäglichen Lebens ermöglicht. Hier ist es, wo die "Minimalethik" der praktischen Argumentation normative, d. h. für alle Betroffenen verbindliche Kraft verleiht und zugleich eine faire Anwendung auf den Einzelfall erlaubt.

In dem oben zitierten Beispiel etwa konkretisiert sich das unbedingte Publizitätsprinzip zu einem Verbot der Lüge,

---

13 Apel 1985 S. 86.

14 Ebd. S. 88.

sofern anzunehmen ist, daß daraus Unrecht folgt (d. h. nicht mehr in ein absolutes Verbot).

Es ist also angebracht, in der diskursiven Rechtfertigung ethischer Normen zwei Aspekte zu unterscheiden: den Aspekt, den Apel "transzendentalpragmatisch" (und Habermas einfach "formal-universal") nennt, und den Aspekt der konkreten Normenrechtfertigung, bei dem neben dem strukturellen Bezug auf ersteren auch die notwendige Kontextualisierung der Normen sowie das unerläßliche Gleichgewicht zwischen den Anforderungen der Pflicht und denen der Verantwortung zum Tragen kommt. Ich werde an anderem Ort diese Frage, die eine sorgfältige Unterscheidung von im eigentlichen Sinne relativistischen Ansätzen verlangt, eingehender behandeln. Hier sollte immerhin klar geworden sein, daß die Reduktion auf einen wie auch immer gearteten strategisch-rationalen Ansatz - Spieltheorie, demokratische Konventionen zur Interessenharmonisierung, Aufruf zum Wertepluralismus usw. - niemals legitim sein wird. Der Grund dafür liegt auf der Hand: Seine ausschließliche Berücksichtigung würde der "Metanorm" der Minimalethik widersprechen, also zu "performativen Widersprüchen" zwingen (Apel).

Allerdings sind die Besonderheiten des ethischen Diskurses gegenüber anderen Arten von rationalem Diskurs nicht deutlich genug unterschieden worden. Habermas hat einige interessante Präzisierungen vorgenommen.[15] Er unterscheidet - wie schon gesagt - zwischen propositionaler "Wahrheit" und normativer "Richtigkeit" als den beiden "*diskursiv einlösbaren* Geltungsansprüche[n]". Beide erfüllen nämlich die Rolle der kommunikativen Handlungskoordinierung "auf verschiedene Weise" und weisen zudem eine Reihe typischer Asymmetrien auf. Auf den er-

[15] Habermas, J., Moralbewußtsein und kommunikatives Handeln, Frankfurt a. M. 1983, 69 ff.

sten Blick scheinen sie parallele Veranstaltungen zu sein, denn der "Wahrheitsanspruch" assertorischer Sätze impliziert die "Existenz" von Sachverhalten, der "Richtigkeitsanspruch" normativer Sätze die "Erfüllung" von Normen. Sprechhandlungen machen jedoch einen Unterschied zwischen "Tatsachen" und "Normen". Letztere lassen sich als *unbedingte universelle* Sollsätze formulieren. Ihr regulativer Charakter läßt verschiedene Formen zu (Gebote, Ratschläge, Warnungen usw.), die aber immer Universalität und Unbedingtheit bewahren. Assertorische Sätze dagegen müssen, damit sie pragmatischen Sinn erhalten, performativ formuliert werden ("Es ist richtig, daß Wasser brennt"). Habermas erklärt diese Asymmetrie damit, daß Wahrheitsansprüche allein in Sprechhandlungen liegen, während Richtigkeitsansprüche zunächst in Normen wurzeln und nur in abgeleiteter Weise in Sprechhandlungen.
Die Asymmetrie läßt sich verallgemeinern, wenn man sagt, daß wir gegenüber den Naturgesetzen eine objektive Haltung einnehmen, während die Gesellschaftsordnung von vornherein "in einer internen Beziehung zu ... Geltungsansprüchen" gesehen wird. Auf die gesellschaftliche Realität beziehen wir uns also immer mit regulativen Sprechhandlungen. Der Sinn von Normen ist offenbar ihre Erfüllung. Wahrheitsansprüche dagegen beruhen nicht auf den Tatsachen selbst, die von ihnen unabhängig sind, sondern auf "konstativen" Sprechhandlungen.
Diese Verschränkung von Normen und regulativen Sprechhandlungen verleiht der "Sollgeltung" ihren "zweideutige[n] Charakter". Soziologistische Ansätze (Toulmin, Winch) neigen dazu, letztere ersteren unterzuordnen. Richtig ist jedoch, daß die soziale Geltung einer Norm über deren Gültigkeit gar nichts sagt, denn intersubjektive Anerkennung ist etwas ganz anderes als ein Richtigkeitsanspruch. Hieran erweist sich auch die bleibende Relevanz

des (deskriptivistischen bzw. in diesem Fall soziologischen) naturalistischen Fehlschlusses. Es kann Gründe geben, den Geltungsanspruch einer Norm trotz ihrer sozialen Geltung für illegitim zu halten; andererseits sagt die Rechtfertigung einer Norm über deren Geltung nichts aus: Geltung wird sie erst erhalten, wenn aus "rational erzielter Zustimmung" durch das Zusammentreffen mit der sozialen Zustimmung (die stets den unterschiedlichsten Motiven entspringt) legitimierte Überzeugung wird. Umgekehrt reicht tatsächliche Geltung nicht aus, um langfristig die soziale Geltung einer Norm zu sichern, da es "ohne Legitimität keine Massenloyalität" gibt. Jedenfalls ist klar, daß diese Korrelation zwischen Rechtfertigung und Gültigkeit einer Norm in assertorischen Sätzen keine Entsprechung hat.
Hieraus ergibt sich die Besonderheit der praktischen im Unterschied zur theoretischen Diskurslogik. Erstens können weder logische Deduktionen noch empirische Feststellungen zu ethischen Fragen entscheidend beitragen, da sie ja sogar die Information, die sie etwa über Bedürfnisse vermitteln, nach wechselnden Theorien liefern, ganz abgesehen davon, daß sie historisch und sozial kritisch interpretiert werden müssen. Der praktische Diskurs verlangt schließlich, wie auch die Erlanger Schule und neuerdings Rawls betonen,[16] ein moralisches Prinzip als Brückenprinzip, d. h. als übergeordnete Argumentationsnorm, die eine rationale Übereinkunft ermöglichen kann. Ein solches moralisches Brückenprinzip ist - wie immer es formuliert sein mag - stets eine Variante des Kantischen Kategorischen Imperativs, da es die Autonomie und die Universalität ausdrücken muß, die für moralische Regeln charakteristisch sind: Nur solche moralischen Normen sind akzeptabel, die

[16] Rawls, J., Kantian constructivism in moral theory, in: Journal of Philosophy 77 (1980) S. 515-572.

eine *volonté générale* beinhalten, die als "allgemeines Gesetz" zu rechtfertigen oder die mit der Würde des Menschen als Zweck an sich zu vereinbaren sind.

Der Kategorische Imperativ als Brückenprinzip muß aber keineswegs auf eine formale Anforderung an moralische Sätze reduziert werden oder gar zu "selektiven Interpretationen" führen. Hare,[17] Rawls oder Singer[18] haben ihn als die Forderung aufgefaßt, daß Urteile "umkehrbar" sein müssen, als Publizitäts- oder Lehrbarkeitsprinzip (Erlanger Schule) bzw. als gegenseitige Gleichheitsgarantie. Klar ist jedenfalls, daß "gültige Normen [...] die Anerkennung von seiten *aller* Betroffenen *verdienen* [müssen]".[19] Habermas reichen die schwachen Formulierungen nicht aus; er hält eine "starke" Formulierung für nötig, die die Anerkennung "aller" Betroffenen verlangt, da die Universalisierungsforderung den *"universellen Rollentausch"* herbeiführen soll, den G. H. Mead als "ideal role-taking" definiert hat: Jeder muß die verabschiedete Lösung mittragen können *(generalized other)*.

Dabei weist Habermas auf die Notwendigkeit hin, diesen Universalisierungsgrundsatz *(U)* nicht mit dem allgemeinen diskursethischen Grundsatz *(D)* zu verwechseln, den *U* allerdings voraussetze. *U* erfülle jedoch die Funktion eines Brückenprinzips, das sich auf *D* gründen müsse, was jede "monologische" Anwendung, wie sie im Rawlsschen "Urzustand" möglich sei, ausschließe.[20] Habermas beharrt

---

17 Hare, R. M., Moral thinking. Its level, method and point, Oxford 1981.

18 Singer, M. G., Generalization in Ethics, New York 1961.

19 Habermas 1983 S. 75.

20 Bemerkenswert ist, daß offenbar weder Habermas noch Apel 1985, S. 72 Anm. die von Rawls vorgenommene Umformulierung zur Kenntnis genommen haben. Zur "Mißachtung" von Rawls durch Habermas in diesem und in anderen Punkten, auf die ich hier nicht eingehen will, vgl. meine Anmerkungen Posición original y acción comunicativa, in: Revista de Estudios Políticos, in Druck. Allgemein verweise ich auf die gute Arbeit von R. del Aguila und F. Vallespín, La racionalidad dialógica: sobre Rawls y Habermas, in: Zona Abierta 31 (1984) S. 93-125. Auch Javier Muguerza, Zwischen Liberalismus

daher auf der "starken" Version des Kategorischen Imperativs: Es reiche nicht aus, daß jeder ihn ohne Widerspruch als allgemeines Gesetz wollen kann, sondern es sei erforderlich, daß ihn "alle in Übereinstimmung" als "universale Norm" anerkennen wollen. Diese Version schließt in der Tat jeden monologischen Ansatz aus, da sie eine wirklich kooperative Argumentation verlangt. Sie betont außerdem auch die Autonomie: Jeder ist selbst der einzig zuverlässige Interpret seiner selbst, wenngleich er auch für die Kritik der anderen offen sein muß. Dies gilt umso mehr, als ja Bedürfnisse oder Interessen immer im Lichte kulturell geteilter Werte *(Lebenswelt)* zu beurteilen sind.[21]

Meines Erachtens liefert Habermas (wie Apel) jedoch eine allzu kognitivistische Version der moralischen Autonomie - vielleicht, weil er um jeden Preis Einwänden von Skeptikern bzw. dem Verdacht des Irrationalismus entgehen will. Dies zeigt sich ganz deutlich in seiner Auseinandersetzung mit E. Tugendhat, der zweifellos eine voluntaristische Version der Autonomie vertritt.[22] Habermas behauptet dort, eine Diskursethik beruhe auf den folgenden zwei Annahmen: *a)* Normative Geltungsansprüche haben kognitiven Sinn und lassen sich *wie* Wahrheitsansprüche behandeln; und *b)* die Begründung von Normen und Geboten verlangt eine wirklich diskursive Argumentation, nicht nur eine monologische (die man auch *in foro interno* durchführen könnte).[23] Tugendhat dagegen präsentiert eine dem Kategorischen Imperativ ähnliche Formulierung: Eine Norm könne nur dann als gerechtfertigt gelten, wenn

und Libertarismus, in: ders., Ethik der Ungewißheit (Alber-Reihe Praktische Philosophie Bd. 34), Freiburg und München 1990, S. 11-80, ist der Meinung, daß der Urzustand eine diskursive Struktur besitzt.

21 Habermas 1983 S. 76-78.

22 Tugendhat, E., Morality and Communication, Christian Gauss Lectures, Princeton University 1981 (Manuskript), zitiert nach Habermas 1983 S. 78 ff.

23 Habermas 1983 S. 78.

sie "für jeden der Betroffenen gleichermaßen gut" sei. Dafür aber braucht er keine der beiden Habermasschen Annahmen. Die erste lehnt er rundweg ab, und hinsichtlich der zweiten verlangt er keinen realen Diskurs, sondern ihm genügt die monologische Argumentation. Nach Meinung von Habermas führt ihn die Ablehnung der ersten Annahme zum Wertskeptizismus, während seine "schwache" Version der zweiten Annahme ihm nicht erlaubt, seine Formulierung des Kategorischen Imperativs zu rechtfertigen.

Betrachtet man die Auseinandersetzung aus dem gebotenen Abstand, dann sieht es so aus, als ob beide Beteiligten ihre Positionen so sehr radikalisieren, bis sie einseitig werden. Im Falle von Habermas dadurch, daß er in seiner ersten Annahme die "Analogie" zur Wahrheitsgeltung von Aussagen bis zur Identität führt; zugleich versteht er die Ablehnung Tugendhats so, als setze dieser auf absoluten Voluntarismus, denn "[w]enn ... die Sollgeltung von Normen einen volitiven und keinen kognitiven Sinn hat, muß auch der praktische Diskurs zu etwas *anderem* als zur argumentativen Klärung eines strittigen Geltungsanspruches dienen".[24] Man darf aber wohl die Position von Tugendhat nicht so ausschließlich sehen: der "volitive Sinn" der Normenbegründung ist mit einem "kognitiven Sinn" nicht unvereinbar; bei jeder echten praktischen Argumentation spielen im Gegenteil zwei verschiedene, aber aufeinander angewiesene und sich gegenseitig ergänzende Faktoren eine Rolle: der Faktor der rationalen Kompetenz, durch den die Gesprächspartner mit Hilfe aller verfügbaren relevanten Information zu Experten der zu diskutierenden Themen werden, und der Faktor der Unparteilichkeit, durch den sie sich verpflichten, ihre Auswahlkriterien öffentlich

[24] Ebd.

bzw. "lehrbar" zu machen. In gewisser Weise sind dies die beiden Rawlsschen Prinzipien der "Rationalität" und der "Vernünftigkeit". Das Habermassche Konzept der "kommunikativen Kompetenz" jedenfalls umfaßt beide Faktoren, obwohl sein genereller Kognitivismus ihn dazu führt, den ersten auf Kosten des zweiten zu betonen.

Tugendhat dagegen betont den Faktor der Unparteilichkeit in der Argumentation auf Kosten des Faktors der rationalen Kompetenz; ihm geht es daher vor allem darum, daß alle Gesprächspartner die "gleiche Chance" haben, an einer fairen Kompromißfindung teilzunehmen; er scheint nämlich davon auszugehen, daß für eine gerechte Lösung eine faire Beteiligung viel wichtiger ist als jede Erkenntnis. Habermas wirft ihm vor, daß dieses Argumentationsmodell auf die "Willensbildung" viel besser paßt als auf die Urteilsbildung. Dem könnte Tugendhat entgegenhalten, daß es auf beides gleichermaßen paßt, da für die praktische (im Unterschied zur theoretischen) Argumentation die untrennbare Verbindung des Willens mit Unparteilichkeit und wohlbegründetem Urteil typisch ist (diese Verbindung ist gemeint, wenn von einem "abgewogenen" bzw. unparteiischen Urteil die Rede ist).

Tugendhat entscheidet sich jedoch für eine einseitige Formulierung: Moralische Fragen lassen sich durch den Diskurs der Betroffenen rechtfertigen. In einem solchen Diskurs ist jedoch, da man eine moralische Argumentation auch monologisch durchführen kann, nicht, wie Habermas denkt, die Kommunikation das Entscheidende, sondern vielmehr die Tatsache, daß zwischen allen Betroffenen ein *Konsens* zustande kommt. Der "irreducibly communicative aspect" ist daher "not a cognitive but a volitional factor. It is the morally obligatory respect for *the autonomy of the will of everybody concerned* that makes it necessary to require an agreement".[25] Kurz danach heißt es: "To be sure, we want the agreement to be a *rational agreement*, an agreement based on arguments and if possible on moral arguments, and yet what is finally decisive is the *factual agreement*." Dies sei deswegen so, weil es sich um eine "collective *choice*" handele. Nicht das Problem der "Rechtfertigung" sei entscheidend, sondern die "Beteiligung an der Macht", Entscheidungen über das, was erlaubt oder verboten ist, zu treffen.[26] Tugendhat setzt damit - nach dem Vorbild Rousseaus und Hegels - die moralische der politischen Wahl gleich.

Das Konzept der moralischen Autonomie wird im Grunde sowohl bei Habermas (und Apel) als auch bei Tugendhat aus dem Blickfeld gerückt: In beiden Konzeptionen wird dem Moment der individuellen Wahl, die sich in kollektiver Argumentation bzw. kollektiver Wahl auflöst, nicht genügend Aufmerksamkeit geschenkt. Nimmt man jedoch die unverzichtbare Forderung ernst, daß jeder Mensch selbst die letzte Instanz für die Beurteilung dessen ist, was wirklich seine eigenen Interessen sind - was Habermas ausdrücklich anerkennt[27] -, dann muß man ihm ebenfalls die letzte moralische Entscheidung vorbehalten und nicht bloß die Teilnahme an der urteils- (Habermas) bzw. entscheidungsbildenden (Tugendhat) Argumentation. Letztere ist typisch für die politische Pflicht (partizipative Demokratie), erstere ist unverzichtbar für die Bildung eines abgewogenen moralischen Urteils. Auf dieser Basis der garantierten Autonomie und Universalität ruht aber noch ein weiterer typischer Faktor moralischen Handelns: die individuelle Entscheidung oder Wahl des Agenten, mit dem sich daraus ergebenden existentiellen persönlichen

[25] Tugendhat a. a. O. S. 82 (Manuskript S. 10 f.); Hervorhebung hinzugefügt.
[26] Ebd. S. 83 (Manuskript S. 11).
[27] Habermas 1983 S. 78.

Engagement, was nicht einmal von extrem heteronomen ethischen Traditionen (wie der Scholastik) bestritten wurde (das letzte Urteil des gut ausgebildeten Gewissens).
In seiner Auseinandersetzung mit Popper und Albert über die "Irrationalität" der Letztentscheidung durch die Rationalität erkennt Apel immerhin an, daß "die *praktische Realisierung der Vernunft* durch den (guten) Willen immer eines Engagements [bedarf], das sich nicht andemonstrieren läßt". Das bedeute aber nicht, daß letztlich das Engagement bzw. die Wahl irrational wäre; eine solche Moralwahl verstärke im Gegenteil den rationalen Ausgang der praktischen Argumentation.[28] Trotzdem wirft Apel nur wenig später Lorenzen vor, einen "entscheidungsabhängigen Konstruktivismus" anstelle seines "transzendentalen (reflexionsabhängigen) Rekonstruktivismus" erarbeitet zu haben.[29] Sein ungebrochener Kognitivismus bringt ihn nämlich dazu, die Letztentscheidung der Subjekte im praktischen Argumentationsprozeß zu unterschätzen: Es handele sich um eine "willentliche Bekräftigung", die die transzendentale Rechtfertigung schon voraussetze, woraus sich ihre Relevanz ergebe,[30] da "[d]ie ... subjektiven Gewissensentscheidungen der Einzelnen" jetzt notwendigerweise "mit der Forderung der intersubjektiven Geltung a priori vermittelt" sind, weil jedes Individuum von vornherein "die öffentliche Argumentation als Explikation aller möglichen Geltungskriterien und somit auch der vernünftigen Willensbildung" anerkennt. Damit ist garantiert, daß "methodischer Solipsismus" ebenso wie "Willkür-Existentialismus" überwunden sind.[31] Dabei scheint mir jedoch noch immer die individuelle Wahl unverzichtbar.

---

[28] Apel 1976 S. 412 f.
[29] Ebd. S. 420.
[30] Ebd. S. 421.
[31] Ebd. S. 426 und 428.

2. *Ist eine transzendentalpragmatische Letztbegründung möglich?*

Neben dem Apelschen Ansatz, der bei weitem der bekannteste ist, gibt es eine (von Collingwood ausgehende) britische Tradition einer Art transzendentalpragmatischer Analyse oder "analysis of the presuppositions of a mode of discourse".[32] Es geht dabei darum, die Skeptiker mit ihrer eigenen These zu schlagen, wonach Prinzipien keiner Überprüfung zugänglich sind, da sie nicht Folgerung, sondern Voraussetzung von Argumentation sind; ihre Anerkennung ist daher als logische Voraussetzung jeder rationalen Argumentation rational unausweichlich, da sie die Bedingung dafür sind, daß man irgend eine Frage zur Diskussion stellen kann. Ihre Struktur ist aber offenbar rein formaler Art, so daß sie keinen normativen Inhalt präjudizieren.

Habermas untersucht ziemlich eingehend den Ansatz von R. S. Peters, der diese Art der Analyse auf die Frage "Was soll ich/sollen wir tun?" anwendet und behauptet, ohne jede *petitio principii* bestimmte ethische Grundnormen aus den öffentlichen Voraussetzungen praktischer Argumentation deduktiv herleiten zu können. Als erstes geht es um das "Prinzip der fairen Behandlung"; dann aber auch um konkretere Prinzipien wie das der "Meinungsfreiheit".[33] Peters beschränkt sich aber, wie Habermas einwendet, darauf, die normativen Inhalte zu explizieren, die er schon als Voraussetzungen seiner Konzeption des praktischen Diskurses eingeführt hatte. Trotzdem meint Peters, sein Begriff vom praktischen Diskurs sei unvermeidbar für jeden, der sich ernsthaft die Frage "Was soll ich tun?" stelle, denn das Prinzip der Meinungsfreiheit sei unverzichtbare

[32] Watt, A. J., Transcendental arguments and moral principles, in: Philosophical Quarterly 25 (1975).

[33] Peters, R. S., Ethics and Education, London 1966, S. 115 ff.

Voraussetzung jeder wirklichen Argumentation: "The conditions of argument include letting any rational being contribute to a public discussion."[34]

Es gibt aber noch einen weiteren nicht zu entkräftenden Einwand gegen den Anspruch, ethische Grundnormen unmittelbar aus den Voraussetzungen praktischer Argumentation abzuleiten. Wie Habermas sagt, lassen sich solche Prinzipien gegen den Skeptiker "als Diskussionsteilnehmer" anführen, sie haben aber keine direkte Geltung "für die Regulierung des Handelns *außerhalb* von Argumentationen"; dafür wäre eine neue Rechtfertigung erforderlich, die im Kontext des historisch und gesellschaftlich eingebundenen Handelns durchzuführen wäre.[35]

Trotzdem hat es in Deutschland eine lange Auseinandersetzung um die transzendentalpragmatische Begründung der Diskursethik gegeben. Viele sind der Ansicht, daß eine solche voraussetzungsreiche Begründung, im Unterschied zur notwendigen Anerkennung von schon Begründetem, immer hypothetisch ist; andere bestehen auf dem kategorischen Sinn solcher Begründungen, weil die Voraussetzungen allgemein und unvermeidbar seien; wieder andere (zu denen auch Apel gehört) betrachten sie sogar als Letztbegründung und laufen damit Gefahr, eine *petitio tollendi*[36] zu begehen, denn daraus, daß gewisse Regeln unverzichtbar sind, folgt noch nicht, daß sie auch hinreichend sind.

Der Ansatz von K.-O. Apel verdient besondere Beachtung. Wie schon erwähnt, ist sich Apel durchaus der Tatsache bewußt,[37] daß es nicht zulässig ist, ethische Normen unmittelbar aus den Voraussetzungen herzuleiten; er entwirft daher seine neue Begründung auf ganz ähnliche

[34] Ebd. S. 181.

[35] Habermas 1983 S. 93-96.

[36] Lenk, H., Philosophische Letztbegründung und rationaler Kritizismus, in: Zeitschrift für Philosophische Forschung 24 (1970).

[37] Entgegen der Behauptung von Habermas 1983 S. 96.

Weise wie Habermas. Die jüngste Formulierung von Apels transzendentalpragmatischer Begründung lautet folgendermaßen: "Alle Voraussetzungen der Argumentation, die die Bedingung erfüllen, daß sie von keinem Gegner ohne tatsächlichen Selbstwiderspruch bestritten und logisch nicht ohne *petitio principii* bewiesen werden können, müssen in einer philosophischen Letztbegründung thematisiert werden", da sie "die transzendentalpragmatische Grundlage jedes Argumentes" darstellen.[38]
Dies bedeutet, so Apel, daß jeder Argumentationsteilnehmer als solcher "schon eine ethische Grundnorm anerkannt hat", nämlich daß die Vernunft eine praktische, d. h. daß sie "verantwortlich für das menschliche Handeln" ist; gleichzeitig hat er anerkannt, daß die Geltungsansprüche der praktischen Vernunft argumentativ befriedigt werden können und müssen, d. h. nach den "idealen Regeln der unbegrenzten Kommunikationsgemeinschaft", wonach es möglich ist, jedes ethisch relevante Problem durch Konsensbildung zu lösen.[39] Bisher haben wir jedoch noch keine konkrete ethische Norm begründet. Dies erfolgt auf der zweiten Stufe der Normenbegründung, die schon "unter realen Bedingungen" stattfinden muß. Wie Apel sagt, ist dies "das Problem der Realisierung dieser idealen Kommunikationsgemeinschaft, die die Menschen bei jedem Argument kontrafaktisch voraussetzen müssen".[40] Darüber hinaus verlangt, wie er später erläutert, die auch von ihm benutzte rekonstruktive Methode, daß "jede Begründung und Institutionalisierung von Normen der späteren Rekonstruktion und Legitimationskritik durch die historisch-kritischen Sozialwissenschaften unterworfen ist".[41]

---

[38] Apel 1985 S. 154 f.
[39] Ebd. S. 161.
[40] Ebd. S. 168.
[41] Ebd. S. 172.

Habermas widerspricht jedoch dem Apelschen Anspruch, die transzendentalpragmatische Begründung sei eine "Letztbegründung". Er sieht darin nur ein "hartnäckiges Festhalten", und zwar nicht, weil - wie Schönrich sagt[42] - man damit, daß man den Skeptiker dazu bringt, gewisse begriffliche Implikationsverhältnisse zu akzeptieren, auf eine "quasi-empirische Geltung" abzielte, sondern wegen des weiter oben angeführten Argumentes von Lenk; denn selbst wenn gezeigt ist, daß es zu diesen transzendentalpragmatischen Regeln keine Alternative gibt, bedeutet dies doch noch nicht, daß die Regeln damit begründet wären. Der Apelsche Nachweis "performativer Widersprüche" des Skeptikers zeigt nur, daß die Regeln notwendig, nicht aber, daß sie hinreichend sind. Habermas meint, Apels Letztbegründungsanspruch beruhe auf einer "inkonsequenten Rückkehr zu Denkfiguren, die er mit dem energisch vollzogenen Paradigmenwechsel von der Bewußtseins- zur Sprachphilosophie selber entwertet hat".[43]
Seiner Meinung nach verlangt die Begründung der Diskursethik folgendes:

a) das Vorliegen eines als Argumentationsregel dienenden Verallgemeinerungsprinzips,

b) die Identifizierung unausweichlicher, normativ gehaltvoller Voraussetzungen von Argumentation überhaupt,

c) die ausdrückliche Darstellung dieses normativen Gehalts, etwa in Form von Diskursregeln, und

d) den Nachweis, daß zwischen c) und a), in Verbindung mit der Idee der Rechtfertigung von Normen, ein Verhältnis materialer Implikation besteht.[44]

---

[42] Schönrich, G., Kategorien und transzendentale Argumentation, Frankfurt a. M. 1981, S. 196 ff.

[43] Habermas 1983 S. 106.

[44] Ebd. S. 106 f.

Das Argument der "performativen Widersprüche" bildet die Grundlage für den in b) unternommenen Analyseschritt, der sich auf ein "mäeutisches Verfahren" in drei Schritten stützt: Es handelt sich darum, b.1) den Skeptiker, der Einwände erhebt, auf intuitiv erkannte Voraussetzungen aufmerksam zu machen, b.2) die Voraussetzungen so auszuformulieren, daß der Skeptiker seine Intuitionen wiedererkennt, und b.3) das Fehlen von Alternativen zu den ausformulierten Voraussetzungen nachzuweisen. Für Habermas ist unbestreitbar, daß die beiden letzten Schritte "unverkennbar hypothetische Elemente" enthalten, weil die Beschreibung, die ein *know how* in ein *know that* überführt, eine hypothetische Rekonstruktion ist, die einer "mäeutischen Bestätigung" bedarf. Das bedeutet, daß die transzendentalpragmatischen Voraussetzung am Einzelfall zu überprüfen sind, und zwar nicht, weil sie selbst "fallibel" wären, sondern weil unsere Rekonstruktion es ist. Folglich "[überträgt sich] die *Gewißheit*, mit der wir unser Regelwissen praktizieren, [...] nicht auf die *Wahrheit* von Rekonstruktionsvorschlägen".[45]

Habermas meint, daß es unproblematisch ist, der transzendentalpragmatischen Begründung den Letztbegründungscharakter abzusprechen. Er betrachtet stattdessen die Diskursethik als Teil der "rekonstruktiven Wissenschaften, die mit den rationalen Grundlagen von Erkennen, Sprechen und Handeln zu tun haben". Die Ethik kann so in Konkurrenz zu anderen, empirischen Humanwissenschaften - wie etwa zur Theorie der Entwicklung des Moralbewußtseins - treten und so "einer indirekten Bestätigung zugänglich gemacht werden". Nach Habermas richtet sich nämlich die "ethische Aufklärung" nicht gegen die moralischen Alltagsintuitionen, sondern - in dem therapeutischen

[45] Ebd. S. 107.

Sinn, den Wittgenstein der Philosophie zusprach - gegen Wertskeptizismus und Rechtspositivismus, die ihrer Autorität entkleidet und so weit wie möglich vom Bildungssystem isoliert werden sollten, wo sie so große Verbreitung gefunden haben.[46]

Apel dagegen steht weiter zu seinem Letztbegründungsanspruch, obwohl er sich inzwischen ausdrücklich der rekonstruktiven Methode verschrieben hat.[47] Der Grund dafür ist, daß er eine hypothetische Begründung für unbefriedigend hält.[48] An anderer Stelle geht er zum Gegenangriff über: Er stellt fest, daß man, gerade weil die hypothetische Begründung in Frage gestellt oder einfach als unverbindlich angesehen werden kann, eine "Letztbegründung" der Geltung ethischer Normen braucht, da sie - anders als die Rekonstruktion des Sinngehalts der Normen - vom methodischen Primat des handlungsentlasteten Diskurses ausgehen muß, "weil sie die Problematisierung der Geltungsansprüche menschlicher Kommunikation immer voraussetzen muß".[49] Ich möchte dazu nur bemerken: Die Letztbegründung wäre zweifellos vorzuziehen. Die Frage ist aber: Ist sie überhaupt möglich? Nach allem, was bis hierhin gesagt wurde, muß man diese Frage wohl verneinen.[50]

---

[46] Ebd. S. 108.
[47] Apel 1985 S. 72.
[48] Ebd. S. 78 Anm.
[49] Ebd. S. 209.
[50] Zum Vergleich und als Kontrast dazu vgl. etwa Cortina, A., ¿Es posible una fundamentación filosófica de los juicios morales?, in: Pensamiento 157 (1984) S. 55-76; dies., Razón comunicativa y responsabilidad solidaria, Etica y política en K.-O. Apel, Salamanca 1985; dies., La calidad moral del principio ético de universalización, in: Sistema (Madrid) 77 (1987) S. 111-120.

Würde, nicht Preis: Jenseits des Ökonomizismus

Von Adela Cortina

1. "Die Rechte der Menschen herzustellen"

Im Jahre 1788 erscheint die zweite der Kantischen Kritiken: die Kritik desjenigen Vernunftgebrauchs, der in der Lenkung des Handelns besteht. Damit wird dem Meilenstein, den die Veröffentlichung der ersten Kritik - im Rahmen eines von Kant unerbittlich umgesetzten Planes - bedeutete, ein zweiter hinzugefügt. Der Plan, der schon in dem berühmten Brief an Marcus Herz vom 21. Februar 1772 angekündigt war und von dem sich Einzelheiten in der *Kritik der reinen Vernunft* finden, ist in der Vorrede zur *Metaphysik der Sitten* ganz klar aufgezeigt. Mit der Metaphysik der Natur hat sich Kant in den *Metaphysischen Anfangsgründen der Naturwissenschaft* befaßt, während das praktische Werk mit der *Metaphysik der Sitten* abgeschlossen ist. Damit war das System des Wissens in seinen zwei Ausprägungen - der des Wissens über die Natur und der des Wissens über das, was aufgrund der Freiheit möglich ist - hinsichtlich der "doktrinären" Dimension der transzendentalen Philosophie vollständig; die "kritische" - nicht-systematische - Dimension fand ihre Krönung in der Publikation der *Kritik der Urteilskraft*.[1] Schließlich wollte er, wie ich glaube, mit dem *Opus postumum* das System der Vernunft in seiner subjektiven Ausprägung vervollkommnen. Der Übergang von den meta-

[1] KU, V, 185. (Ich zitiere hier und im folgenden die Werke Kants - wie üblich - nach der Akademie-Ausgabe.)

physischen Anfangsgründen der Naturwissenschaft zur Physik verlangt den Übergang von der Physik zum System der Transzendentalphilosophie und von dort weiter zum System zwischen Natur und Freiheit, das mit der "allgemeinen Verknüpfung der lebendigen Kräfte aller Dinge im Gegenverhältnis Gott und Welt" endet.[2] Man könnte daher meines Erachtens das *Opus postumum* auch "Kritik der systematischen Vernunft" nennen.[3]

Im Gesamtzusammenhang dieses Systems diente die *Kritik der praktischen Vernunft* dazu, ein Ansinnen zu befriedigen, das im mündlich überlieferten und schriftlich niedergelegten Werk Kants von Anfang an zugegen war. Nach Vorländer las Kant nämlich mindestens achtundzwanzigmal Ethik bzw. praktische Philosophie und hatte schon seit den sechziger Jahren an einem Entwurf für "Metaphysische Anfangsgründe der praktischen Weltweisheit" gearbeitet.[4] Obwohl sie auf Ablehnung stießen, plante er um die Jahreswende 1770/71 weitere Untersuchungen über die "reine *moral*ische Weltweisheit", in der "keine empirische *principien* anzutreffen sind".[5] Nach Meinung Vorländers sollten diese Untersuchungen einen Teil des 1772 geplanten großen Werkes bilden. Kant scheint diesen Teil so klar vor sich zu sehen, daß er ihn 1773 herausbringen will, was aber, da er sich ganz der theoretischen Arbeit widmet, nicht geschehen kann. In einer Vorarbeit zu den *Prolegomena* gibt es jedoch Anzeichen dafür, daß die Prinzipien der kritischen Ethik schon 1782 ausgearbeitet waren, obwohl sich ihre endgültige Niederschrift eben wegen der *Prolegomena* verzögert. Anfang

---

[2] OP, XXI, 17.

[3] Vgl. Adela Cortina, Dios en la filosofía trascendental de Kant, Salamanca 1981, 111-141.

[4] K. Vorländer, Immanuel Kant. Der Mann und das Werk, 2., erw. Aufl. Hamburg 1977, 291.

[5] Brief an Lambert, 2. September 1770 (X, 97).

1784 kommt Kant - so Vorländer weiter - der Gedanke, seine Ethik zu einer Auseinandersetzung mit dem Traktat Garves über Ciceros *De officiis* bzw. zu einer Schrift gegen Cicero zu machen. Am Ende kommt er jedoch wieder auf den ursprünglichen Plan einer Spezialschrift zurück, die 1785 zu den 128 gedruckten Blättern der *Grundlegung* wird.[6] Der letzte Schritt bis zum Erscheinen der *Kritik der praktischen Vernunft* ist bekannt. Mit ihr hat der alte, wie Kant sagt, von Rousseau geweckte Wunsch einen transzendental-kritischen Korpus erhalten: "die Rechte der Menschen herzustellen".[7]

Diesem Zweck diente zum Teil schon die erste Kritik, die den Boden für die Errichtung jener großen Moralgebäude bereiten sollte, die die eigentliche Arbeit des Philosophen ausmachen. Auf dieses Ziel richtete sich auch zu einem großen Teil die *Kritik der Urteilskraft*, die eine Brücke zwischen der moralisch indifferenten Natur und dem Subjekt schlagen wollte, das in eben dieser Welt das höchste Gut erreichen soll. Ebenfalls der Begründung des Menschenrechtes gewidmet sind die religiösen Arbeiten, die die Möglichkeit eines Reiches Gottes auf Erden trotz der Existenz des "radikal Bösen" erforschen, die moralischen und juristischen Abhandlungen, in denen es um die Begründung des inneren und äußeren Menschenrechts geht, oder auch die geschichtsphilosophischen Arbeiten, die auf die Errichtung einer kosmopolitischen Gesellschaft ausgerichtet sind, die objektive Realität im praktischen Sinne besitzt. Man kann Kant gewiß unterschiedlich interpretieren; nur *eine szientistische Interpretation ist unhaltbar.*

Daß die zweite Kritik in diesem Zusammenhang einen wichtigen Platz einnimmt, ist offenkundig: Nachdem in der ersten Kritik Hindernisse aus dem Weg geräumt und in

---

[6] K. Vorländer a. a. O. 292.

[7] Beobachtungen, XX, 44.

der *Grundlegung* der Weg dann bereitet wurde, befaßt sie sich mit der zentralen Idee des Idealismus, nämlich mit der Idee der Freiheit, die nach der *Kritik der reinen Vernunft* nicht nur *erlaubt*, sondern - nach Meinung autorisierter Interpreten - sogar *geboten* ist. Nach H. Cohen enthält jede Idee das gleiche wie ihre Gattung: die Notwendigkeit einer Abgrenzung der Erfahrung, die Feststellung des Grundgedankens der Zufälligkeit der Erfahrung, das Aufzeigen des Abgrunds der verstehbaren Zufälligkeit.[8] In die noumenische Idee der Freiheit fügt sich dieser Gedanke ganz systematisch ein, denn die kosmologische Totalität verlangt, daß Freiheit, d. h. daß das *Freiheits*-Noumenon sei.[9] Allein die Ethik kann aber dieses Sein verwirklichen, das in der Lehre von der Erfahrung nur aufgezeigt und eingefordert wird. Und zwar kann sie es durch ein Sein: das *Sollensein*; denn auch das Sollen ist ein Sein; es ist weniger ein Sollen als ein *Sollensein*.[10] Gerade der Inhalt dieses Sollenseins führt uns zur objektiven Realität der Idee der Freiheit.

Da man von dieser Idee aus, die die empirische mit der ethischen Welt verbindet, vom *Menschenrecht* sprechen und damit den *Ökonomizismus* überwinden kann, will ich versuchen, seine geistige Heranreifung im Werke Kants nachzuzeichnen.

2. *Ein fruchtbarer und notwendiger Formalismus*

Einer der traditionellen Vorwürfe gegen die Kantische Ethik ist der des Formalismus. Diese Tradition begann mit Hegel;[11] die heutigen "Neo-Hegelianer" setzen die Kam-

---

[8] H. Cohen, Kants Begründung der Ethik nebst ihren Anwendungen auf Recht, Religion und Geschichte, 2., verb. und erw. Aufl. Berlin 1910, 130.

[9] Ebd. 126.

[10] Ebd. 138.

[11] Phänomenologie des Geistes, VI, C; Grundlinien der Philosophie des Rechts, 129-141.

pagne fort und preisen die Vorzüge der Hegelschen *Sittlichkeit* gegenüber der Kantischen *Moralität*. Die Sittlichkeit habe u. a. gegenüber der inhaltsleeren Moralität den Vorteil, eine gehaltvolle Normativität zu sein.[12]
Auch die Neo-Aristoteliker unterschreiben die Kritik am Formalismus und verkünden die Überlegenheit einer substantiellen Güterethik gegenüber der Kantischen Verfahrensethik, deren Scheitern - so die Neo-Aristoteliker - sich ja schon abzeichne. Die leere Formalität der Ethik Kants und seiner Nachfolger habe doch nur zum Emotivismus - so MacIntyre - bzw. zum Skeptizismus - so Charles Taylor - geführt.[13] Aber dem Formalismus werden natürlich auch andere Übel nachgesagt, wie etwa abstrakter Universalismus, Ohnmacht des Sollens und sogar "Terrorismus der reinen Gesinnung".[14] Man muß jedoch auch fragen: Ist der Kantische Formalismus wirklich so leer, wie behauptet wird, oder sollte man nicht besser von seiner "Notwendigkeit und Fruchtbarkeit"[15] sprechen, u. a. weil er das einzige Mittel zur Überwindung des Ökonomizismus ist?
Die vorliegende kurze Arbeit setzt auf eine bejahende Antwort auf den zweiten Teil der Frage; und sollte sich ganz kraß die Alternative "Für oder gegen Kant?" stellen,

[12] V. Hösle, Eine unsittliche Sittlichkeit. Hegels Kritik an der indischen Kultur, in: W. Kuhlmann (Hrsg.), Moralität und Sittlichkeit. Das Problem Hegels und die Diskursethik, Frankfurt a. M. 1986, 136-182.

[13] A. MacIntyre, After Virtue, London 1981/1985; Ch. Taylor, Die Motive einer Verfahrensethik, in: W. Kuhlmann (Hrsg.) a. a. O. 101-135; ders., Sprache und Gesellschaft, in: A. Honneth und H. Joas (Hrsg.), Kommunikatives Handeln. Beiträge zu Jürgen Habermas 'Theorie des kommunikativen Handelns', Frankfurt a. M. 1986, 35-52.

[14] J. Habermas, Moralität und Sittlichkeit, in: W. Kuhlmann (Hrsg.) a. a. O. 16-37; K.-O. Apel, Kann der postkantische Standpunkt der Moralität noch einmal in substantielle Sittlichkeit 'aufgehoben' werden? Das geschichtsbezogene Anwendungsproblem der Diskursethik zwischen Utopie und Regression, in: W. Kuhlmann (Hrsg.) a. a. O. 217-264; A. Cortina, Razón comunicativa y responsabilidad solidaria, Salamanca 1985, 219-232.

[15] K. Vorländer, Der Formalismus der Kantischen Ethik in seiner Notwendigkeit und Fruchtbarkeit, Marburg 1893.

dann würde ich mich ohne weiteres *für* ihn entscheiden. Denn der fruchtbare Kantische Formalismus - mit allen Nuancierungen und Ergänzungen, die vorzunehmen uns die Geschichte gelehrt hat - erlaubt es uns nicht nur, den kosmologischen, ontologischen, theologischen, psychologischen, soziologischen und genetischen, sondern auch den *ökonomischen* Determinismus zu überwinden, der sich auf das *unerbittliche Gesetz des Preises* stützt.

Es gibt Dinge, die sich der universellen Bestimmung durch die Tauschverhältnisse entziehen. Es gibt Dinge, die nicht unter den Warenaustausch fallen, weil sie keine Waren sind. Es gibt Dinge, die keinen *Preis*, sondern *Würde* haben. Zu einer solchen, mit allem in der Philosophie gebotenen Zaudern begründeten Feststellung kann ich mich nur zustimmend äußern. Versuchen wir also, indem wir Kants Gedankengang nachgehen, die Geburt eines notwendigen und fruchtbaren Formalismus mitzuerleben. Als Ausgangspunkt soll ein jeder Moralphilosophie geläufiger Begriff dienen: der Begriff des Guten.

3. Das moralisch Gute: das Gute an sich

Das Besondere an der kritischen Ethik läßt sich schon in den früheren Schriften erkennen; der Höhepunkt ist jedoch, wie Vorländer bemerkt, 1784 mit der Feststellung erreicht, daß das einzige uneingeschränkt Gute in der Welt und außerhalb von ihr ein guter Wille ist.[16] Schönheit ist gut: gut *für* den Anblick; Wissenschaft ist gut: gut, *um* Probleme zu lösen; ein umgängliches Wesen ist gut: gut *für* ein Zusammenleben ohne Zwang. Die Güte all dieser ästhetischen, technischen bzw. psychologischen Güter ist *relativ* zu bestimmten Wünschen, Bedürfnissen und Interessen. Güte "an sich" kommt allein einem guten Willen,

---

[16] K. Vorländer 1977, 294.

einem guten Menschen zu: das uneingeschränkt Gute ist das moralisch Gute. Bis dahin gingen die verschiedenen Ethiken immer von einem nicht-moralischen - kosmologischen, ontologischen, theologischen, psychologischen - Begriff des Guten aus und nahmen an, daß dessen Maximierung das moralisch Gute ausmache, so daß das Moralische von anderen Dimensionen abhängig gemacht und ihnen untergeordnet wurde - Dimensionen, die die Menschen mit allen anderen natürlichen Wesen gemein haben. Das Moralische wird damit dem Kausalitätsgesetz unterworfen, und zudem werden Vergleiche zwischen dem Menschen und anderen Naturwesen möglich. Daher läßt sich dann auch ein Gegenwert für den Tausch festlegen. Aber nicht dies ist es, was die Menschen sagen wollen, wenn sie von einem guten Willen sprechen; der Ausgangspunkt der Ethik ist diese vulgäre Vorstellung der Leute von dem, was als moralisch gut aufzufassen ist, weil die Struktur der synthetischen Urteile *a priori* der theoretischen Erkenntnis aus den Wissenschaften herauszulesen ist, während die synthetischen Sätze *a priori* der praktischen Erkenntnis dem moralischen Gewissen der Menschen eingeschrieben sind.

Damit läutet die Kantische Ethik die Ära des Deontologismus in all seinen möglichen Versionen ein: entsprechend der Charakterisierung des Deontologismus von Frankena bestimmt Kant das moralisch Gute, bevor er sich mit nicht-moralischen Gütern befaßt; entsprechend der Klassifizierung von Broad spricht er sich gegen jeden Konsequentialismus aus, wenn es darum geht, eine Handlung moralisch zu beurteilen; und folgt man der Unterteilung Webers, dann kann man sagen, daß sich Kants Ethik als *Gesinnungsethik* darstellen läßt.[17] Es geht - bezüglich die-

---

17 W. K. Frankena, Ethics, Englewood Cliffs (N. J.) 1963, 13; C. D. Broad, Five Types of Ethical Theory, London 1967, 206 ff.; M. Weber, Politik als

ser letzten Bedeutung - nicht darum, daß es schon mit der Absicht getan ist, sondern darum, alle vorhandenen Mittel einzusetzen, damit das Gute eintritt; aber auch, wenn dies nicht der Fall ist, weil die Folgen unserer Handlungen in die vom Kausalitätsgesetz regierte Welt der Phänomene gehören, ist das *moralisch Gute* in jedem Fall verwirklicht worden, da es nämlich im Wollen wurzelt. Ich stelle mit Bedauern fest, daß die heutigen kantianischen Ethiken in ihrem Bestreben, die Folgen zu berücksichtigen, zu bloßen *Verantwortungsethiken* geworden sind und damit Gefahr laufen, mit dem Verzicht auf den guten Willen die Moral in Recht und Politik aufzulösen.[18] Trotzdem, und obwohl der Kantische Deontologismus unbestreitbar ist, ist ihm der Begriff des Zwecks nicht fremd; vielmehr füllt er seinen Formalismus nach und nach mit Inhalt an, so daß man nicht behaupten kann, er sei abstrakt und leer. Dies läßt sich zeigen, wenn man die beiden ersten Kapitel der *Grundlegung* sowie die "Analytik der reinen praktischen Vernunft" betrachtet, mit der die zweite Kritik eingeleitet wird. Ich habe für die vorliegende Arbeit die *Grundlegung* zum Ausgangspunkt genommen, weil sich in ihr, wie ich meine, am deutlichsten die *Ableitung des Inhalts aus der Form* zeigt, die mit Hilfe des Zweckbegriffs vorgenommen wird. Ich werde aber zu gegebener Zeit auch auf den Beginn der zweiten Kritik eingehen.

4. Form und Inhalt des reinen Willens

Während in der *Kritik der praktischen Vernunft* Ausgangspunkt die Pflicht ist, ist es in der *Grundlegung* das moralisch Gute, dessen Analyse dann den Begriff der Pflicht

Beruf (1919), in: Gesammelte Politische Schriften, hrsg. von J. Winckelmann, 5. Aufl. Tübingen 1988, 505 ff.

[18] Vgl. A. Cortina, Einführung in die spanische Ausgabe von I. Kant, Die Metaphysik der Sitten, Madrid.

erfordert. Vor der Analyse des Pflichtbegriffs erscheint in der *Grundlegung* jedoch ein Exkurs, in dem Kant die herausragende Bedeutung des guten Willens zu rechtfertigen versucht und sich fragt, warum uns die Vernunft als praktisches Vermögen gegeben wurde.[19] Schon hier taucht der Begriff des Zwecks auf, allerdings nicht in einer für den praktischen Bereich spezifischen Form, sondern als Grundvoraussetzung für das System der Transzendentalphilosophie. Implizit wird hier nämlich eine Teleologie der Fähigkeiten des Gemüts angenommen. Die Teleologie des transzendentalphilosophischen Systems in seiner subjektiven Fassung rechtfertigt das Vertrauen darauf, daß uns alle unsere Fähigkeiten zum legitimen Gebrauch gegeben sind. Die Kritik will daher den illegitimen Gebrauch aufdecken und die Bedingungen der Legitimität *(quid iuris)* aufzeigen, in der Überzeugung, daß es einen solchen legitimen Gebrauch gibt. Dem Kantischen Deontologismus liegt also eine *Teleologie der Fähigkeiten* zugrunde; ihre spezifische Fassung auf praktischem Gebiet besteht darin zu bestreiten, daß uns die Vernunft gegeben wurde, um Glückseligkeit zu erreichen. Diese Teleologie der subjektiven Dimension des transzendentalen Systems läßt sich schwerlich als bloße Redeweise verstehen, denn es ist diese Redeweise, die es erlaubt, auf die Legitimität der durch unsere Fähigkeiten vermittelten Erkenntnis zu vertrauen.[20] Kehrt man nun zur objektiven Dimension des transzendentalen Systems zurück, so führt uns eine Kette von Momenten vom guten Willen zu dem Punkt, an dem wir die Herleitung des Inhalts des reinen Willens aus seiner Form beginnen können; denn die Analyse des guten Willens führt uns zum Begriff des Sollens und dieser wiederum zu dem eines reinen Willens als Kern der praktischen Philosophie,

[19] Grundlegung, IV, 394-396.
[20] A. Cortina 1981, 166.

weil die Feststellung eines reinen Willens die Existenz kategorischer Imperative als synthetisch-praktische Sätze *a priori* begründen kann. In solchen Sätzen drückt sich das Mysterium aus, daß wir *a priori* ein Gebot mit dem Begriff des "Willens eines rationalen Wesens" verbinden, obwohl ein solches Gebot analytisch nicht in dem Begriff enthalten ist, so daß also eine Synthese stattfindet.[21] Die große Frage der *Grundlegung* ist es, wie solche synthetisch-praktischen Sätze *a priori* möglich sind bzw. was uns dazu autorisiert, dem Willen eines bestimmten Individuums ein Gebot aufzuzwingen, das dem Willen jedes rationalen Wesens oder einem universalen Willen zuzurechnen ist. Um diese Frage zu beantworten, müssen wir uns - da hier eine synthetische Vorgehensweise zu begründen ist - in die Kritik der praktischen Vernunft vertiefen; zuvor aber sind noch einige Zwischenschritte zu tun, um *Form und Inhalt eines rein rationalen Willens*, der unter dem Zwang kategorischer Imperative steht, zu klären.
Wie schon weiter oben angedeutet, hat die praktische Erkenntnis im Prinzip nichts mit dem Irrealen, dem Nichtseienden zu tun, denn das Sollen entspricht einer Seinsform. Die Erfahrung von Mensch und Welt weist auf ein *Sollen*, für das ein künftiges *Dasein* gedacht wird. Die Lehre der Erfahrung kann nur *auf sein Sein weisen*, während die Ethik zeigt, *was gesollt* ist. Die Ethik stellt das *Seiende des Sollens* fest. Der Unterschied besteht allein darin, daß die Lehre der Erfahrung die Bedingungen des Seins im *Dasein* betrachtet, während das Sein des *Sollens* nicht dem *Dasein* entspringt. Damit ist aber nicht gesagt, daß es sich nicht auf das Dasein richtet, denn schließlicht weist es auf ein künftiges Dasein, und die Ethik versucht, die Bedingungen eines solchen Seins auszumachen, des-

[21] Grundlegung, IV, 420.

sen Dasein nicht dem Zeitwert der Gegenwart, sondern dem der Zukunft entspricht.[22]

Wenn es aber eine Realität des Sollens geben muß, dann muß es auch eine Gesetzmäßigkeit geben, aufgrund derer das Reich des Sollens besteht, eine Gesetzmäßigkeit, die den systematischen Zusammenhang zwischen den praktischen Erkenntnissen herstellt. Dieser systematische Zusammenhang der moralischen Erkenntnis findet sich im reinen Wollen, im reinen Willen. Der Begriff des reinen Willens ist also der Ausgangspunkt für die Formulierung des moralischen Gesetzes. Wir werden uns dazu zweier Begriffe bedienen, die Kant schon in der Lehre der Erfahrung benutzte und die es uns erlauben, den Vorwurf des Formalismus zu entkräften.[23]

4.1. Der reine Wille, der von allen Gegenständen des Wollens zu bereinigen ist, weil diese die empirische Materie des Willens bilden, ist die bloße *Form des Wollens*. Was aber ist der Inhalt dieser Form, der Inhalt des Sollens? Wenn *a priori* und Form identisch wären, ohne daß irgendeine Vermittlung möglich wäre, dann wäre der Vorwurf des Formalismus gerechtfertigt. In der Kantischen Ethik besteht diese Identität jedoch nicht, sondern es ist eine Vermittlung möglich, die durch einen der Vernunft eigenen Begriff geleistet wird, nämlich den Begriff des Zwecks. Mit Hilfe der Analyse des Begriffs des reinen Willens können wir *negativ* den Gegensatz zur *empirischen Materie* und *positiv* den Inhalt der Form und damit des Sollens charakterisieren.

---

[22] H. Cohen a. a. O. 138.

[23] Ich werde bei dieser Ableitung zum Teil den Vorgaben von H. Cohen a. a. O. 179-227 sowie H. Clostermann, Das teleologische Moment im Kantischen Moralprinzip. Ein Beitrag zur Frage des Formalismus und der erkenntnistheoretischen Begründung der Ethik Kants, Münster i. Westf. 1927, 9-61, folgen.

4.2. Die negative Charakterisierung besteht darin, daß man *jedes Objekt* als Moralprinzip ausschließt, da der Bestimmungsgrund des Willens nicht die Beziehung des Subjekts zum Objekt sein kann - eine Beziehung, die in der Freude über die Realität des Objekts besteht.[24] Damit ist als Bestimmungsgrund des Willens auch jeder Zweck, verstanden als "Gegenstand der Willkür (eines vernünftigen Wesens), durch dessen Vorstellung diese zu einer Handlung diesen Gegenstand hervorzubringen bestimmt wird", ausgeschlossen.[25]

Da es einen Zweck - nämlich das Glücksstreben - gibt, von dem angenommen werden kann, daß alle ihn verfolgen, zeigt diese erste, negative Charakterisierung der Form des reinen Wollens den Gegensatz zu einer Auffassung vom Glück als möglichem Bestimmungsgrund eines reinen Willens. Wenn überhaupt ein Zweck im Augenblick der Bestimmung vorläge, dann wäre dies nicht ein Zweck, den wir alle verfolgen, sondern den wir alle *verfolgen sollten*, weswegen das Glück nicht als möglicher Bestimmungsgrund des Moralgesetztes infrage kommt. Ich glaube, daß sich diese Ablehnung in der *Kritik der praktischen Vernunft* sogar auf die Förderung des universalen Glücks erstreckt. Ich will darauf angesichts der aktuellen Bedeutung des Themas und der ganz anderen Behandlung, die es in der *Metaphysik der Sitten* erfährt, in der das Glück des anderen als ein Zweck betrachtet wird, der zugleich ein Sollen ist, und in der eine Anthroponomie ausgearbeitet ist, kurz eingehen.[26]

In der *Kritik der praktischen Vernunft* wird die allgemeine Glückseligkeit aus drei Gründen als Grundzweck abgelehnt: 1) weil der Inhalt des Gebots, das seine Förderung

---

[24] KpV, V, 21-26.

[25] MdS, VI, 381.

[26] A. Cortina a. a. O. (Anm. 18).

befiehlt, empirischer Art sei; 2) weil Kant insbesondere der Frage nachging, ob die allgemeine Glückseligkeit ein mögliches Prinzip der Willensbestimmung sein könne, und dies verwarf; 3) weil der "Formalismus" des Glücksbegriffs keinerlei Analogie zu der im Kategorischen Imperativ ausgedrückten rationalen Form aufweise, da es sich um einen "Formalismus" der Vorstellung und nicht der Vernunft handele. Ich will auf diese drei Behauptungen kurz eingehen.

4.2.1. Um die Kandidatur der allgemeinen Glückseligkeit als Prinzip der praktischen Vernunft zu verwerfen, kommt man nicht umhin, die "Analytik der reinen praktischen Vernunft" heranzuziehen, und zwar insbesondere den ersten Abschnitt zu den "Grundsätzen der reinen praktischen Vernunft". Dort lesen wir, daß jedes Begehrunsvermögen ein Objekt hat, also eine Materie, die in einem Gegenstand besteht, dessen Wirklichkeit begehrt wird, und die als jener Gegenstand durch Handeln verfolgt werden kann; aber die Begierde nach dieser Materie kann prinzipiell aus zwei Gründen kein moralischer Bestimmungsgrund sein: 1) weil wir solche Gegenstände "begehren", deren Vorstellung zum Subjekt in einem als "Lust" bezeichneten Verhältnis steht, da es keine Neigung gibt, die uns auf das ausrichten würde, was uns mißfällt; 2) weil "von keiner Vorstellung irgend eines Gegenstandes, welche sie auch sei, a priori erkannt werden [kann], ob sie mit *Lust* oder *Unlust* verbunden, oder *indifferent* sein werde".[27] Dies erfordert, daß der Gegenstand der Begierde durch vorgängige Erfahrungen bestimmt wird, und verhindert folglich, daß er den Willen allgemein und objektiv zu bestimmen beanspruchen kann; die Lust gründet sich auf die *Emp-*

---

[27] KpV, V, 21.

fänglichkeit des Subjekts, denn sie ist *abhängig* von der Existenz eines Objekts. Das Subjekt ist hier nicht Schöpfer, die Existenz der begehrten Gegenstände ist nicht in seiner Hand; daher kann die Welt der materialen Prinzipien nicht die moralische Welt der autonomen Vernunft sein.
Dem, was hier soeben gesagt wurde über alle Materie des Begehrungsvermögens, die das Handeln zu bestimmen beansprucht, läßt sich entnehmen, daß die Förderung der allgemeinen Glückseligkeit, die eine Materie des Begehrungsvermögens ist, kein Gesetz der praktischen Vernunft sein kann. Dieser Ablehnung sind jedoch die Überlegungen hinzuzufügen, die Kant ganz konkret anstellt, um das Betreiben der allgemeinen Gückseligkeit als ein Sollen auf der Ebene der Begründung zu entkräften.

4.2.2. Die Anmerkung zu Lehrsatz III des genannten Abschnitts äußert sich befremdet darüber, wie es "verständigen Männern habe in den Sinn kommen können", den Wunsch nach allgemeiner Glückseligkeit als "ein allgemein praktisches Gesetz auszugeben".[28] Ohne die Wirklichkeit des Phänomens der Glücksbegierde bestreiten zu wollen, muß man letztere doch, wenn man sie als praktisches Prinzip auffassen will, verallgemeinern. Und gerade dieser Schritt ist die Feuerprobe für die objektive Gültigkeit der Maxime, die die Verfolgung der allgemeinen Glückseligkeit gebietet. Denn die Verallgemeinerung der Glücksbegierde würde zu einem doppelten Widerspruch führen: dem Widerspruch zwischen denen, die alle das gleiche wollen, um glücklich zu sein, ohne daß es für alle erreichbar ist; und dem Widerspruch, der zwischen so unterschiedlichen Wünschen auftritt, daß man gar nicht fest-

[28] Ebd. 28.

stellen kann, wie man sich verhalten müßte, um allgemeine Glückseligkeit herbeizuführen. Hieraus leitet Kant sein Grundgesetz der reinen praktischen Vernunft ab, das die Verallgemeinerungsfähigkeit der Maximen und ihre Unabhängigkeit von jeder Materie des Gesetzes betont.[29]

Der wichtigste Abschnitt für unser Thema ist jedoch die Anmerkung I zu Lehrsatz IV, worin Kant die Zurückweisung jedes materialen Prinzips ausdrücklich auch auf die Glückseligkeit fremder Wesen bezieht. Deren Glückseligkeit könne zwar Gegenstand des Willens sein, nicht aber ein Gebot darstellen, durch das sich jeder Mensch bedingungslos verpflichtet fühlt, auf eine bestimmte Weise zu handeln, weil eine solche Verpflichtung nicht *a priori* festgelegt werden könne: erst *a posteriori* sei es möglich zu wissen, ob die Glückseligkeit fremder Wesen in uns Lust, Unlust oder Indifferenz hervorruft.[30]

Es bleibt nur eine Möglichkeit, die es erlaubt, das Gebot "Du sollst die allgemeine Glückseligkeit fördern" als moralische Pflicht zu betrachten, und diese Möglichkeit ergibt sich aus der *Form* des Gebots, nicht aus seiner Materie. Keine Materie kann Bestimmungsgrund des Willens sein, aber die *Allgemeinheit der Form* kann dem Willen Materie verleihen, wie dies gerade beim Prinzip der allgemeinen Glückseligkeit der Fall ist.

Aus der Sicht des Transzendentalidealismus hat jeder Mensch eine Materie des Begehrungsvermögens - nämlich sein eigenes Glück -, die er nicht in den Rang eines objektiven praktischen Gesetzes erheben kann, wenn er nicht das Glück der anderen miteinschließt, denn die Form der Vernunft ist die Allgemeinheit. Das bedeutet, daß die Ursprungsmaxime - wonach die Verfolgung des eigenen Glücks geboten wäre - ihrer Form nach verallgemeinert

[29] Ebd. 30.
[30] Ebd. 34.

werden muß. Und gerade diese *Verallgemeinerung der Form*, ohne die die Maxime kein praktisches Gesetz darstellen kann, erfordert, daß der ursprünglichen Materie - dem eigenen Glück - die Materie beigefügt wird, die im Glück der anderen besteht. Mit Kants eigenen Worten: "[U]nd also war das Objekt (anderer Glückseligkeit) nicht der Bestimmungsgrund des reinen Willens, sondern die bloße gesetzliche Form war es allein, dadurch ich meine auf Neigung gegründete Maxime einschränkte, um ihr die Allgemeinheit eines Gesetzes zu verschaffen, und sie so der reinen praktischen Vernunft angemessen zu machen, aus welcher Einschränkung, und nicht dem Zusatz einer äußeren Triebfeder, alsdann der Begriff der *Verbindlichkeit*, die Maxime meiner Selbstliebe auch auf die Gückseligkeit anderer zu erweitern, allein entspringen konnte."[31] Niemals kann folglich ein Inhalt als Kriterium für die Unterscheidung der Moralität von anderen Inhalten dienen. Unabhängig davon, ob sich der Inhalt nur auf das Subjekt selbst oder auf fremde Wesen bezieht (obwohl ersteres weniger verallgemeinerungsfähig ist), ergibt sich die praktische Wahrheit eines Gebots nicht aus der Anpassung eines Inhalts an einen anderen, sondern aus der Anpassung des Inhalts an die moralische Gebotsform. Daher gilt: "Das Prinzip der Glückseligkeit kann zwar Maximen, aber niemals solche abgeben, die zu Gesetzen des Willens tauglich wären, selbst wenn man sich die *allgemeine* Glückseligkeit zum Objekte machte."[32]

4.2.3. Man kann schließlich sagen, daß die Förderung der allgemeinen Glückseligkeit eine Pflicht ist, weil der Gattungscharakter des Glücksbegriffes ebenso der empirischen Erfüllung bedarf wie der Begriff des Imperativs: er

31 Ebd. 34 f.
32 Ebd. 36.

ist genauso formal wie der des Imperativs selbst. Meines Erachtens ist jedoch der Begriff des Glückes zwar *unbestimmt*, aber gerade, weil er *nicht formal* ist. Die kopernikanische Wende bedeutet, daß das Subjekt alle Dinge erkennt, die es sich selbst zu erkennen vorstellt. Diese Vorstellungen sind aufgrund ihres Apriorismus formal und bilden die Bestimmung der Materie, die sich ihnen gegenüber als das Unbestimmte darstellt. Das Subjekt kann die Form, in der es erkennt und mit der es arbeiten muß, nur vor der Erfahrung bestimmen. Von dieser Art formaler Vorstellungen ist auch der Kategorische Imperativ, und deswegen ist er vor seiner Anwendung auf die Erfahrung bestimmt. Es handelt sich nicht um ein vor seiner Anwendung unbestimmtes Prinzip, weil keine Vorstellung *a priori* vor ihrer empirischen Erfüllung unbestimmt ist. Tatsächlich bestimmen diese Vorstellungen die Erfahrung, wie im Falle des Imperativs, der eine rationale Form ist.
Der Begriff des Glücke dagegen zeigt, daß er keine formale Vorstellung ist, weil er vor dem Bezug zur Erfahrung unbestimmt ist: Seine Unbestimmtheit *a priori* enthüllt seinen empirischen Ursprung. Also ist "die Aufgabe: sicher und allgemein zu bestimmen, welche Handlung die Glückseligkeit eines vernünftigen Wesens befördern werde, völlig unauflöslich, mithin kein Imperativ in Ansehung derselben möglich sei, der im strengen Verstande geböte, das zu tun, was glücklich macht, weil Glückseligkeit nicht ein Ideal der Vernunft, sondern der Einbildungskraft ist, was bloß auf empirischen Gründen beruht".[33]

4.3. Zur Form des reinen Willens paßt also keinerlei empirische Materie, und deswegen haben wir auch mit einer negativen Charakterisierung begonnen. Der positive Ge-

[33] Grundlegung, IV, 418; KU, V, 430.

halt des praktischen *a priori* ist jedoch schon in der Form einer allgemeinen Gesetzgebung skizziert.[34] Welchen Inhalt müssen wir in dieser Form als Inhalt des Sollens erkennen? Kann man mit einer *"reinen" Materie* rechnen, die eine Brücke zwischen reiner Form des Wollens und empirischer Materie bildet?

Wäre eine solche Vermittlung möglich und notwendig, dann könnte sie nur durch einen der Vernunft eigenen Begriff stattfinden: den Begriff des *Zwecks*. Denn während Kant einerseits jeden Zweckbegriff als Bestimmungsgrund des reinen Willens auszuschalten scheint, behauptet er andererseits doch paradoxerweise, daß die Idee des Zwecks in jeder Handlung zugegen ist und ihr Rationalität verleiht. Die Eigenschaften eines Zwecks der reinen Form des Wollens müßten selbstverständlich aus der Form der allgemeinen Gesetzgebung abgeleitet werden. Wenn wir uns der Mühe unterziehen, dem Begriff des Zweck des reinen Willens solche formalen Charakteristiken zu entnehmen, dann kommen wir auf die folgenden:

Der Zweck muß allgemein und notwendig sein; wir *sollen* ihn alle haben, so daß er allgemein verlangt werden kann; er kann sich nicht auf Sinnesneigungen stützen, sondern auf die Neigung des *homo noumenon*, das moralische Gesetz anzuerkennen und es sich zu eigen zu machen, ist also (als moralisches Interesse oder als Respekt) eine rationale Neigung; es muß sich um einen absoluten, einen Endzweck und folglich um einen unabhängigen Zweck handeln; er wird nicht von der Natur erzwungen, sondern ist frei; und schließlich muß es ein formaler Zweck sein, der sich als Ordnungsprinzip darstellt. Er ist es, der die subjektiven, relativen, willkürlichen materiellen Zwecke bestimmt; auf diese Weise scheinen die vielfältigen Zwecke

[34] KpV, V, 27; Grundlegung, IV, 421.

des empirischen Menschen durch ihn geordnet und moralisch bestimmt.[35]

Aus alledem ergibt sich, daß wir den reinen Zweck zugleich als Materie und als Form auffassen können. Er ist Materie *a priori*, reine Materie des Willens, und andererseits Form der empirischen Materie des Wollens. Er wird zum Bestimmungsgrund des Willens *(Grundzweck)*, aber nur durch die präskriptive Kraft des Moralgesetzes. Deswegen kann man mit Clostermann sagen: "Wenn der ethische Zweck einerseits Form der *empirischen* Materie ist, dann kann er zugleich Materie, und zwar *reine* Materie gegenüber der bloßen Form des Gesetzes sein."[36]

Der ethische Zweck bedeutet also die Vermittlung zwischen reiner Form des Wollens und empirischer Materie, die er ordnet und daher moralisch bestimmt. Welcher Idee können wir diese formalen Charakteristiken des ethischen Zwecks zuschreiben, wonach er den analytisch der reinen Form des Wollens *entnommenen* Inhalt des Sollens darstellt?

4.4. Als Form bedeutet der ethische Zweck Synthese *(Zusammenfassung)*. Betrachten wir das Wollen als individuell, dann hat es nur in seinem Objekt einen Wert. Sieht man aber vom Objekt ab und muß den Wert in der Form suchen, dann kann man es nicht als individuell betrachten, sondern muß es mit einem anderen Wollen zusammenfassen. Die Form bedeutet allgemeine Synthese, die subjektive Maximen zum Verschwinden bringt.

All dieses nun geleitet uns zu den Formulierungen des Imperativs, die als "Zweck an sich selbst" und "Reich der Zwecke" bekannt sind. Darin bietet die *Idee der Menschheit* als höchste einschränkende Bedingung aller subjekti-

[35] G. Clostermann a. a. O. 36-55.
[36] Ebd. 58.

ven Zwecke eine neue Charakterisierung des formalen Gesetzes: *die Idee der Menschheit ist der Bestimmungsgrund des Willens, der Grund des Gesetzes selbst.* Daraus ergibt sich die Formulierung des gesetzgebenden Willens, die uns zum höchsten Prinzip der Moral führt: zum *Prinzip der Autonomie des Willens.* Bevor Kant dieses Prinzip in der *Grundlegung* formuliert, greift er noch einmal den Begriff des guten Willens auf und weist ihm die formalen Charakteristiken zu, die wir bis hierhin erarbeitet haben: Der gute Wille muß im Handeln Maximen folgen wollen, die zu allgemeinen Gesetzen werden können; Materie des guten Willens sind die Zwecke an sich selbst; der gute Wille muß nach Maximen handeln, die man sich als gesetzgebendes Mitglied eines möglichen Reichs der Zwekke selbst gibt.[37] Dies ist das *moralisch Gute*, und daher ist das höchste Prinzip der Moralität das der Autonomie des Willens. Die Form der allgemeinen Gesetzgebung ist die Gemeinschaft autonomer Wesen, in der die Idee der Menschheit verwirklicht und die Endzweck ist. Deswegen kann Cohen sagen: "[I]n dieser Gemeinschaft besteht der Inhalt des *a priori*, der Inhalt der ethischen Wirklichkeit."[38]

5. *Würde, nicht Preis: Jenseits des Ökonomizismus*

Die Kantische Ethik bietet also keinen Formalismus, der inhaltlich beliebig gefüllt werden könnte; denn die Form des rationalen Willens bringt uns analytisch dazu, ihm einen *reinen Inhalt: nämlich die Idee des Menschen als gesetzgebendes Wesen* zuzuweisen. In diesem Gehalt liegt die Antwort auf die weiter oben gestellte Frage: Was ist es, das es uns erlaubt, dem partikularen Willen eines ratio-

37 Grundlegung, IV, 436 und 437.
38 H. Cohen a. a. O. 227.

nalen Wesens eine auf die Allgemeinheit ausdehnbare, nicht mit Hilfe der Kategorien von Zweck und Mittel aus dem Begriff dieses Willens herausdestillierte Gesetzgebung zuzuschreiben? Worin wurzelt das Geheimnis der kategorischen Imperative als synthetische Sätze *a priori*?
Das Geheimnis wurzelt in der Tatsache, daß uns der Begriff des reinen Willens selbst zu dem eines allgemein gesetzgebenden Willens führt, nämlich zur Gemeinschaft von Wesen, die sich selbst Gesetze geben. Der partikulare Wille kann und muß mit einer allgemeinen Gesetzgebung verbunden werden, deren ethischer Gehalt in der in jedem Menschen vertretenen Menschheit und in der Gemeinschaft von Wesen, die sich selbst Gesetze geben, verwirklicht wird.
Die Kantische Freiheit ist bekanntlich nicht eine Freiheit der Unbestimmtheit, sondern der Selbstbestimmtheit; sie drückt sich in der Zugehörigkeit des Menschen zu zwei Welten aus. Falls die bis hierhin vorgenommene Analyse richtig ist, dann muß man, damit sie Sinn macht, davon ausgehen, daß der Mensch zu einer Verstandeswelt und zu einer Sinnenwelt gehört. Wir müssen also das menschliche Handeln aus zwei Blickwinkeln betrachten: zum einen aus der Perspektive der kausalen Erklärung, die sich auf der raum-zeitlichen Dimension abspielt, zum anderen aus der Perspektive des Denkens einer "Kausalität aus Freiheit", die sich nur verstehen, nicht aber erklären läßt. Sollte allerdings die vorstehende Analyse falsch sein, dann ist auch diese Annahme überflüssig.
Eine Diskussion der Zweiweltenlehre würde den Rahmen dieser Arbeit sprengen. *Ich wollte hier nur die Kantische Ethik gegen den Vorwurf des Formalismus verteidigen und zeigen, daß der ethische Gehalt, den sie bietet, uns über den Ökonomizismus hinausführt.* Auf letzteres möchte ich abschließend noch kurz eingehen.

Die so umstrittene Lehre von den "zwei Welten" - die selbst von den heutigen "Neo-Kantianern" abgelehnt wird - ist, wie ich meine, sehr viel fruchtbarer, als uns Neo-Kantianer und Neo-Hegelianer heute glauben machen wollen. Erstens glaube ich nämlich, daß jeder, der zum Verständnis der Realität einen *Moment der Idealität* für nötig hält, Metaphysik - wenn auch in einem übertragenen Sinne des Wortes - betreibt.[39] Und zweitens ist es die Anerkennung dieses Momentes der Idealität, die es den Menschen erlaubt, den ökonomizistischen Determinismus zu überwinden.

Horkheimer beklagte, daß Kant nicht erkannt habe, daß sich individuelle Interessen nicht auf psychologische Interessen reduzieren lassen. Solchen Interessen lägen die materiellen Interessen einer kapitalistischen Gesellschaft zugrunde, die durch ihre ökonomische Basis bestimmt sei. Kant habe diesbezüglich eine geniale Idee gehabt: Die Individuen könnten sich durch zwei Arten von Gesetzen leiten lassen, nämlich vom Naturgesetz, das nichts anderes sei als das ökonomische Gesetz des individuellen Nutzens, wie es dem System des freien Wettbewerbs eigne, und vom *Moralgesetz* einer freien menschlichen Gesellschaft. Das Naturgesetz schreibe Egoismus vor, da das Überleben nach altruistischen Regeln in einer Konkurrenzgesellschaft undenkbar sei. Andererseits gebe es im Menschen aber auch das moralische Bedürfnis, die Imperative des Egoismus im Interesse einer Gesellschaft freier und gleicher Menschen zu überwinden. Die Verstandeswelt, die Gemeinschaft sich selbst Gesetze gebender Wesen, bedeute die Möglichkeit, eine Welt hinter sich zu lassen, die einer "Soziallotterie" unterliege, welche die Menschen ungleich mache, und die Gleichheit aller sich selbst Gesetze geben-

[39] J. Conill, El crepúsculo de la metafísica, Barcelona 1988.

den Wesen zu leben. Der einzige Zweifel, der sich ergebe, sei folgender: Kann die bürgerliche Gesellschaft die materiellen Bedingungen für die Verwirklichung dieser rationalen Gesellschaft liefern, in der das Interesse eines jeden Individuums mit dem Allgemeininteresse übereinstimmt? Sicher nicht, denn die bürgerliche Gesellschaft schreibe ja um des Überlebens willen Egoismus vor, verlange aber andererseits moralisch Altruismus. Dies bringt Horkheimer dazu, eine materielle Transformation im Hinblick auf die Verwirklichung des Reichs der Zwecke vorzuschlagen - eine von der bürgerlichen Gesellschaft nahegelegte Verwirklichung, die aber über diese hinausgehe.[40]

Ähnlich äußert sich auch Ernst Bloch in seinem *Prinzip Hoffnung*: "Und wenn nun der scheinbar so strenge Vorschlag Kants seiner Zeit voraus war? Und wenn er in seiner Richtung einen Mut und ein Glück enthielt, die nur darauf warten, sich schließlich tatsächlich zeigen zu können? [...] Denn die Kantische Forderung, die allen anderen Forderungen zugrundeliegt, daß nämlich der Mensch niemals als Mittel, sondern immer als Zweck zu betrachten ist, ist keine bürgerliche Forderung; vielmehr ist es eine Forderung, die in einer Klassengesellschaft niemals erfüllt werden kann."[41]

Der ethische Gehalt der Form des reinen Willens läßt sich - nach Horkheimer und Bloch - weder in einer bürgerlichen noch in irgendeiner in Klassen unterteilten Gesellschaft verwirklichen. Ich möchte jedoch noch weiter gehen: Die Kantische Behauptung vom Zweck an sich selbst läßt sich in keiner Gesellschaft verwirklichen, die alle Dinge dadurch instrumentalisiert, daß jeweils ihr Gegenwert

---

40 M. Horkheimer, Materialismus und Moral, in: Zeitschrift für Sozialforschung II (1933); A. Cortina, Crítica y utopía: la Escuela de Frankfurt, Madrid 1985, 144 f.; dies., Etica mínima, Madrid 1986, 273 f.

41 E. Bloch, Das Prinzip Hoffnung, Frankfurt a. M. 1959, GA 5, 1 022.

festgestellt wird, um so ihren Tauschwert zu bestimmen. Wenn alles Mittel für etwas anderes ist, dann läßt sich das Gesetz des Preises verallgemeinern, indem man Nutzen vergleicht.
Wenn es aber etwas gibt, dem sich kein Nutzen zuschreiben läßt, dann gibt es für dieses Etwas auch keinen möglichen Gegenwert. Dieses Etwas einzutauschen, würde bedeuten, gegen seine Natur zu handeln. Deswegen ist trotz aller Bemühungen des Ökonomizismus niemand dazu legitimiert, einen Preis dafür festzulegen: Es hat nämlich keinen Preis, sondern Würde.
Angesichts der harten Alternative "Für oder gegen Kant?" spricht sich die Autorin dieser Zeilen daher unbedingt *für* ihn aus.

Komplexes Subjekt, narrative Identität, Modernität des Südens

Von Carlos Thiebaut

Identität und Wort

Identität besitzen heißt nicht, einen festen, gesicherten Platz haben auf einer Landkarte, die ganz exakt - endgültige - Definitionen von dem, was wir sind, verzeichnet. Es heißt auch nicht, daß wir etwas besitzen, das wir mit uns nehmen könnten, als erkennbaren Hinweis darauf, wie wir zu behandeln sind und wie wir selbst andere zu behandeln haben. Und schließlich heißt Identität besitzen auch nicht, daß wir ein Schlüsselwort, ein entscheidendes Merkmal (einen Eigennamen) angeben könnten, das unsere eigene, persönliche Form des Menschseins in sich bergen und aufzeigen könnte - diese je besondere Ausprägung, die wir für einzigartig, unwiederholbar und nicht auf ihre einzelnen Gesten reduzierbar halten. Und doch sind wir auch - und vielleicht sogar ausschließlich - das Kompendium jener Gesten, jenes Namens, jener Dinge, die wir als gesellschaftliches Etikett tragen, jenes Ortes in der Topographie unserer Welt.

Mit den folgenden Überlegungen möchte ich zeigen, daß unsere Identität nicht unbedingt unverständlich oder inexistent sein muß, nur weil es keinen endgültigen heiligen (religiösen, politischen oder philosophischen) Text mehr gibt, der uns ohne Umschweife, direkt und unmittelbar jenen Namen, jenes letzte Wort lieferte, auf das sich die Identität reduzieren läßt. Wenn Identität nicht Besitz eines dieser Zeichen-Räume ist, dann ist es vielleicht ganz im

Gegenteil eine bestimmte Art von Aktivität, von Konstruktion, von Produkt und Produktion, die in diesen Räumen abläuft. Wenn Identität nicht das ist, was sich unmittelbar und direkt zeigt, dann ist es vielleicht das, was reflexiv, mittelbar und komplex konstruiert wird. Die dieser Arbeit zugrundeliegende Perspektive zielt darauf ab, daß die komplexen Subjektivitätsformen, wie sie sich in der Moderne bilden, dieses Netz, das das Wort stützt, das wir sind, sich der - gleichfalls modernen - Formen von Textualität bedienen können, um die Stimme zu erhalten, mit der sie sich ausdrücken können. Die folgenden Seiten wollen daher Entwicklungslinien eines narrativen Verständnisses unserer Subjektivität aufzeigen.

All dies ist eingebettet in die Aufgabe, das Programm einer *narrativen Ethik*[1] zu konstruieren bzw. zu rekonstruieren: unsere Moral narrativ zu verstehen und die komplexe Konstruktion der modernen Subjektivität als Ethik aufzufassen. Es ist also wichtig, sich dieses Grundmotiv, auf das ich erst am Ende dieser Arbeit wieder zurückkommen werde, das aber den Hintergrund für die gesamte Arbeit bildet, vor Augen zu halten. Vielleicht gibt es keine angemessenere Auffassung von unserer Moralität als diese notwendige strukturelle Beziehung zwischen jenen beiden Komplexitäten, nämlich der unserer Subjektivität und der der Textualität, in der wir einen Namen erhalten, Namen geben, sein können. Wenn wir, um zu sein, wer wir sind, und um zu sagen/wissen, wer wir sind, jenen urbildlichen Namen besäßen, den uns ein heiliger, göttlicher, ebenfalls urbildlicher Text vermittelte, dann würde jede Untersu-

[1] J. Luis Aranguren hat häufig von der narrativen Konstruktion der Identität gesprochen. Seine Sammlung von Aufsätzen *Sobre imagen, identidad y heterodoxia*, Madrid 1981, analysiert an verschiedenen Stellen die hier angesprochenen Themen. Zur Konstruktion der moralischen Dimension in der Alltagswelt vgl. auch sein *Moral de la vida cotidiana, personal y religiosa*, Madrid 1987.

chung der komplexen Beziehungen zwischen der Identität und ihrer Gegenwart zu der Ebene des philosophischen Diskurses gehören, die man Ontologie nennt. Da aber diese Ebene bzw. dieser Urtext nicht existieren (weder als Ontologie noch als privilegierte Sprache), kann und muß die Konstruktion unserer Identität und ihrer Bindungen an die Epoche als Ethik existieren.

Wir stehen nicht außerhalb der Texte, in denen wir von den Ereignissen unseres Lebens erzählen. Diese Erzählungen - immer wiederkehrender autobiographischer Akt - lassen sich nicht von dem trennen, was wir tatsächlich sind. Die Texte sind manchmal unsere eigenen - ausdrücklich autobiographisch angelegten oder auch nicht unbedingt auf diese Gattung zurückgreifenden - Erzählungen, in denen wir uns unser Leben und dessen Ereignisse erzählen, um uns unsere Welt verständlich zu machen, oder es sind - vielleicht noch einfacher - die Bilder, die wir uns von uns selbst oder die sich die anderen von uns machen, wenn sie mit uns kommunizieren und interagieren. In der Gesamtheit dieser Texte ist die Erinnerung daran aufbewahrt, wer wir sind. Wir erzeugen sie schon allein dadurch, daß wir leben, aber wir werden auch von ihnen erzeugt, denn in ihnen sind unsere Identitätsmerkmale - unsere "besonderen Kennzeichen" - verwahrt. Autobiographische Fragmente zeugen von dem, was wir waren und sind, sind aber auch die Form, in der wir die Identität, die wir sind, konstruieren. Indem und weil wir auf diese Sequenz zurückgreifen und sie rezitieren, können wir sagen, wer wir sind.[2] Jedoch ist der Text - die mehr oder weniger geordnete Anhäufung der Erzählungen und fragmentari-

[2] Ich spreche hier selbstverständlich die von Harold Garfinkel und anderen Ethnomethodologen analysierten Praktiken der Rechenschaftsgebung - *accounting practices* - an; für eine allgemeine Darstellung vgl. John Heritage, Garfinkel and Ethnomethodology, Cambridge 1984.

schen Bilder unseres Ich - nicht allein schon der Sinn unseres Lebens, auch wenn dieser Sinn nur in ihm aufscheint (konstruiert, artikuliert wird). So wie die Geschichte der Ursachen des Gegenwärtigen den Sinn (den Grund) dessen zeigt, was sich ereignet, nicht aber selbst Grund dafür ist, daß es sich ereignet. Oder wie das Ergebnis oder Produkt einer Aktivität nicht dasselbe wie die Aktivität selbst. "Wir sind" bedeutet also zweierlei: erstens, daß ich als Ergebnis meines Textes erzählt werde (die Textualität meiner Identität in dem Sinne, daß meine Identität immer einen Text verlangt, in dem sie erscheint und dessen Ergebnis sie ist), und zweitens, daß ich als das Subjekt der Aktivität, die die Worte verlangt, die dieser Text enthält, um gesagt werden zu können, Erzähler bin (diese *performative* Identität, die andeutet, daß ich, um zu sein, einen Text konstruieren muß). Wir sind also sozusagen Ergebnis, erzeugtes Endprodukt, Perlokutivum, das durch die Tatsache, daß und wie wir uns erzählen - das Lokutivum unserer Identität - induziert und das konstruiert wird in der Aktivität, die wir damit, daß wir uns erzählen, entfalten, im Illokutivum unseres selbsterzählerischen Wesens.
Unsere Identität wird also in den Erzählungen und im Erzählhandeln konstruiert. Ihr Text und ihre Textualität können jedoch viele Dimensionen bzw. viele Dynamiken besitzen. Die Feststellung der (autobiographischen) Textualität jedes Subjekts ist ein erster Schritt, aber damit ist nicht gezeigt oder gewußt, welche Identitäten wir uns konstruieren und wie wir dies tun; so wie das Festlegen einer Grammatik nicht bedeutet, daß man eine Sprache spricht, etwas in dieser Sprache sagt. Identität ist nun aber eine bestimmte Seinsform im Unterschied zu anderen: sie bedeutet Wahl, Auswahl. Jemand sein heißt, nicht anders sein, wenn auch das, was heute nicht Teil von dem ist, was wir sind, sehr wohl zentraler Teil von dem sein kann, was wir

in Zukunft einmal sein werden: keine Identität ist abgeschlossen; keine Identität ist nur einem einzigen Moment zugehörig. Wir wissen, daß zur Konstruktion unserer Identität nicht alles dienlich ist, daß es zwar Elemente, Parameter, gibt, die Zutaten zu dem sind, was wir sind (wir benutzen sie bei der Konstruktion dessen, was wir sind), daß es aber auch Elemente gibt, die wir dafür ablehnen.

Fahren wir aber nun in dem Bemühen fort, die ethischen Dimensionen jener Prozesse der Identitätskonstruktion zu klären. Ich werde dabei - was wohl angesichts eines notwendigerweise modernen, weil post-hegelianischen Denkens kaum überraschen kann - die historische Dimension dieser Prozesse besonders hervorheben. Der zu benennende Raum - der Text unserer Identität - hat ein zeitliches Korrelat, er wird in einem bestimmten geschichtlichen Augenblick konstruiert und definiert diesen in gewisser Weise auch: der "Text" steht in einer Beziehung zu seiner Vergangenheit und seiner Zukunft, die sozusagen die Tonart des Prozesses der Identitätskonstruktion definiert und auch so etwas wie den Ton der Epoche angibt, der Epoche nämlich, in der diese Konstruktion der Identität stattfindet. Unsere Moral, unsere Identität, unsere textgebundene Subjektivität ist nicht nur von Zeitlichkeit gefärbt, sondern ist sogar unverständlich, wenn sie nicht historisch ist. Die Frage nach dem Ursprung selbst - Wer sind wir? Was tun wir? - macht für uns nur Sinn von jenem gewachsenen Geschichtsbewußtsein aus, das - wie wir sehen - den Debatten der reflexiven Moderne zugrundeliegt. Tatsächlich bringt uns die Erforschung unserer Identität, die dieses Nennen konstruiert, in unserem Fall zum Kern der umstrittenen Epochendefinition unserer Zeit: zum Streit um die Moderne. Die Frage, wer wir sind - welcher Text uns ausmacht, und welchen Text wir machen - führt uns zu der Frage nach der Zeit, die Stoff dieses Textes ist. So bedeu-

ten Anmerkungen zur Untersuchung unserer Moralität und unserer textuellen Subjektivität heute auch einen Beitrag zur Definition der Moderne.
Die Begriffe der Subjektivität, Textualität und Modernität scheinen in den gegenwärtigen Auseinandersetzungen, in denen wir unsere Zeit und uns selbst definieren, unlösbar vereint. Für Lyotard - um hier nur kurz auf eine extreme Position einzugehen - ist Narrativität das allumfassende Heilmittel für jene Krankheit, aus der die Moderne selbst bestand; sie wird so zum Leitmotiv seiner Kritik an einer rationalistischen Moderne, nachdem das alte Paradigma, wie es heißt, sich als verbraucht erwiesen hat: Der Weg der deduktiv-argumentativen Vernunft, wie sie in rationalistischen und Vernunfttheorien verkörpert war, ist erschöpft, die Rückkehr zur meta-philosophischen, narrativen Betrachtung der Epoche drängt sich auf.[3] Narrativität ist daher gleichbedeutend mit "Ende der rationalen Moderne". Andere Analysen dagegen zielen darauf ab, die unvermeidlich narrative Struktur von Kulturkritik und Kulturwandel, von praktischen Argumenten in ihrem Alltagskontext usw. zu zeigen. Das Zusammenfließen dieser und anderer Perspektiven in der poststrukturalistischen und postanalytischen Ära hat einen Rahmen geschaffen, in dem das Wort "narrativ" derart viele Bedeutungen transportiert, daß es zu einer eher verwirrenden, riskanten Vokabel geworden ist. Es kann nämlich die einzig bedeutungsvolle Form des Diskurses bezeichnen, außerhalb derer wir in die verschiedenen reifizierenden Fallen der Vernunft tappen; es kann sich auf jene Wirklichkeitsebene beziehen, die in unserer Kultur inzwischen unterdrückt ist (wie zum Beispiel das Vehikel der symbolischen Vorstellungskraft oder eines ihrer Äquivalente); es kann mit der

[3] Es geht hier um den Text von J. F. Lyotard, Das postmoderne Wissen, Graz 1986 (franz. Original: La condition postmoderne, Paris 1979).

Art und Weise zusammenhängen, in der wir unsere Verhaltensweisen rechtfertigen und verstehbar machen, und damit auf die verschiedenen Prozesse der Konstruktion des moralischen Subjekts verweisen; oder es kann einfach die spezifischen Formen der Konstruktion von Bedeutung im alltäglichen Interaktionskontext bezeichen - ganz zu schweigen von der Fülle unterschiedlicher Gebrauchsweisen, die das Wort im "professionellen" Kontext der Kultur- und Literaturkritik erhalten hat.
Vielleicht kann man für die Zwecke der vorliegenden Arbeit - die Analyse der komplexen Formen der Konstruktion moderner Subjektivität - diese verwirrende Vieldeutigkeit in zwei große Deutungsgruppen mit dem jeweiligen Schlagwort zusammenfassen: einerseits, was man die "postmoderne" Auffassung von Narrativität, andererseits, was man die "diskursive" Auffassung von Narrativität nennen könnte. Unter dem "postmodernen" Begriff der Narrativität lassen sich die verschiedenen (und vielleicht gar nicht äquivalenten) Analysen der Modernitätskritik verstehen. Narrativität wäre demnach die "Kehrseite" der Aufklärung und ihres Argumentes, das Gegenbild zur Vernunft bzw. zur rationalen Argumentation. Ihr Aufkommen in diesem Zusammenhang verläuft gewissermaßen parallel zur Wiederentdeckung der Ideen der Erinnerung bzw. Imagination, durch die man seit Beginn der Moderne die aufgeklärte Idee der Vernunft und ihre unvermeidlichen Paraphernalia (subjektzentrierte Erkenntnis, Universalität, Formalismus usw.) ergänzen bzw. ersetzen wollte. Mit diesem philosophischen Begriff der Narrativität geht explizit oder implizit eine politische und kulturelle Diagnose unserer Zeit einher: Das postmoderne Selbstbewußtsein der Gegenwart richtet seine Vorwürfe gegen jeden, der für die Defizite dieser Gegenwart bzw. für die Brüche in der Erzählung, die wir aus ihr machen könnten, verantwortlich

ist, gegen die Menschen oder Dinge, die man der Nichteinhaltung des Versprechens von Freiheit, Gleichheit, Brüderlichkeit oder des Nichterreichens des Zieles menschlicher Emanzipation anklagen kann.
Dieser postmoderne, kritische Begriff der Narrativität verbindet sich normalerweise mit verschiedenen Strömungen der zeitgenössischen Kritik, die sich - wie auch ich dies hier tun will - dessen bedienen, was ich den "diskursiven" Begriff genannt habe, der die Idee enthält, daß die Prozesse sozialer Interaktion und praktischer Argumentation in modalen und temporalen narrativen Strukturen wahrgenommen und konstruiert werden. Der Begriff ist also ein epistemologischer Ansatz und bezieht sich auf diejenigen Analyseformen, die man zur Untersuchung der heutigen Gesellschaft, der materialen Verfassung der Moralität und der Art und Weise der Bedeutungszuweisung und -konstruktion für angemessen und notwendig halten kann. Die komplexe Rationalität narrativer Strukturen (wie sie sich z. B. in der Literaturkritik, in der Semiotik, in historiographischen Untersuchungen oder in der psychoanalytischen Therapie zeigt) war wesentlich für das, was man mit einer Foucaultschen Wendung die Mikrophysik der Bedeutung nennen kann. Der Begriff ist aber, wie gesagt, mit dem oben erwähnten eng verbunden, und man muß annehmen, daß die politikphilosophische These, die sich dahinter verbarg, auch in der diskursiven Analyse eine Rolle spielt, als ob die Anerkennung der methodologischen Relevanz der Narrativität gleichzusetzen wäre mit einer kämpferischen Haltung gegen eine Einheitsfront von Aufklärung, Moderne und Vernunft, die deren Grenzen bemerkt und folglich dafür eintritt, die Aufgaben der Philosophie oder die Zukunft der Gattung ganz anders zu denken.
Obwohl solche Gleichsetzungen gang und gäbe sind, kann man doch nicht ohne erhebliche Vereinfachungen behaup-

ten, daß sich die beiden Thesen gegenseitig implizieren. In Übereinstimmung mit dem, was ich hier bisher dargestellt habe, ist im Gegenteil die Vermutung angebracht, daß uns die diskursive, methodologische Herangehensweise nicht dazu verpflichtet, die postmoderne bzw. philosophische Version zu akzeptieren, ja mehr noch, daß dieser diskursive Begriff so verstanden werden kann, daß er zu einer anderen Perspektive beiträgt, aus der die Idee der Moderne in der Definition der Aufgaben der Gegenwart ihren Platz nicht verliert und aus der daher die Moderne aussieht wie die Epochendefinition unserer komplexen Subjektivität, unserer immer schon notwendigerweise modernen Identität. Die Beiträge einer narrativen Wende der Ethik könnten daher vielleicht mithelfen, die normativen Inhalte der Gegenwart zu bestimmen. In ihnen sammeln sich die noch unvollendeten Aufgaben der Autonomie und Emanzipation, die der noch immer gültigen Sprache der Moderne entsprungen sind und um die herum sich das Selbstverständnis moderner Subjektivität bildete.

Die Obskuritäten der normativen Moderne ...

Jürgen Habermas hat erst kürzlich einen Ausdruck eingeführt, mit dem er die obskursten und radikalsten Dimensionen unserer Gegenwart einfangen wollte: Wir erleben "die neue Unübersichtlichkeit", den erneuten Verlust von Horizont und Perspektive, neue Intransparenz, obskure Komplexität.[4] Diese neue *aetas obscura* ist offenbar keine Wiederholung jenes anderen Momentes der europäischen Kultur, den wir noch immer für das Paradebeispiel bzw. den Prototyp von Obskurität, Dekadenz oder Barbarei halten. Wir befinden uns nicht so sehr in einem neuen Mittel-

[4] J. Habermas, Die Neue Unübersichtlichkeit. Die Krise des Wohlfahrtsstaates und die Erschöpfung utopischer Energien, in: ders., Die Neue Unübersichtlichkeit, Frankfurt a. M. 1985, S. 141-163.

alter, als vielmehr, wie Habermas feststellt, in einer durch die Erschöpfung der utopischen Energien der Moderne hervorgerufenen Unübersichtlichkeit. Man kann den Habermasschen Ausdruck benutzen um anzudeuten, daß unsere Zeit zu einer *reflexiven Moderne* geworden ist: Es ist nicht mehr möglich, jenseits der Gegenwart einen Ankerplatz für die Hoffnungen zu finden, die wir noch nähren können. Es gibt keine Geschichtsphilosophie mehr, die eine distanzierende Haltung gegenüber der Derzeitigkeit rechtfertigen würde und von der aus man die normativen Diskurse rekonstruieren könnte, die es uns erlauben, sie abzulehnen - so sehr uns auch solche Erzählungen oder Meta-Erzählungen zeitlich recht nahe stehen. Geschichtsphilosophien setzen, sollen sie ethisch fruchtbar sowie auf das Handeln von Menschen und nicht auf die Willkür der Götter oder des Schicksals bezogen sein, die Existenz eines oder mehrerer Subjekte voraus - und die verschiedenen Schiffbrüche dieser Begriffe sind noch nicht so lange her, daß wir die Gefahren solcher Wege vergessen hätten. Andererseits scheint es auch nicht leicht, starrsinnig an einer Auffassung der Gegenwart festzuhalten, die von einer Dynamik der bisherigen Geschichte ausgeht, wo wir uns doch gerade immer bewußter zu werden scheinen, daß es die Vergangenheit ist - daß es immer die Vergangenheit war -, die als (vielfach gebrochenes) Bild der Gegenwart dargestellt wird. Die Antike, das goldene Zeitalter, ist nichts anderes als ein geschönter Traum vom Hier und Heute.

Habermas hat die neue Obskurität als die Erschöpfung utopischer Energien analysiert, nach deren Verlust die einzige heute noch verbleibende Komponente die historische, auf Erkenntnis des Wirklichen gerichtete Reflexion ist. Nach dem Verschwinden der Überfülle von Möglichkeiten, wie sie früher die Utopien boten, beschränkt sich der

Zeitgeist[5] auf ein Selbstverständnis, das mit der Wirklichkeit versöhnt. Wer sich jedoch auf diese gegenwärtige Obskurität stützt, um zu rechtfertigen, daß man sich mit dem Gegebenen abfindet, bleibt in der üblen Geschichte des Gewesenen gefangen. Das Verschwinden der Utopie, die in der Welt der Arbeit und der Produktion wurzelte, bedeutet nicht - so sagt uns Habermas -, daß man sich mit dem Bestehenden auf mystische Weise arrangiert: Die Utopie ist in die Welt der Kommunikation ausgewandert, dort hat sie sich eingenistet und greift in die sozialen Konflikte der heutigen Gesellschaften ein. Die neue Undurchsichtigkeit wäre demnach ein weiteres Element des Bankrotts des utopischen Modells von einem Sozialprogramm, wie es im Wohlfahrtsstaat verkörpert war; damit scheint auch das Projekt eines besseren kollektiven Lebens verloren. Das Programm der Aufklärung bliebe also auch in dieser Zeit der reflexiven Moderne unvollendet, wenn auch nicht mehr in der Form, in der es thematisiert und übermittelt worden war. Die gegenwartsüberwindende Kritik kann die Momente früherer Kritik nicht wiederholen. Im Zuge der Aktualisierung muß sie rekonstruiert werden, und so harrt das noch nicht erschöpfte normative Programm der Moderne seiner Umsetzung.

Die beißende Kritik an einer Gegenwart, die undurchsichtig und trübe und oft sogar gewissenlos und zerstörerisch erscheint, ist nicht unberechtigt. Wenn aber das vorstehend Gesagte mehr sein soll als bloße Rhetorik, dann hat diese Rechtfertigung keine selbstverständliche Sprache mehr und ist - vielleicht notwendigerweise - durchsetzt von Irrtümern. Auch wenn heute wie eh und je soziale und materielle Konflikte, Interpretations-, Produktions- und Reproduktionskonflikte der Gattung je für sich ihren

[5] [Deutsch im Original; Anm. d. Ü.]

Grund und ihren Diskurs finden, finden wir doch schwerlich für sie eine gemeinsame Form, in der die Gegenwart einen kohärenten Sinn erhält. Das Verschwinden der Geschichtsphilosophie (die dadurch, daß sie den Aufgaben der Gegenwart einen einheitlichen Sinn verlieh, Grundlage einer sowohl in ihren messianischen als auch in ihren redemptorischen Strömungen emanzipatorischen Moral war) war in diesem Syndrom der *point of no return*: Allein Partikularität scheint heute in ihren inzwischen zahlreichen inkommensurablen Sprachen zu rechtfertigen.
All dies gehörte ins Reich des Banalen, wenn es nicht drohend über dem Geflecht unserer Subjektivität, über unseren Sensibilitäten und Moralitäten schwebte, wenn es nicht unsere mögliche moralische Identität und sogar unsere Existenz selbst definierte, wenn die Epoche, in der wir leben, nicht materiell definierte, was wir sind. Diese versehrte Normativität (auf die alle Rekonstruktionsbemühungen der derzeitigen Philosophie zu reagieren suchen) ist das Kriterium unserer Sensibilität. Es scheint, als sei die Anerkennung der Gegenwart uns nur noch möglich in Form des siegreichen Kalküls von seiten der Macht oder in Form der Dekadenz von seiten der Ohnmacht der endgültig Besiegten. Und die Kritik an dieser Gegenwart scheint uns, wie wir sehen werden, nur noch möglich im Zuge einer Rückkehr zu einer romantischen Haltung, zum bloß subjektiven Aufbegehren.
Die Risse in der Normativität lasten schwer auf der Gegenwart; und dies nicht nur, weil sie die Grenzen der Sensibilität und Perzeption unseres Momentes bilden. Vor allem belasten sie den politischen Bereich so sehr, daß wir nicht in der Lage sind, die immer notwendigere und immer unmöglichere Partizipation an den öffentlichen Angelegenheiten angemessen zu verstehen: Der Begriff des Handlungs-, Interventions- bzw. Veränderungswillens ver-

weist und reduziert uns unausweichlich auf einen intentionalen Rahmen, der sich wie alle Subjekts- und Geschichtsphilosophie als unfähig erweist, die Gegenwart zu begreifen. Von einer in der Subjektivität verankerten Moralität scheinen wir zur Wiederholung ohnmächtiger romantischer Kritik verurteilt. Wie diese müssen wir uns wieder gegen den Gedanken wehren, daß die Undurchsichtigkeit der Gegenwart notwendige Frucht einer aufgeklärten Vergangenheit ist. Aber die romantische Kritik der Gegenwart ist auswegloser Ausdruck der eigenen Unzufriedenheit. Die Kritik an der Gegenwart - die zweifellos aus dieser Perspektive vorgebracht wird - bleibt den Grenzen des Subjekts selbst verhaftet. Den Grad seiner Hoffnung bestimmt schließlich nur das Ausmaß seiner Träume; wieviel ihm in Erfüllung geht, hängt allein von der Größe seiner Sehnsüchte und Utopien ab. Bekanntlich produzieren aber in der Moderne die Träume der Vernunft keine Paradiese. Die romantische Gegenwartskritik - die offenbar als einziges verfügbares Modell wieder unvermeidbar ist - verweist uns ausweglos auf die Grenzen unseres Hoffens.[6]

Die Schwierigkeiten bei der Rekonstruktion der praktischen Vernunft entspringen daher dem folgenden Dilemma: entweder geraten wir in die Fänge von Charybdis, dem Strudel der Subjektivität, die, je nach der Zeit und den Umständen, gezähmt ist oder Widerstand leistet und die doch nur ihre eigene Ohnmacht erzeugt (so heldenhaft sie uns als solche auch erscheinen mag), oder wir prallen auf die Härte der politischen Wirklichkeit, die wie Skylla, der Felsen, jede ethische Absicht zum Kentern bringt.

Diese Alternativen befriedigen wohl nur wenige (vielleicht zieht nur daraus Gewinn, wer - wie Carlos Piera

---

[6] Zu diesem vermeidbaren Romantizismus - zwischen Verlust und Schwindel - vgl. die Einleitung ("Von der Beziehung zwischen Klassik und Gegenwart") zu meinem Buch: Cabe Aristóteles, Madrid 1988.

festgestellt hat - auf hoher Warte sitzt); es ist nur natürlich, wenn man auf den schlechten Geschmack im Mund reagiert, indem man bestreitet, daß die Dinge so liegen. Immerhin, so läßt sich darauf sagen, *scheinen sie uns so zu sein*, und es ist vielleicht schon ein heilsames Ziel, solchen Anschein zu entschleiern. Jedenfalls kann man, wenn dies denn die Aufgabe ist, darauf hinweisen, daß der Begriff vom Bewußtsein, der von der beschriebenen Situation, von den Dilemmata der Gegenwart, von unserem moralischen Selbstverständnis impliziert wird, die Idee einer in ihrer Verfassung individuellen, in ihrem Diskurs monologischen und in die verschiedenen institutionalisierten Perspektiven (wie etwa der der Wissenschaft, der Moral oder der Kunst), die sie einnehmen kann, segmentierten Subjektivität enthält. Anders ausgedrückt: Vielleicht muß das Bild unserer Epoche, des materiellen Raums unserer Subjektivität, anders verstanden werden, damit diese Subjektivität eben gerade nicht das aporetische Antlitz zeigt, in das uns die Aufgaben der Gegenwart zu versenken scheinen.

... und die Komplexitäten einer reflexiven oder südlichen Subjektivität

Der Vorwurf gegen die Subjektivitätsauffassung - vom einsamen, isolierten epistemischen und cartesianischen Subjekt -, die diesem letzten Abschnitt der Moderne eigen ist, ist nicht neu. Er taucht schon im letzten Jahrhundert in den Kritiken am Kantischen Formalismus auf (man denke an Hegel und die Romantiker) und erst kürzlich wieder in der Reflexion über die Grenzen und Sackgassen, zu denen die Bewußtseinsphilosophie führt, wie sie von Richard Rorty oder Jürgen Habermas selbst entwickelt wurde.[7] In

[7] Richard Rorty, Philosophy and the Mirror of Nature, Princeton 1980; Consequences of Pragmatism, Minneapolis 1982; Contingency, Irony and Solidarity, Oxford (im Druck). Habermas vertrat in Der philosophische Diskurs der

Übereinstimmung mit diesen verschiedenen Diagnosen haben auch die eifrigsten Kritiker des Programms der Moderne im Zusammenhang mit der Feststellung seiner Erschöpfung bzw. seines Scheiterns darauf hingewiesen, daß diese monologische, individuelle und segmentierte Subjektivität die tödliche Krankheit ist, die sich im Herzen des Projekts der Aufklärung eingenistet hat. Während die ersten - oder doch zumindest Habermas - sich aber offenbar dagegen wehren, diese Grenzen mit dem auf Erfüllung wartenden normativen Gehalt der Moderne gleichzusetzen, scheinen die letzten, weniger behutsamen Kritiker ihr endgültiges Scheitern zu konstatieren.
Wir stehen offenbar vor einem Epochenwechsel. Alle scheinen zu bemerken, daß die weiter oben beschriebenen Blockaden der moralischen Sensibilität von einer monologischen Subjektivität abhängen. Es läßt sich vermuten, daß dies vielleicht dadurch bedingt sein könnte, daß der vorherrschende Modernitätsbegriff, der den Kern des Selbstverständnisses der Philosophie ausgemacht und den Bemühungen um eine Rekonstruktion der versehrten praktischen Vernunft als Angelpunkt gedient hat, im Grunde - und damit folge ich Weber ein Stückchen - aus dem Norden kam und daß vielleicht das unvollendete, nicht umgesetzte normative Projekt im Gegenteil das der *Modernität des Südens* sein müßte. Die moderne Mentalität, die sich im Zuge der Bewußtseinsphilosophie entwickelt hat, wäre die der im wesentlichen oder ausschließlich intentionalen Moralitäten, deren Erfüllung und Frustration jene Gefühle von Rebellion, Dekadenz oder Anpassung an die Wirklichkeit hervorriefen, die die Kehrseite unserer Gegenwart

Moderne, Frankfurt a. M. 1988, und davor in der Theorie des kommunikativen Handelns, Frankfurt a. M. 1981, ausgehend von seiner eigenen kulturellen Tradition, eine These, bei der sich trotz aller offenkundigen Unterschiede Parallelen dazu sehen lassen.

kennzeichneten. Jene andere, (aufgrund historischer Fehlschläge und Nachlässigkeiten, über deren Analyse man sich offenbar noch immer nicht einig ist und die in dem Wort "Dekadenz" zusammengefaßt werden) nicht verwirklichte Moderne dagegen, die sich auf die zunächst manieristische, dann barocke Verlängerung des Projekts der Renaissance ausrichtet - und die man mit einer etwas unsicheren Metapher eben als "Moderne des Südens" bezeichnen kann -, scheint einen komplexen, dialogischen Subjektivitätsbegriff zu transportieren, in dem sich die Differenzierungen der kognitiven, normativen und expressiven Sphäre in einem konstruktiven Projekt verbunden finden.

Der - gewagte oder naive - Vorschlag, den ich hier mache, ließe sich dahingehend zusammenfassen, daß die von uns gelebte hegemoniale Form von Modernität und die entsprechende philosophische Thematisierung einen anderen Weg - wenn schon nicht der Erlösung, so doch zumindest des Selbstverständnisses - finden könnte, wenn sie sich an jene andere Art des Gegenwartsverständnisses hielte. Wahrscheinlich könnten wir damit nicht nur die realen Prozesse, in denen wir unsere Moralität ausbilden, deutlicher aufzeigen, sondern auch die dabei entstehenden Konflikte besser verstehen und vielleicht sogar bessere Lösungen dafür vorschlagen.

Es wäre nicht gut, eine etwas gewagte philosophische Vermutung zu einer starken These im geschichtlichen Bereich zu machen. Trotzdem glaube ich, daß man dieses unvollendete bzw. gescheiterte Projekt der Moderne untersuchen und zeigen kann, daß das südliche Europa des 16. und 17. Jahrhunderts eine Reihe von Techniken, Strategien bzw. Erfindungen entwickelt hat, die einen solchen komplexen Subjektivitätsbegriff voraussetzen, wie er uns jetzt in der Philosophie fehlt - wenngleich wir auf anderen Gebieten,

wo er sich eingeschlichen hat, an ihn gewöhnt sind.[8] Die Idee, die diesem Projekt zugrundeliegt, läßt sich dahingehend zusammenfassen, daß Bedeutung - jede Bedeutung - das Produkt einer Aktivität ist, die konstruiert und durchgeführt wird und an der alle Aspekte menschlicher Wirklichkeit beteiligt sind. Diese materielle Verknüpfung konstruktiver Strategien mit den expressiven, ästhetischen und normativen Dimensionen von Handlung und Sprache (beides nämlich, Handlung und Sprache, ist am intentionalen Prozeß beteiligt), diese Nichtunterscheidung von materiellen Handlungskomponenten und ihren regulativen Prinzipien, greift ein und erzeugt subjektuelle Komplexität.
Die komplexe materielle Verknüpfung konstruiert nämlich ein komplexes Subjekt. Man denke etwa daran, wie der Gebrauch einer dynamischen, multifokalen Perspektive in den Topologien von Borromini den Ort des Betrachters konstruiert, wie Velázquez den Fokus aus der Leinwand herausverlegt, wie Ignatius von Loyola mit seiner modernen Spiritualität auf den verschiedenen Ebenen der Intelligenz, des Willens und der Vorstellung nichtlineare begriffliche Strategien entwickelt und dadurch eine aktive, engagierte Vielfalt von Bedeutungen erzeugt oder wie schließlich bei der Geburt des modernen Romans (schon im *Lazarillo de Tormes*, endgültig dann bei Cervantes) reflexive Techniken angedeutet werden, die Modernität erzeugen und mit denen die spätere Gattung des Romans untrennbar verbunden sein sollte. Diese Beispiele, die - wie viele andere - ausführliche Behandlung verdienten, lassen vermuten, daß man in der Moderne des Südens gleichzeitig auf verschiedenen kognitiven, normativen und expres-

[8] Für ein erhellendes Beispiel solcher komplexen Subjektivitätsbegriffe in jenen Jahrhunderten und für die Praktiken und Institutionen, in denen sie entstehen und sich entwickeln, vgl. Julio Caro Baroja, Las formas complejas de la vida religiosa, Madrid 1978.

siven Gebieten damit begann, Subjektivität als ein komplexes Handlungssystem zu verstehen, das reflexiv erzeugt und niemals für selbstverständlich erachtet oder monologisch gerechtfertigt wird. Das, was wir später die Textualität jedes Subjekts genannt haben - und was schon damals etwa bei dem Südländer Montaigne auftaucht[9] -, findet sich schon als die Idee einer Subjektivität komplex und aktiv konstruierter Bedeutungen. Intentionalität ist ein (deswegen modifizierbares) Ergebnis, das sich nur durch einen nichtlinearen Prozeß verstehen läßt, an dem kognitive, moralische und expressive Elemente beteiligt sind, und nie Ausgangspunkt, Voraussetzung oder *Datum* eines Bewußtseins, das sich isoliert verstehen ließe - nicht einmal im Rahmen eines Gedankensexperiments.

Dieser reflexive, komplexe und dialogische Charakter der konstruktiven Ansätze der Moderne des Südens zeigt sich mit aller Klarheit an dem soeben schon erwähnten Paradebeispiel moderner Erzähltechniken. Auf sie will ich am Ende dieses Beitrags zurückkommen. Vorher lassen sich aber noch einige bei der vorangegangenen Analyse lose gebliebene Fäden wieder aufnehmen. Zu Beginn war gesagt worden, daß ein diskursiver Begriff der Narrativität - nämlich jener, der sich direkt auf die Analyse der Konstruktionsformen von Bedeutung in textuell zu untersuchenden Prozessen bezieht - nicht unbedingt gleichzusetzen ist mit einem postmodernen Begriff der Narrativität, mit dem das Emanzipationsprogramm, das sich auf die Ideen von Freiheit, Gleichheit und Brüderlichkeit stützte, für erschöpft erklärt wird. Wir können jetzt den Grund verstehen, der diese Behauptung stützt: Es ist vielmehr die komplexe Art des Subjektivitätsverständnisses - die wir mit Hilfe einer Analyse des Programms der Moderne des

[9] Vgl. z. B. H. Friedrich, Montaigne, Paris 1968, S. 220 ff. und 340 ff., sowie vor allem Jean Starobinski, Montaigne en mouvement, Paris 1982, S. 257 ff.

Südens rekonstruieren können -, die es erlaubt, die Möglichkeit eines Handlungssystems, eines Vorschlags zum Eingreifen in die Gegenwart zu verstehen, der nicht dazu verurteilt ist, erneut in die erwähnten Sackgassen zu führen, in denen wir ausweglos zum eisernen Käfig Webers oder zur frustrierenden Dialektik der Aufklärung verurteilt schienen.

Koda: Anmerkung zu einer auch narrativen Ethik

Dieses Programm eines anderen Modernitätsmodells, das ich hier vorgeschlagen habe, läßt sich konkretisieren zu einem narrativen Programm für die Ethik, in dessen Mittelpunkt eine konstruktive, komplexe Vorstellung von den Konstruktionsprozessen der Subjektivität steht. Die modernen Ethiken waren häufig konstruktivistisch. Darunter ist die systematische Erarbeitung von Prinzipien, ausgehend von einer Reihe von Prämissen zu verstehen, wobei es um eine Rekonstruktion des Normengeflechts auf der Grundlage eines rationalen Argumentationsprozesses geht, der dieser Prinzipienerzeugung logische Klarheit und argumentative Transparenz verleihen soll. Auch die Interpretationen von Sprache und Sprachgebrauch, wie sie in diesem Jahrhundert vorgenommen wurden, deuten ein Verständnis von Subjekt, Erkenntnis oder Wahrheit an, bei dem weder das Subjekt noch die Welt, Subjekt und Objekt, weder unsere Moral noch unser Handeln als nichthinterfragbar angenommen werden. Diese Momente werden im Sprechakt, in seinen Normen, im rationalen Prozeß seiner Erarbeitung konstruiert. Vielleicht setzen im Gegenteil jene von uns - nicht ohne erhebliche Vereinfachung - sogenannten modernen und romantischen Ethiken die Idee der moralischen Subjektivität als unumstrittenen Ausgangspunkt voraus (anstatt sie zu konstruieren): Das rigoristische moralische Gewissen ist das Faktum, das den Sinn des Handelns, die Postulierung der Prinzipien, die Rekonstruktion der Welt und ihrer Sinne begründet (ohne selbst begründet zu sein). Vielleicht müßte man, ausgehend von der Diskussion dieses Begriffs, einen neuen Zugang zur gegenwärtigen Ethik suchen und im Gegenteil behaupten, daß von uns eine radikalere Anwendung des konstruktivistischen Prinzips verlangt wird und daß man das moralische Subjekt als in einem Prozeß konstruiert auffassen muß, den wir rational analysieren können. Weiter oben habe ich eine mögliche Form des Verständnisses dieser Konstruktion des Subjekts angedeutet: Unsere moralische Identität (die moralische Position, die wir in der Welt einnehmen können, die moralische Position, die uns definiert) wird im Text unserer Interpretationen, unserer Aktivitäten, unserer Interaktionen konstruiert.

Diese Idee einer moralischen Subjekt-Identität, konstruiert nach den Modellen der komplexen Formen moderner Textualität (die in der Literatur vorkommen und von den verschiedenen Subjekten, die im autobiographischen Akt ins Spiel kommen, bis zum indirekten freien Stil, zur intertextuellen Reflexivität des literarischen Aktes, zur Ironie, zu den Mechanismen textueller Kooperation von Autor und Leser usw. reichen), enthält Elemente, die es ermöglichen, die Rekonstruktion einer Ethik der Gegenwart anders zu denken.

Erstens impliziert dieser Ansatz ein materielles Prinzip sozialer Subjektkonstruktion; es wird so nämlich angedeutet, daß diese Subjektivität nicht nach den klassischen epistemischen Vorstellungen von einem Subjekt der Erkenntnis modelliert wird, das ein Objekt erkennt und das seine eigenen Strukturen in einer isolierten Begründungslogik monologisch entwickeln könnte, wie es zumindest in den häufig benutzten cartesianischen Versionen des modernen kognitiven Modells der Fall ist. Genauso, wie es - nach dem, was wir von der Literaturkritik gelernt haben - keinen literarischen Text gibt, der nicht auch strukturell und notwendigerweise intertextuell ist, d. h. aus Bezügen auf andere Texte besteht und daher eine Reflexivität aufweist, in der sich die Literatur selbst erst konstitutiert, genauso ist jenes materielle Konstruktionsprinzip, das die reflexive und dialogische Intertextualität der Prozesse belegt, in denen wir unsere moralische Identität konstruieren, ein strukturelles Prinzip der *Anerkennung*: Wir sind moralische Subjekte erst von anderen moralischen Subjekten aus, im Verlangen nach Anerkennung, die schließlich nur erfüllbar ist in einer Situation der Symmetrie, bei der jeder von uns seine autonome moralische Identität einbringt; die Konstruktion unseres moralischen Seins geht aus von der Rekonstruktion der Texte anderer moralischer Identitäten. Zweitens verweist die Idee der textuellen Konstruktion unserer moralischen Identität auf eine Ethik, die auf einem komplexen Subjektivitätsmodell beruht. Das textuelle Subjekt läßt sich, wie weiter oben angedeutet, nicht in einer einzigen Dimension verstehen. Es ist weniger Produkt einer Erzählung (und noch weniger einer göttlichen oder politischen Makroerzählung) als vielmehr Produkt einer Art des Erzählens einer Vielfalt von Erzählungen. Das heißt, daß wir die moralische Subjektivität auch nicht auffassen können als etwas, das in Bezug auf eine einzige Ordnung moralischer Definitionen (Normen, Prinzipien, Zeichenkodizes, autobiographische Erzählungen, die wir geben und uns geben) erzeugt wird, sondern wir müssen zumindest eine weitere, reflexive, interpretative Ordnung hinzuziehen, in der wir uns diese vorherige Ordnung moralischer Definition zu eigen machen (wir machen sie uns in dem Maße zu eigen, in dem wir uns im Prozeß der Konstruktion unserer Textes konstituiert wissen). Diese zweite

Ordnung, die partikularisierte Urteile und Anwendungsprozesse erfordert und die die moralisch relevanten Fragen definiert, bewirkt, daß sich die moderne Subjektivität als jenes komplexe Spiel all der erwähnten normativen, kognitiven und expressiven Ordnungen konstruiert.
Ich habe - in Übereinstimmung damit - die Möglichkeit angesprochen, daß die Prozesse moderner Textualität, die gerade auf die Idee der Komplexität und Reflexivität von Bedeutungskonstruktionen und auf die Konstruktionen unserer Subjektivität abzielen, ein angemessenes Modell für die Analyse moderner reflexiver Normativität und daher wichtig sein könnten für jene Rekonstruktion der versehrten Normativität der Gegenwart, die weiter oben als notwendig und wesentlich aufgezeigt wurde. Es sei mir erlaubt, auf eines der damit zusammenhängenden Themen ganz kurz einzugehen. Jener textuell-reflexive Raum, von dem die Rede war, enthält ein wichtiges Potential: Er verweigert uns nicht die Perspektiven der ersten und der dritten Person, auf die wir uns beziehen, wenn wir unsere Alltagshaltung als Teilnehmer und unsere objektivierende und observierende Haltung in der Wissenschaft einnehmen. Daß der moderne Text durch die weiter oben genannten Mechanismen der Reflexivität einen komplexen Raum aufspannt, in den sich - auf eine Weise, die dialektisch zu nennen ist - die Perspektiven und Dimensionen von erster und dritter Person, von Teilnehmern und Beobachtern einfügen, bedeutet jedoch nicht, daß man anläßlich seiner Überwindung das Kommunikationssystem aufheben würde, das sich im Dialog von erster/zweiter Person in lebensweltlichen Interaktionen ergibt. Er eliminiert im übrigen auch nicht die Perspektive der dritten Person, auf der die Sprache der Wissenschaft beruht. Wir stehen hier vielleicht vor einer neuen Möglichkeit: dem Verständnis einer modernen Form von Subjektivität, die weder an mo-

nologische Bewußtseinsformen gebunden noch völlig von den wissenschaftlichen Diskursformen getrennt ist, weil sie nicht *nur* auf eine der beiden hinausläuft. Damit können wir auf eine schon vorhandene Form komplexer Subjektivität verweisen, die beide Ebenen umfaßt, in der wir die Rekonstruktion der Normativität verankern und mit deren Hilfe wir die Beiträge der Gesellschaftskritik, des politischen Handelns und der kritischen Theorie verknüpfen können. Dies wäre jedenfalls eine Form von Subjektivität, bei der man nicht unbedingt jene Verletzungen der moralischen Sensibilität - triumphierender Opportunismus, Dekadenz und romantisches Aufbegehren - vermuten muß, die die Unübersichtlichkeit der Gegenwart widerspiegeln und konstituieren. Wir könnten so vielleicht jenes unauflösliche Dilemma von Skylla und Charybdis umgehen, in dem wir unsere Schizophrenien zu steigern scheinen.

Drittens und letztens macht diese konstruktive Auffassung unserer moralischen Identität aus der Ethik eine philosophische Aufgabe, die sich nicht nur auf die Rechtfertigungsproblematik normativer Sätze (und ihre formale und prozedurale Einlösung) beschränkt, sondern in der Analyse normativer, evaluativer und expressiver Inhalte historisch-materiell impliziert ist: Wenn das moralische Subjekt textuell konstruiert wird, dann mit den Stoffen der im Geschichtsprozeß angesammelten Erzählungen, über die dieses Subjekt und seine Gesellschaft verfügt. Das Erbe der Moderne - wobei es hier nicht so sehr darauf ankommt, ob sie unvollendet oder gescheitert ist - wird in der materiellen Last ihrer normativen Prinzipien (Gleichheit, Emanzipation, Solidarität) akkumuliert, die nicht als Prinzipien verstanden werden, die rekonstruiert werden von einem moralischen Gewissen, das schon vorher existiert, sondern von einem, das die Texte unserer moralischen Identität erst konstruiert. Die notwendige Kontrafaktizität jedes moralischen Prinzips (d. h. daß seine moralische Realität nicht durch seine Realisierungsbedingungen definiert wird, sondern im Gegenteil durch seine Distanz zu allem Existierenden) erscheint also auch in der historischen Dimension der Nichtrealisierung dieser Ideale, die ich als eine der Dimensionen wahrnehmen kann, die meinen Text durchziehen, eine der materiellen Strukturen, in denen meine Erzählungen sich und mich formen.

Ein solcher Ansatz einer ethischen Analyse, ausgerichtet an einer Vorstellung materiell intertextueller, komplexer und historischer ethischer Subjektivität und Identität, läuft weder auf eine Verfahrensethik noch auf eine Mikroethik hinaus - es ist weder eine Ethik, die Prinzipien der Konfliktbereinigung konstruiert noch eine Ethik materieller Inhalte, die sich auf die Ergebnisse von Einzelaktionen gründet -, wenn sie auch mit diesen Ansätzen in einer komplexen Beziehung steht: ihre Reflexivität nähert sie ersterer, ihre Materialität letzterer an. Als Folge aus allem diesem ist eines der zentralen Elemente dieses Ansatzes das Bemühen, ein Universalitätsverständnis bzw. einen ethischen Universalismus allein und ausschließlich formaler Art zu vermeiden (wie es beispielsweise der Fall ist, wenn wir diese universale Dimension nur als Argumentationsregel verstehen), ohne damit in den Partikularismus einer Lebensform verfallen zu müssen, der zu dem schweigen muß, was ihn nicht direkt betrifft. Weder verliert meine moralische Identität an Realität, nur weil sie nicht die Frucht der möglichen oder notwendigen Erzählung jedes anderen Erzählers ist (was aus einer formal-universalistischen Perspektive verlangt würde), noch erlangt sie Realität, nur weil sie die Frucht dieses Momentes ist (mein moralisches Ich ist niemals nur eine seiner Erzählungen). Deswegen muß man vielleicht anerkennen, daß die Rekonstruktion der Grundbegriffe der normativen Moderne - ih-

re Wieder-Eingliederung in einen neuen theoretisch-politischen Kontext - nicht einsam in einem dieser beiden isolierten Extreme (Universalismus, Partikularismus) erfolgen kann, die selbst Frucht des aufgeklärten und des romantischen Modells der Moderne sind.
Aber daraus, daß diese mögliche theoretische und praktische Auffassung kulturell erreichbar ist - und daß wir sie in bestimmten Segmenten unserer sozialen und symbolischen Reproduktion als Gattung sogar praktizieren -, folgt nicht, daß die reflexive Subjektivität, selbst ein Produkt der Moderne, die Handlungen gewährleistet und praktiziert, die jene versehrte Normativität heilen und wiederherstellen würden. Daß die Sozialwissenschaften, die rekonstruktiven Ansätze in der Philosophie und die vielstimmige Symphonie einer reflexiven Subjektivität sich verbinden könnten, um den Umständen gewachsen zu sein, ist etwas ganz anderes als zu verkünden, daß wir schon den privilegierten Moment erreicht haben, aus dem heraus wir die Welt rekonstruieren können. Beschädigte Handlungssysteme lassen sich nicht allein durch Worte oder Bewußtsein rekonstruieren.
Daß der Scheideweg, an dem wir uns befinden, und die Querelen der Gegenwart, dieser versehrten Moderne, zu denken erlauben, daß die Fortführung eines unvollendeten normativen Projekts Dimensionen wiederentdecken kann, die im herrschenden Kanon unserer philosophischen Selbstinterpretation verborgen und vergessen sind, bedeutet nicht, daß es unmittelbar möglich wäre, schlagartig und quasi *ex nihilo* das zurückzugewinnen, was als Moderne des Südens bezeichnet wurde. Die Möglichkeit, unsere Hoffnungen und unsere Gegebenheiten auf die Generalisierung reflexiver Haltungen zu richten - und diese zu Prinzipien unserer gesellschaftlichen und politischen Organisation als herrschaftsfreie Ordnung unseres Zusam-

menlebens zu machen -, die in unserer Kultur schon strukturell gegenwärtig sind, ist zerbrechlich und birgt vielfältige Risiken des Scheiterns. Man muß sogar vermuten, daß diese Reflexivität - wie schon so oft - in schwerer Gefahr ist; vielleicht geht auch die sich verschwommen abzeichnende kritische Distanz in diese Richtung, wie sie sich - zumindest ansatzweise - gegenwärtig in verschiedenen kulturellen Bewegungen zeigt. Auch wenn man anerkennen muß, daß die "Entinnerung" von Intuitionen und Strukturen, die im Laufe mühsamer Lernprozesse erworben wurden, nicht einfach ist, dürfen wir doch nicht vergessen, daß es leicht ist, den Zweck zu vergessen, um dessentwillen diese Fähigkeiten erworben wurden, und den Grund, warum sie um jeden Preis bewahrt werden müssen. Weil nämlich die Kehrseite der Moderne die Barbarei ist.

Die Rückkehr des Odysseus: Grundlagen einer Krisenphilosophie

Von Gabriel Bello

I. Das ethische Modell: Die Reise des Odysseus

In seiner "Allgemeinen Einführung" zur spanischen Übersetzung der Platonischen Dialoge[1] skizziert Emilio Lledó das ethische Modell bzw. die Vision der Welt in ihren mythologischen Anfängen anhand der Gestalt von Odysseus und seiner Rückkehr nach Ithaka. Das Modell sieht demnach folgendermaßen aus:

Den Kern bildet die ethische Disposition des Helden, seine einsame Beziehung zum Schicksal, dem er anfänglich hilf- und wehrlos gegenübersteht. Seine ethische Einstellung wird ihn schließlich ehrenvoll daraus hervorgehen lassen, allerdings nur bis zu einem gewissen Punkt: daher die generell tragische Verfassung des Helden.

Die wesentlichen Elemente der ethischen Einstellung (die Instrumente zur Auseinandersetzung mit dem Schicksal) sind folgende:

* Existenz eines letzten, endgültigen Zwecks oder Ziels der Reise. Im hier betrachteten Fall ist das Ziel Ithaka, und Ithaka symbolisiert nach der Interpretation Lledós die Menschheit, aufgefaßt weniger als die Gesamtheit der Menschen denn als *condition humaine* oder Qualität des Menschseins, die in dem Epos *a)* negativ dargestellt ist, wenn Apoll Achilles vorwirft, daß er seine Wut am Leichnam Hektors ausläßt, und ihm sagt "Das ist nicht menschlich" (nämlich weder, so etwas zu tun, noch, es zu erlei-

[1] Bd. I, Madrid: Gredos.

den), und *b)* positiv, wenn es Odysseus gelingt, die Seinen wiederzusehen: die Rückkehr in die patriarchalische Gemeinschaft, zu der er gehört. In dieser Wiedervereinigung liegt außerdem das Glück: in der Harmonie des Individuums mit der Gruppe, die die Gemeinschaft bildet. Das Unglück dagegen besteht in der Zerstörung der gemeinschaftlichen Bande (S. 91).

* Einbringen eines beharrlich auf das Ziel gerichteten Willens.

* Praktische Intelligenz, die es erlaubt, den Willen durch das Handeln kausal mit dem Ziel zu verknüpfen. Die praktische Intelligenz umfaßt nach Lledó zwei Teilelemente: Verständnis für die Ausgangssituation des Helden (Entfremdung von der Heimat, Entferntsein von dem, was Befriedigung verschafft) und Verbindung von Zwecken und Mitteln.

II. Krise des Modells als Krise der Ziele

Ich will im folgenden systematisch, Element für Element, der Krise der ethischen Haltung, wie sie Lledó in seinem mythischen Modell skizziert hat, nachgehen. Dabei werde ich mich auf die Krise des Willens konzentrieren, aus der sich eine Identitätskrise des reisenden Helden und der Reise selbst ergibt. Dazu werde ich mich, allerdings sehr viel kürzer, auch auf die in Odysseus verkörperte Krise der Ziele und Zwecke der Reise sowie der praktischen Intelligenz beziehen, deren eingehendere Analyse jedoch eine eigene Untersuchung erfordern würde.

Die Analyse der Krise erfolgt aus der Gegenwart und für die Gegenwart. Das heißt, daß Odysseus in diesem Text für jedes (westliche) menschliche Individuum steht, das sich mit seinem Schicksal auseinandersetzen muß; die Reise des Odysseus, die in eine Krise gerät, symbolisiert dann die in unserer okzidentalen Kultur vorherrschenden Reisemodelle: das Christentum, den bürgerlichen Liberalismus und den Sozialismus, mit ihren jeweiligen Varianten hinsichtlich der Ziele der Reise bzw. des Gangs durch die Geschichte und ihren verschiedenen Modellen der praktischen Intelligenz: ihrer je eigenen Auffassung von der Lage des Menschen und ihren spezifischen Arten und Weisen, Zwecke und Mittel zu verbinden. Dieser symbolische Kontext ist es, aus dem ich von der Krise des Willens, des Reisenden und der Reise sprechen will.

Die Krise der letzten, endgültigen Ziele und Zwecke drückt sich heute als Verlust des Glaubens an den Himmel, an die Wohlstandsgesellschaft oder an die sozialistische Gesellschaft aus. Ithaka ist nirgendwo, nicht einmal an einem Ort, der sich in eine künftige Zeit verlegen ließe: Uchronie der Utopie. Es handelt sich, wie mir scheint, um ein im Westen neues Phänomen: das Faktum der kollektiven Hoffnungskrise. Es gibt eine Menge Menschen, die an keines der drei großen Systeme der Hoffnung - und damit der ethisch-kulturellen Identität -, die den okzidentalen Menschen geformt haben, glaubt oder sich gar damit identifiziert. Diese Situation unterscheidet sich deutlich von der unmittelbar vorhergegangenen (sagen wir, vor etwa zehn Jahren), in der die Menschen vielleicht an zwei dieser drei großen Systeme nicht glaubten, sich aber doch zumindest mit einem davon identifizierten und das Kommen der sozialistischen Gesellschaft, der Wohlstandsgesellschaft oder der himmlischen Gesellschaft erwarteten.

Dieses sozio-historische Faktum scheint mir als Ausgangspunkt unausweichlich, obwohl ich es hier nur in Form einer Hypothese vorstellen kann. Um seine Bedeutung zu ergründen, muß ich kurz darauf eingehen, wer die Subjekte dieser massiven Glaubenskrise - dieser Entwurzelung und Entzauberung - sind. Zunächst muß man eine bestimmte Typologie berücksichtigen. Es gibt noch immer die Subjekte einer Krise, die so alt ist wie die Vielfalt der drei Systeme selbst. Für einen Christen waren sowohl Liberalismus als auch Sozialismus von Anbeginn an in einer Krise; man könnte sagen, sie waren ethische Totgeburten bzw. von Geburt an ethisch pervers. Das gleiche läßt sich von einem Liberalen hinsichtlich des Christentums und des Sozialismus oder von einem Sozialisten hinsichtlich der anderen beiden Systeme sagen. Man braucht nur den politisch-ideologischen Debatten am Ende der Moderne bzw. zu Beginn der heutigen Zeit folgen, um die Existenz solcher relativen Krisensubjekte bzw. Subjekte einer relativen Krise zu konstatieren.

Aber es gibt noch einen zweiten Typus von Subjekten: absolute Krisensubjekte bzw. Subjekte einer absoluten Krise. Es handelt sich um jene Masse bzw. jenes Kollektiv, das heute das Fehlen des Glaubens an und der Hoffnung auf jedes der drei großen Systeme verkörpert. Im Grunde müßte man hier dem gängigen Methodenkanon genügen und dieses Kollektiv empirisch-quantitativ bestimmen. Dazu fühle ich mich jedoch völlig außerstande, so daß ich mich damit begnügen muß, auf jene in Bezug auf Alter, Geschlecht, soziale und kulturelle Schicht mehr oder weniger heterogene Masse von Leuten hinzuweisen, die man - um sich dem Leser irgendwie verständlich zu machen - "Jugend" nennen könnte, vorausgesetzt, man grenzt die Bedeutung dieses Terminus nicht rein altersmäßig ab. In diesem weiteren Sinne gehören zu dieser Masse Individuen, die alle drei Glaubensmodelle, eines nach dem anderen, durchlaufen haben, bis sie schließlich in jener Glaubenswüste gelandet sind, aber auch andere, die schon in der Krise sozialisiert wurden und die nicht die Zeit hatten, an irgendeines der Modelle zu glauben, selbst wenn sie in einem sozialen Umfeld leben, das - wie das gegenwärtige -

in gewisser Weise ein Ergebnis aller drei Modelle ist. Eine Quantifizierung kann ich hier nicht vornehmen; wohl aber gewisse Indikatoren nennen, wie das mehr oder weniger allgemeine Schulversagen im Rahmen eines Leistungswettbewerbs, der zu Selbstmorden führt, die zunehmende Arbeitslosigkeit von Schulabgängern oder die Kriminalität und soziale Unangepaßtheit, die schon dazu geführt haben, daß die Erwachsenengesellschaft sich um die Bewahrung eines sozio-kulturellen Erbes sorgen läßt, das an die jüngeren Generationen übermittelt werden sollte, während diese das Erbe gar nicht mehr annehmen wollen.

III. Krise der praktischen Intelligenz

Die Krise zeigt sich hier als Widerspruch zwischen dem Glauben und Enthusiasmus der ersten Christen (oder der Basischristen), der aufsteigenden, universale Ideale schaffenden Bourgeoisie und der revolutionären Arbeiterbewegung auf der einen und ihrer orthodoxen Kanonisierung in Kirche und Staat, ihrer Kristallisierung in ökonomisches oder ideologisch-symbolisches Kapital auf der anderen Seite - Widerspruch zwischen den aufsteigenden, erotischen Kräften, die kollektiven Glauben und Enthusiasmus erzeugen, und den thanatischen Kräften, die sich zu Apparaten der Macht und todbringenden Gewalt verdichten.
Nehmen wir an, auf der Reise nach Ithaka mit einem Teil der Seinen entschließt sich Odysseus, an irgendeinem Ort aus taktischen Gründen (um Proviant aufzunehmen oder sich militärisch zu verstärken) für unbestimmte Zeit zu verweilen. In diesem Fall wäre die Rückkehr nach Ithaka nur die Entschuldigung bzw. das Alibi, um seine taktische Machtposition zu legitimieren. Dauer die Situation länger an, dann kann ein Moment kommen, in dem der Diskurs von der Rückkehr nach Ithaka zu einem guten Grund wird,

nicht nach Ithaka zurückzukehren. Gerade dies ist es, was mit den drei durch das Christentum, den bürgerlichen Liberalismus und den Sozialismus verkörperten Modellen einer geschichtlichen Reise geschehen zu sein scheint. Kolakowski hat - neben anderen - gezeigt, wie die Partei stalinistischer Prägung von einer Partei der Revolution zu einer Partei der Selbsterhaltung um jeden Preis geworden ist. Dieser Vorgang wird exemplifiziert am mythischen Prinzip, wonach die Rückkehr nach Ithaka ein guter Grund ist, nicht nach Ithaka zurückzukehren, d. h. nicht zur Revolution überzugehen, sondern sich im Imperium einzurichten. Dem entsprechen aber auch zwei andere Vorgänge: Derjenige, in dem die Sprache der Theologie zum Alibi der weltlichen Macht der Kirche wird, und jener andere, in dem die Sprache des Kapitals als guter Grund dient, um die Macht des Staates als Inhaber des Gewaltmonopols und höchster Richter über Leben und Tod derer zu erhalten, die zwar nach abstraktem Recht Gleiche genannt, von der Rechtspraxis aber zu erheblich unterschiedlichen Leben und Toden verurteilt werden.
Die Frage geht jedoch noch tiefer und betrifft den Kern der praktischen Intelligenz oder Rationalität selbst: ob nämlich der logisch-historische Widerspruch, der die drei großen Systeme praktischer Rationalität erschüttert, unvermeidlich ist, d. h. ob sich hier eine Grenze des formalen Rationalitätsmodells und seine Nutzlosigkeit von einem bestimmten Punkt an erweist. Ein für die Rationalität günstiger Ausweg wäre es, wenn man sagte, daß nicht das formale Modell, sondern seine historische Anwendung fehlgeschlagen ist: Es kommt ein Moment, an dem sich die Zweck-Mittel-Beziehung umkehrt, und zwar aufgrund eines vorherigen Fehlers bei ihrer Identifizierung, weil ihre Verwicklung ins Spiel der organisierten Macht ihre Funktionen verkehrt. Aus dieser wohlwollenden Antwort läßt

sich aber eine andere, radikalere ableiten: daß die Beteiligung an der Organisation der Macht das Scheitern des formalen Modells der Zweck-Mittel-Beziehung bedeutet. Diese Ansicht scheint R. Debray zu vertreten, wenn er davon spricht, daß das Politische von ihrem Wesen her zum Scheitern bestimmt ist, oder von der politischen Vernunft als unheilsvollem Bereich. Letztes Schicksal von Zielen und Zwecken ist es, nicht erreicht und damit zu Legitimationsmitteln der Macht zu werden: Werden die Ziele nie erreicht, dann ist die Macht berechtigt, sich immer wieder neu zu organisieren.

IV. Krise des Willens

Das systematische Scheitern jedes einzelnen Elementes des mythischen Modells, das für die ethische Ureinstellung einstellt, verringert die Anspannung, mit der sich der Wille beharrlich auf sein Ziel ausrichtet. Interessant daran sind Bedeutung und Folgen dieses Nachlassens. Aufmerksamkeit gebührt daher besonders zwei Aspekten: *(a)* der mythische Träger dieses Willens - Odysseus - befindet sich in einer Situation der Entfremdung und Entfernung von Ithaka, der menschlichen Heimat bzw. ethischen Gemeinschaft; Troja ist der Ort des Krieges, des Zerbrechens des Gemeinschaft und des Unglücks; *(b)* ist das Modell erst einmal gescheitert, dann ist die Reise nicht mehr möglich und Troja wird zum Ort der Verlorenheit, des endgültigen Exils und des Bösen: die Rückkehr in die Heimat ist nicht mehr möglich.
Dieser Situation ist noch weiter auf den Grund zu gehen: Wie soll man diesen Willen interpretieren, der seine wertvollen Ziele und damit sein Beharrungsvermögen verloren hat, welchen Sinn soll man ihm geben? Die Antwort auf diese Frage liegt im Zentrum der Krise; bei ihrer Rekon-

struktion dürfen wir nicht vergessen, wer heute die Rolle von Odysseus, dem Reisenden, spielt: die absoluten Krisensubjekte.

1. Entzauberung

Das erste Merkmal, das ins Auge fällt, ist der fehlende Glaube an die technisch-praktische Vernunft in allen ihren historischen Formen: eine Vernunft, zu deren Umfeld die Hoffnung nicht mehr gehört.[2] Nach I. Sotelo hat sich die Hoffnung in die Religion geflüchtet. Da aber der Wille, um den es hier geht, keiner Konfession angehört, kann man auch sagen, daß es sich um einen von der Hoffnung enttäuschten, entzauberten Willen handelt. Allerdings ist dazu zu sagen, daß ein Teil der Träger dieses Willens gar nicht erst dazu gekommen waren, sich für die Vernunft zu begeistern, weswegen sie auch schwerlich von ihr enttäuscht sein können. Sie sind schon allein aufgrund des Zeitpunkts ihrer Sozialisation Post-Rationale. Historisch und soziologisch gehören sie in eine Zeit, die einen großen Teil des Glaubens an die Vernunft verloren hat. Nur waren sie von diesem Glauben niemals erreicht worden, so daß die Vorstellung von der Enttäuschung uns hier nicht weiterhilft.
Auch die Idee der Entzauberung, die M. Weber als dunklen Schatten der fortschreitenden modernen bürokratischen Rationalisierung - der Errichtung eines universalen "eisernen Käfigs" - heraufziehen sieht, ist uns hier nicht dienlich, und zwar deswegen nicht, weil diese "fortschreitende Entzauberung" im Grunde ein unaufhaltsames Zurückweichen des Charismas und der Verzauberung der Welt ist. Heute aber sieht es so aus, als ob von verschiedenen Seiten, auf seltsamen Wegen, die Verzauberung in die

[2] Vgl. J. Muguerza, La razón sin esperanza, Madrid 1977.

Welt zurückkehrt. Zumindest ist das die These, die ich hier vertreten will.

Es gibt aber noch eine dritte Form der Entzauberung, die unseren Zwecke etwas mehr zu entsprechen scheint: die Ernüchterung des *fin de siècle*, die einen wichtigen Wendepunkt für unsere Erkundung des krisenbefallenen Willens darstellt. Die Webersche Entzauberung, die ihr sowohl historisch als auch begrifflich nahesteht, unterscheidet sich von ihr darin, daß sie den Pessimismus nicht endgültig als unausweichliches Schicksal akzeptiert. Es handelte sich um einen Gefühlszustand, der sich - wie Hans Hinterhäuser sagt - durch die Demoralisierung angesichts einer objektiv gesehen unbefriedigenden sozialen Wirklichkeit auszeichnete und gegen die unaufhaltsam fortschreitende Technifizierung, Industrialisierung und unmenschliche Urbanisierung am Ende des vergangenen Jahrhunderts protestierte, die die Bande der traditionellen kommunalen Solidarität zerrissen und die überlieferten Werte zerstörten.[3] Einige dieser Merkmale historisch-objektiven Fortschritts gibt es auch an unserem eigenen *fin de siècle* noch, aber dem ist hinzuzufügen: der Skeptizismus hinsichtlich der post-industriellen Entwicklung; zweitens die Furcht vor dem apokalyptischen Bild vom Ende der Welt - damals wegen der revolutionären Gewalt, die die westliche Gesellschaft zu zerstören drohte; heute wegen des Atomkrieges, der die ganze Welt zu zerstören droht; schließlich der Wunsch nach Erlösung durch das Bemühen um Wiederverzauberung (Remoralisierung?) der mystisch-religiösen Natur, synkretistisch vermischt mit der Anbetung der Schönheit, die ihren Höhepunkt im "Dandysmus" findet. Es scheint dies ein nostalgischer Versuch, das mythische Bewußtsein wiederzugewinnen,

[3] H. Hinterhäuser, Fin de siècle. Gestalten und Mythen, München 1977, S. 7 f. und 16.

"die schlafenden Götter wiederzuerwecken und ins zeitgenössische Leben zurückzuholen",[4] der heute mit Phänomenen einhergeht, auf die ich im folgenden eingehen werde. Dieses dritte Merkmal, der Versuch der Rückverzauberung der Welt führt uns weg von der Weberschen Entzauberung und hin zu unserem eigenen Zweck.

2. *Wiederverzauberung und Vorstellung*

Der kurze Abschnitt zum Gemütszustand am *fin de siècle* läßt uns ein Element herausheben, das ich für entscheidend halte: Wir haben es mit einem Willen zu tun, der sich der Vorstellung annähert oder doch zumindest anzunähern versucht. Wir verlassen hier den Boden des rationalen Willens alten (modernen) Stils und begeben uns auf das Gebiet eines Willens, der sich im Imaginären Form und Sinn zu geben versucht. Dieser Ortswechsel markiert im übrigen den Grenzpunkt, von dem aus das abläuft, was ich eine sakral-ästhetische Krise der Ethik zu nennen wage. Im Moment will ich mich damit begnügen, dieses Ereignis zu konstatieren und zu verstehen, ohne zunächst seine Legitimität oder Gültigkeit zu hinterfragen - also eine Art Kritik der Vorstellung zu unternehmen. Das einzige Gericht, vor das man die Vorstellung ziehen könnte, wäre das der Vernunft. Das aber ist ein Gericht, dessen Ansehen stark gelitten hat.

Ich stelle mich also in die sozio-kulturelle Matrix der kollektiven Vorstellung auf der Linie von F. Laplantine, bei der die folgenden zwei Elemente zu unterscheiden sind: *(i)* eine Situation (analog der von Odysseus in Troja), in der die Werte in Trümmern liegen, die Welt zunehmend schneller ihren Sinn verliert, die Institutionen entleert werden und der Glaube an die Zukunft verloren geht; *(ii)* un-

---

[4] Ebd. S. 8.

ter diesen Umständen kehrt die kollektive Vorstellung zum Heiligen zurück, um es in die entleerte Zukunft zu projizieren: es ist der Wunsch nach Erlösung, nach Rettung, der die Form eines Messianismus, einer Utopie oder Besessenheit annehmen kann. Für eine eingehende Analyse dieser drei Figuren der kollektiven Vorstellung verweise ich auf den genannten Autor.[5] Es geht jetzt darum, den Sinn, den ich der von mir sogenannten "sakral-ästhetischen Krise der Ethik" geben will, in den Rahmen der Matrix der kollektiven Vorstellung zu stellen. Zu diesem Zweck müssen wir eine doppelte Verschiebung betrachten: *(a)* die von der Ethik zur Ästhetik, und *(b)* die von der Ästhetik zum Heiligen.

3. Von der Ethik zur Ästhetik

Dies ist nicht der Ort, die Beziehungen zwischen Ethik und Ästhetik in ihrer Sternstunde, der Romantik, in ihrer Entfaltung des Kantischen ästhetischen Idealismus, systematisch zu rekonstruieren. Von Kant nehme ich hier den Ausdruck "'Ästhetik" im weiteren Sinne, wie er von Marcuse in unsere Zeit hinübergerettet wurde. Indem man sie der Bohème entreißt, kann man sie über die bloß künstlerische Bedeutung hinaus mit der Empfindsamkeit im allgemeinen als Fähigkeit zu Freude und Leid, Gefallen und Nichtgefallen gleichsetzen.

In diesem sprachlichen Umfeld erscheint die Ästhetik als Dauerkrise der Ethik. Die folgenden Indikatoren zeigen dies in hinreichender Weise: Der Schlüsselbegriff der Ethik, das Gute, schließt in all seinen historischen Definitionen eine Komponente der sinnlichen Befriedigung ein. Ob es sich nun um Glück, Freude, Erfahrungsreichtum, Selbstverbesserung, Harmonie oder Nutzen handelt, die

[5] F. Laplantine, Las voces de la imaginación colectiva, Barcelona 1977.

Aufgabe der Ethik ist eine Reise vom Unbefriedigenden zum Befriedigenden, vom Leid zur Freude, von der Trauer zum Genuß usw. - mit Kant als vielleicht einziger Ausnahme. Es handelt sich also um eine in gewissem Sinne ästhetische Reise. Betrachtet man andererseits die Geschichte der Moralphilosophie als ganzes, dann sieht man sie inmitten einer permanenten ästhetischen Krise oszillieren. Die Formen der Identifizierung des Guten sind hinundhergerissen zwischen einem vernunftgegebenen Befriedigungsmodell, dessen Paradigmata wohl entweder der Nutzenkalkül nach utilitaristischer Tradition oder die Unterwerfung des Nutzens unter die normativen Imperative der Rechtschaffenheit nach kantianischer Tradition wäre, und einer Befriedigung, die ständig vor sich selbst auf der Flucht ist, getrieben von vorstellungs- und leidenschaftsbedingter Akrasie, für die der ästhetizistische Hedonismus als Paradigma dienen mag. Prüfstein ist jedenfalls rationale Kontrolle oder imaginär-leidenschaftliche Unkontrolliertheit. Ein gutes Beispiel wäre einerseits der einer institutionalisierten Reproduktionsnorm unterworfene Sex und andererseits der perverse, polymorphe, für Kommunikation ohne vorher festgelegte Grenzen offene Sex. Das Problem der Versöhnung dieser beiden entgegengesetzten Pole (von normativ-rationaler Rechtschaffenheit und Glück bzw. Genuß) im Schoße der Tugend ist noch von niemandem gelöst worden. Die schärfste Krise ist aber vielleicht darin zu sehen, daß Kant die Sinnlichkeit aus dem Bereich der Moralität bzw. der praktischen Vernunft ausgeschlossen hat; dies war es, was den Boden bereitete für die ästhetizistische Reaktion, in deren Rahmen der Zusammenbruch der Vorstellung mit ihren Objektivitätsansprüchen und ihre Ersetzung durch den Ausdruck einer von jeder vorherigen Kodifizierung völlig befreiten Sinnlichkeit stattfinden sollte: Bereich der reinen Kreativität, von *l'art pour l'art*, in dessen Freiheit jedoch Kant selbst das höchste Symbol der Moralität gesehen hatte.

Die vielleicht letzte Episode dieser Dauerkrise war der Versuch Marcuses, die "ästhetische Dimension" zurückzugewinnen als Topos der großen Ablehnung der technologisch hochentwickelten Gesellschaften und der Ethiken, die vermeintlich die herrschende militärisch-industrielle Technostruktur legitimieren: die Ethik des Ostens, die sich auf den höchsten Wert eines (angeblich) revolutionären Staates stützt, und die des Westens, die auf dem Anspruch beruht, das der Produktivität des Kapitals entsprechende Institutionengeflecht sei nach in der Natur des Menschen wurzelnden normativen Bestimmungen das richtige.[6]

4. Von der Ästhetik zum Heiligen

Die ästhetische Dimension Marcuses fügt sich offen in die Matrix der kollektiven Vorstellung ein, auf die ich mich weiter oben bezogen habe, wenn auch in nicht ganz eindeutiger Weise. Sie läßt sich einerseits (wie Marcuse selbst es auf seine Weise tut) in die Klasse der Vorstellungsphänomene einordnen, die der Kategorie der Utopie angehören. Andererseits ist es aber so, als ließe sie sich auch den Vorstellungsphänomenen angleichen, die als Besessenheit definiert werden. Dieser Eindruck der Mehrdeutigkeit verflüchtigt sich allerdings schnell wieder. Man sieht, daß es gerade der Unterschied zwischen Utopie und Besessenheit - der den ästhetischen vom sakralen Aspekt der gegenwärtigen moralischen Krise analytisch trennt - ist, der uns von Marcuse unterscheidet.

Utopie ist die Leidenschaft der Perfektion, die durch die imaginäre Umkehr der abgelehnten sozialen Struktur er-

---

[6] H. Marcuse, Die Gesellschaftslehre des sowjetischen Marxismus, Neuwied und Berlin 1964 (engl. Original 1958), S. 231 ff.

reicht wird. Der Wille des ethischen Modells, das uns hier interessiert, lehnt jedoch mit der Ablehnung der letzten Ziele und Zwecke, die imaginär nach Ithaka verlegt sind, auch die Utopie ab. Sie kann als Projekt von und für engelsgleiche Geister betrachtet werden, die auf ihre spontane, notwendigerweise eintretende Verwirklichung vertrauen, oder als (imaginärer) Ort des Widerstandes in der Negation dessen, was als Gesellschaft vorhanden ist. Bei Marcuse selbst sind beide Züge präsent, ohne daß jedoch zwischen ihnen eine Kausalbeziehung bestünde. Man kann die Gegenwart ablehnen, ohne daß sich die Utopie je realisieren ließe, wie es ja zu Zeiten Marcuses tatsächlich der Fall war: Auslöschung der Studentenbewegung und der Welle der Gegenkultur, Aufgehen im Markt, einschließlich dem der harten Drogen. In diesem Scheitern müßte man, mit Marcuses eigenen Worten, das "Ende der Utopie" sehen. Aber nicht, weil ihre Verwirklichung unmittelbar bevorsteht, wie er schließlich schrieb. Sondern weil in diesem Kontext die Gestalt der Utopie als eine der Stimmen der kollektiven Vorstellung verschwimmt bzw. schweigt (obwohl neue Utopieblitze am Himmel der kollektiven Vorstellung aufzustrahlen scheinen: Ökologie und Pazifismus könnten der neue Traum von der Perfektion einer endlich versöhnten Natur und Gesellschaft werden). Lassen wir also Marcuse an der schon historischen Figur der Utopie festhalten, und befassen wir uns mit einer anderen Figur der kollektiven Vorstellung: Wie sieht es mit der Besessenheit aus? Was sind ihre typischen Merkmale?

5. Besessenheit und das Heilige

Vor allem ist in der Besessenheit eine weitere Ausdrucksweise des Heiligen zu sehen. Das erste Merkmal dieses Unterschieds ist seine Haltung gegenüber der Zeit. Im

Messianismus und in der Utopie bleibt die Rückgewinnung des Heiligen einer anderen, künftigen Zeit, der Zeit des Neuen Reiches vorbehalten, die sich um die Arbeit, das Warten, die Geduld herum organisiert. In der Besessenheit dagegen ist die Zeit die des augenblicklichen Geschehens und der Extase, nicht die der Erwartung.[7] Wo der messianische oder der utopistische Prophet immer erst für die Zeit nach einer Reihe von Schicksalsschlägen, Prüfungen und Entsagungen etwas versprechen, stellt sich der Besessene im Wahn vor: Es ist soweit! Daher geht die Figur der Besessenheit frontal gegen die Vorstellung von einer unendlich ausgedehnten Zeit an, die niemals zur Einlösung gelangt. Was (vermeintlich) in der Besessenheit verwirklicht wird, findet jenseits von Erwartung und Geduld statt, im Höhepunkt der orgasmisch-heftigen Erregung, die an den Grenzen menschlicher Erfahrung und in der Erschöpfung des Überschwangs endet.

Die Besessenheit (Laplantine hält sie für weiblich und für mehr magisch als religiös) hat keinen Hang zum Universalismus, sie missioniert nicht. Anders als die utopisch-messianischen Figuren hat sie keine Botschaft zu predigen. Sie beansprucht für sich keine Orthodoxie und erzeugt folglich auch keine Häretiker. Wem es geschehen ist, daß er das Heilige besessen hat bzw. von ihm besessen wurde, drückt dies in Form vorübergehender Somatisierungen aus, nicht (wie in den anderen beiden Fällen) durch eschatologische Bilder, Symbole und Mythen. Dieses Merkmal - die Somatisierung - stellt den Körper in den Vordergrund, auf den ich noch zurückkommen werde.

Wichtig ist jedoch folgendes: Was ist es, was man in der Besessenheit in Besitz nimmt, oder umgekehrt, wer oder was besitzt eigentlich in der Besessenheit? An diesem

---

[7] Vgl. F. Laplantine a. a. O. S. 126.

Punkt kann es nicht mehr überraschen, daß die Antwort auf beide Fassungen der Frage lautet: das Heilige. Und was ist das Heilige? Oder: Was geschieht, wenn man das Heilige besitzt bzw. von ihm besessen wird? Vor der Antwort darauf ist es angebracht, sich abzusichern. Denn wenn die Philosophie einstmals den Zweifel zur Methode machen mußte, dann ist hier größte Wachsamkeit vonnöten. Die Konnotationen des Ausdrucks "heilig" gehen vom Fanatismus bis zur Lächerlichkeit oder gar Verachtung. Ich will daher versuchen, mich dem "Heiligen" in einer Reihe kleiner Schritte anzunähern.

Das Heilige scheint uns heute wie das Archaische gegenüber dem Modernen (Rationalität, Wissenschaft, Technologie). Das Archaische ist so die symbolische Mentalität im dynamisch-genetischen Zustand, die sich in psychisch gesunden Personen in Form von Träumen und Phantasien entfaltet sowie in Gesellschaften, die nicht vor Langeweile sterben, in Form von "Mythos, Ritus, Fest und sozialer Phantasie".[8] Das Heilige wäre demnach der Ursprungs- oder Entstehungsprozeß der Symbole selbst (nicht Symbole, die ihren Ursprünge entrissenen sind: weder alle zusammen noch jedes einzelne), den man auch als Mythopoiesis bezeichnen könnte, die aber nicht, schon verloren, am Anfang der "Zeiten" in der uranfänglichen *arche*, die ja endgültig überwunden ist, anzusetzen ist. Ist es erst einmal zurückgewonnen, findet auch der Werdungsprozeß im Jetzt statt: Moderne und Postmoderne, die er mit dem Archaischen in der Zeitlosigkeit des Heiligen (Erbe des Bergsonismus) verschmelzen läßt.

Eine andere Erscheinungsform des Heiligen ist, nach Bataille, die Kontinuität des in Bewegung befindlichen Seins, die die Diskontinuität der Formen und Grenzen, Schlüssel

[8] Ebd. S. 81.

der Individualisierung, aber auch - umgekehrt - defensive Reifizierung und Erstarrung der Samenbewegung, durchbricht. Der äußerste Einbruch des Heiligen findet - noch immer nach Bataille - im Tod statt; aber auch in der Erotik, in der man Züge erkennen kann, die denen einer Opferhandlung analog sind.[9] Dies vergegenwärtigt uns einen letzten, vielleicht am meisten beunruhigenden Zug des Heiligen: seine Ambivalenz, dessen Wesenszüge ich hier nach R. Girard darstellen will.[10]

Das lateinische Wort "sacer" kann sowohl das "Heilige" als höchsten positiven Wert (das, wofür es sich zu sterben lohnte) als auch das "Verfluchte" (das, was man töten oder ausrotten sollte) bezeichnen. Es kann also Heilbringendes und Unheilbringendes, Frieden und Krieg, Kreation und Destruktion, Ordnung und Chaos bedeuten. Das Heilige ordnet, organisiert und erzeugt Stabilität und Sicherheit. Aber es ist auch Ursache aller der perversen Sexualität zugeschriebenen schöpferischen oder verdrängten Grenzüberschreitungen; von Unreinheit und Verwesung; von Rachsucht, Neid und Eifersucht. Die Ambivalenz bringt das Heilige in direkte Beziehung zur Gewalt, insofern diese gesellschaftliche Ordnung begründet,[11] zerstört und stabilisiert (Logik von Opfer und Sündenbock). Selbst in dem Vertrag, der die denkbar rationalste Gesellschaftsordnung begründen könnte, müßte jedes Individuum einem Teil seiner Fähigkeiten und seiner Freiheit Gewalt antun - sie opfern und zerstören -, um die Form legitimer Gewalt bzw. Tötung hervorzubringen. Die nicht ist wie andere, verwilderte, brutale Gewalttaten, von *hooligans* und *junkies*: der Sport der Überdosis. Oder wie unbezähmbare Tode, etwa durch Hungerstreik. Auch nicht wie jene Tode

9 G. Bataille, Der heilige Eros, Neuwied und Berlin 1963.

10 R. Girard, La violence et le sacré, Paris 1972..

11 M. Mafessoli, La violence fondatrice, Paris 1983.

durch Alkoholmißbrauch oder Autounfall, die so unbedeutend sind wie der Journalismus, der sie verkauft. Oder gibt es etwa keine heiligen, bedeutungsschweren Tode und profane Tode, die als Tode kaum zählen?

V. Krise der Identität: Der Körper des Reisenden

Zu Beginn unserer Analyse der Krise des Willens ließen wir Odysseus am Ort des endgültigen Exils zurück: beraubt der Vorstellung von Ithaka und der Rückkehr dorthin, ohne praktische Orientierungskoordinaten, mit geschwächter Willenskraft. Odysseus ist nicht mehr Odysseus: ohne das Universum der Symbole, das seine Identität definiert, ist er noch nicht einmal in der Lage zu sein, wer er war. Der Wegfall Ithakas nimmt ihm nicht nur die Dimension der Vergangenheit, aus der er kam, sondern auch die der Zukunft, in die er gehen könnte, und folglich auch die der Gegenwart: wo, an welchem Punkt seiner Lebensreise er angelangt ist. Dies sind die Daten, die seine neue Lage von Verlorenheit, Umherirren und Nomadentum definieren. Das einzige, was Odysseus in seiner Einsamkeit verbleibt, ist sein eigener Körper mit den ihm innewohnenden Kräften.

Der Auftritt des Körpers wird uns erlauben, die Frage des Heiligen etwas zu vertiefen. Weiter oben habe ich mit R. Girard festgestellt, daß der radikale Ort des Heiligen der Tod ist. Jetzt muß ich diese Feststellung dahingehend korrigieren, daß, wenn der Tod nicht mehr sein kann als der Tod eines lebendigen Körpers, also der Körper der Ort ist, in dem das Heilbringende und das Unheilvolle, Gewalt und Gelassenheit, Leben und Tod, Ordnung und Chaos wurzeln können - Ursprungssitz der Ambivalenz, dort, wo unter bestimmten Umständen die Gleichsetzung der Gegensätze stattfindet: Genuß und Schmerz, paroxystische

Lust und Schrecken (Sadomasochismus, Vermischung von Folter und Exstase[12]).

Das Problem der Identität des Reisenden ist damit, daß wir auf den Körper gestoßen sind, nicht beendet; vielmehr könnte man sagen, daß es damit neu beginnt. Erstens erlaubt uns dies, eines der Merkmale der Besessenheit wiederzufinden, nämlich das, in dem sich das Heilige direkt, ohne Rückgriff auf irgendeine Art expressiven Materials, somatisiert. Der Körper ist in der Besessenheit sein eigener Ausdruck, das, was ausdrückt, und zugleich das, was ausgedrückt wird. Im Körper, der das Heilige zurückgewonnen hat, oder vielleicht besser gesagt, der vom Heiligen zurückgewonnen wurde, verschmilzt die bezeichnende mit der bezeichneten Materie. Das Problem der Identität des Reisenden wird also nun zum Problem des Ursprungs seiner neuen Identität, ausgehend von der Schöpferkraft seines eigenen Körpers, dessen Profil allerdings dem Hinundher der Ambivalenz unterliegt.

Für die griechische Welt war der Körper göttliche, heilige, erzeugende und zerstörende, lebensspendende und todbringende Physis. Die antike Welt selbst aber ließ mit dem Orphismus und dem Platonismus die Saat der Auswanderung vom Ort des Ursprungs ins Äußere der Physis aufgehen: die Seele und ihr *eidos*. Diese Wanderung sollte im Christentum ihren Höhepunkt in der Lokalisierung des Ursprungsortes - auch des Ursprungs der Physis selbst - in Gott, dem größten aller Geister, finden. Die moderne Philosophie versuchte dann, den Ursprung bzw. die Kraft des Entstehenlassens für die körperliche bzw. als Körper organisierte Materie zurückzugewinnen, deren Rückkehr bei Hobbes und Spinoza besonders ausgeprägt ist. Es kommt nicht darauf an, daß es sich um einen raumgreifenden,

[12] G. Bataille, Las lágrimas de Eros, Barcelona 1971.

geometrischen, mechanischen, wie alle anderen auch den Bewegungsgesetzen unterworfenen Körper handelt. Bewegung ist jetzt Lebensbewegung, Freude und Schmerz, Lust und Furcht, traurige und fröhliche Leidenschaften. Im 18. Jahrhundert restauriert der Idealismus das platonisch-cartesianische Motiv, und es ergibt sich eine neue Verschiebung des Ursprungsortes: in das nunmehr transzendentale Denken oder Bewußtsein, das für lange Zeit als Ort des Heiligen *par excellence*, ursprüngliche und ursprunggebende Bewegung, fungieren sollte. Paradigmatische Beispiele sind das Kantische und das Hegelsche Bewußtsein. Ersteres, weil es aus seiner jeder möglichen Erfahrung vorgängigen Kategorialstruktur das Geflecht der phänomenischen Ordnung der Welt entstehen läßt. Letzteres, weil es seine eigenen Figuren und seine eigene Selbstnachfolge in der Geschichte als abgeschlossenen Bereich *seines* totalen und absoluten Sinnes erzeugt.

Das 19. Jahrhundert nahm dann wieder den Körper als Ort des Ursprungs an, und zwar in zwei seiner bedeutendsten philosophischen Bewegungen: dem romantischen Ästhetizismus und dem Linkshegelianismus. Diese erneute Verschiebung läßt sich formal in den Texten Feuerbachs lokalisieren, wenn dieser schreibt: "*Wahr* und *göttlich* ist nur, was *keines Beweises bedarf*, was *unmittelbar durch sich selbst gewiß ist, ... das Sonnenklare.* Aber sonnenklar ist nur das Sinnliche ..." "*Ich bin ein wirkliches, ein sinnliches Wesen: der Leib gehört zu meinem Wesen; ja der Leib in seiner Totalität ist mein Ich, mein Wesen selber*".[13] Diese Wiedergewinnung des Körpers erfolgt jedoch in zwei Varianten. Der Ästhetizismus (Schopenhauer und Nietzsche) nimmt den Körper in seiner biologisch-naturgegebenen Bedeutung und verortet in ihm den *genealogi-*

[13] L. Feuerbach, Grundsätze der Philosophie der Zukunft, Frankfurt a. M. 1967, S. 92 und 91.

schen, Werte und Gegenwerte erzeugenden Willen, je nachdem, ob es ein mit schwachen oder starken Instinkten ausgestatteter, Wonne oder Widerwillen erzeugender Körper ist. Der Linkshegelianismus dagegen lokalisiert im entfremdeten Körper die Schaffenskraft (Arbeitskraft), die Nutzen und Tausch erzeugt, wie sie in der ökonomischen - d. h. historischen und gesellschaftlichen - Welt vorliegen (die Gegenfigur zu diesem Körper wäre im Konsumentenkörper unserer hochentwickelten Gesellschaften, dem Kot und Müll in industriellen Mengen produzierenden Körper zu sehen). Schließlich wäre auf dieser Denkschiene auch die freudianische Tradition anzusiedeln, für die der Körper die Bühne ist, auf der Eros und Thanatos ihren Kampf um Steigerung der Lebenseinheit oder Zerstörung führen: eine Maschine, die Wünsche produziert, sie aber auch in der realen oder imaginären Befriedigung und, öfter, in der Frustration konsumiert.
In unserer Zeit (sieht man von verschiedenen Aspekten der Körperlichkeit ab) führt uns das Zerbrechen der Werte und die Auflösung der institutionellen Grundlagen erneut zum Körper als Ursprungsort jedes möglichen Orientierungssinnes. Jenseits des vom Überbau des symbolischen Austauschs der politischen Ökonomie und der politischen Ökonomie des Zeichens (Baudrillard) hyperkodifizierten Körpers und jenseits aller frenetischen Suche oder Erzeugung von strukturellen Kodifizierungen kehrt man auf unterschiedlichen Wegen zum Körper zurück. Zum biologischen Körper, indem man in den Genen (und ihrer unausweichlichen Kodifizierung) unsere natürlichen moralischen Neigungen sucht: dies ist Sache der Soziobiologen.[14] Oder zum Gehirn, um in der vermuteten kybernetischen Struktur den Ursprungsort unserer Gattungswerte zu

[14] E. O. Wilson, Biologie als Schicksal, Frankfurt a. M. 1980 (engl.: On human nature, Cambridge, Mass. 1978).

suchen: genetischer, neurologischer oder ökologischer Körper.[15] Nach der mechanisch-maschinistischen, der anatomisch-physiologischen und den vermeintlich humanen und sozialen Reduktionen - wie die ökonomische, die soziologische und die psychologische - droht uns heute von verschiedenen Fronten die biochemische und schließlich die informationelle Reduktion. Wir haben schon Anlaß, vom *homo informationalis* zu sprechen, dem der genetischen, dem der neurologischen oder dem einer Information, die sich mit jeder Art von Ökosystem austauscht oder austauschen läßt.

Alle diese Vorstellungen vom Körper sind Halbwahrheiten und folglich eigentlich Lügen - jede für sich oder alle zusammen, wenn auch nicht vermischt. Worum es aber geht, ist die Rückgewinung des *ganzen* Körpers, dessen Totalität Feuerbach mit dem Ich gleichsetzte. Der ganze Körper aber ist nichts anderes als der sensible, sensibilisierte und sensibilisierende Körper: der Körper in lustvoller oder schmerzhafter Bewegung. Es könnte vielleicht der ästhetische Körper sein.

Ich ziehe vor, ihn als heiligen Körper, Schauplatz von Ambivalenz, zu sehen. Der Körper, der das Heilige in den postmodernen Besessenheitsriten direkt somatisiert, in der durch keine normierte, kanonische Form abgesegneten, sondern allein durch sensibilisierte und sensibilisierende Bewegung getragenen sexuellen Begegnung und Liebe stattfinden, zu deren organischer Zusammensetzung der Rhythmus von Musik und die sanfte Energie einer leichten Droge gehören können. Das Zusammentreffen der drei Grazien (Sex, Musik und Droge) findet im Fest statt, dessen gemeinsamer Nenner - wieder einmal - die Ambiva-

---

[15] G. E. Pugh, The Biological Origins of Human Values, New York 1977; E. Ashby, The Search for an Environmental Ethics, in: ders. u. a., The Tanner Lectures on Human Values, London 1980.

lenz, die reuelose Vermischung von Ordnung und Chaos ist.
Was man in solchen Ritualen der Besessenheit schließlich zu besitzen erlangt, ist die Potenz expressiv-schöpferischer Bewegung, die im produktiv-konsumptiven Körper, im militanten Körper oder im disziplinierten Körper der gefräßigen Institutionen verkümmert. Nur im expressiven Körper können wir die Quelle wiederfinden, die die Bedeutungen erneuert: neue Gefühlsfiguren, neue Sinneserfahrungen, neue Bewegungen und Töne, neue Formen des Zusammenseins und des Glücklichseins, wenn auch vielleicht nur im Aufblitzen eines Augenblicks.

Individualismus und Feminismus

Von Amelia Valcárcel

In der progressiven philosophischen Kultur, zu der der Feminismus gehört, hat der Individualismus weder ethisch noch politisch einen guten Ruf. Tritt man aber für nominalistische Prinzipien ein, um geschlechtsbasierte zu demontieren, wird man unweigerlich in seine Richtung gedrängt. Die Einforderung der Individualität ist notwendig, um die Basis sexistischer Stereotypen zu untergraben. Gegenüber der Gewalt aufgezwungener Geschlechtlichkeit bedeutet der Nominalismus Seinsfreiheit. Allerdings gibt es dabei auch einige Probleme.
Stellen wir uns vor, alle geschlechtsbasierten Strukturen sollten demontiert werden. Die Folge wäre der Verzicht auf die Fähigkeit zum Denken selbst. Nicht alle Geschlechtsbezüge sollen also fallen, sondern nur die, die zum Stereotyp werden, d. h. deren Auswirkungen in erster Linie moralische sind. Aber selbst dann noch ergibt sich Individualität nicht spontan aus der Dekonstruktion des Geschlechtlichen. Die Erringung von Individualität ist - paradoxerweise - keine individuelle Aufgabe.

Der Stoff der Transaktion

Man hat manchmal den Eindruck - ich sage dies auf die Gefahr hin, daß es wie ein historisches Quasigesetz klingt, das ich aber auf sein wahres Gewicht reduziere -, daß die verschiedenen Erschütterungen, die im Laufe sozialer Veränderungen neue, aufsteigende Schichten haben zu Wort

kommen lassen, etwas gemein haben, eine bestimmte gemeinsame Haltung gegenüber Dritten: Es entsteht gegenüber dem vorherigen "Ihr" ein "Wir", das aber systematisch auf einem ausgeschlossenen "Sie" beruht. Bei jedem Pakt wird etwas geopfert, und wo etwas geopfert wird, gibt es auch ein Opfer. Die grausamen Kämpfe im Namen der - diesseitigen oder jenseitigen - Gleichheit sind da keine Ausnahme, sondern die Regel. Als das Christentum die jenseitige Gleichheit anbot, rückten die paulinischen Lehren ihren Anwendungsbereich zurecht: Alle sind gleich als Erben des Reiches, das da kommen wird, aber Sklaven sind Sklaven, Herren sind Herren, und *alle* Frauen stehen unter der symbolischen oder realen Herrschaft aller Männer. Alle religiösen Dissensbewegungen haben sich in diesem Punkt auf die Aussagen der Paulus zugeschriebenen Lehre berufen: mittelalterliche Chiliasten, Calvinisten, Methodisten usw. - außer denen, die, wie die Mormonen, diese Lehre für zu mild hielten und es vorzogen, ihre Inspiration direkt im Alten Testament zu suchen.
Als der Name der Gleichheit in der Französischen Revolution säkularisiert wurde, befreite man sich davon, ihre Verwirklichung auf das Jenseits zu verschieben (wobei man sich allerdings damit begnügte, sie in die Zukunft zu verlegen), die alten Herren wurden verteufelt, die neuen Bürger verankerten ihre Gleichheit in der Brüderlichkeit, und das invariante Element blieb erhalten. Die Politik könne eben die Naturgesetze nicht ändern: die Unterwerfung der Frauen sei eines dieser Gesetze. Erst wurden die Frauen aus der revolutionären Politik ausgeschlossen, indem man ihre Clubs schloß; dann aus der Politik *tout court*; man stellte sogar die Parallele "Politik des *ancien régime*" ist gleich in den Händen von Frauen pervertierte Politik auf. Interessanter als diese nachweisbaren globalen Verhaltensweisen sind jedoch die ideologischen Formen, die

ihnen zugrundelagen und die in der Romantik zunahmen. Ich will die Schlußfolgerung vorwegnehmen: Die Identität des weiblichen Geschlechts wurde niemals so sehr verfochten, begründet, gepredigt und erklärt wie in der frühen Romantik. Die Gleichheit in der Verworfenheit des "Geschlechts" fand zu keiner Zeit so viel Unterstützung und Vertreter und wurde niemals so entschieden umzusetzen versucht wie in der ersten Hälfte des 19. Jahrhunderts.

Nach jeder Erschütterung wird versucht, das Kollektiv der Frauen zur Ordnung zu rufen, als seien sie es gewesen, die im Geist der gerade überstandenen Zeiten zu weit gegangen seien. Ohne Zweifel mußte sich die von der Philosophie der Aufklärung gestellte Forderung nach politischer Gleichheit radikalisieren. Das geschah in zwei Richtungen. Auf wirtschaftlicher Ebene entstand der frühe Kommunismus, auf der Ebene der Geschlechtertrennung der Feminismus. Der Hegelsche Romantizismus erledigte recht erfolgreich das erste Problem und übersah auch das zweite nicht. Den Todesstoß versetzte diesem aber Schopenhauers naturalistische Kategorie des Geschlechts. Die romantische Misogynie, der Niedergang des Gleichheitsgedankens, ist der symbolische Niederschlag einer defekten Demokratie, der es mehr darum geht, den wenigen Frauen, die Privilegien besitzen, diese zu nehmen, als darum, die Gleichheit auf alle Ungleichen auszudehnen.

Man muß hier an die großen Symptome denken: Im Laufe des 19. Jahrhunderts breitet sich allmählich das Zensuswahlrecht aus. Schwarze Männer erhalten schließlich das Wahlrecht vor weißen Frauen. Aus der gewährten Gleichheit wird ein ganzes Kollektiv ausgeschlossen, das vor dem Aufkommen der Gleichheit von Männern und Bürgern gar nicht so deutlich als Kollektiv existierte. Gewiß hatte der traditionelle religiöse Diskurs (anders als der aufgeklärte) eine solche Zurücksetzung gestützt. Aber der hatte ausgedient, wie auch seine Mythen und Bilder. Die romantische Misogynie, die entschieden weltlich war, bot da den notwendigen Ersatz.

Das zu Transaktionen fähige Individuum

Der Individualismus hat keinen guten Ruf. Aber er hat auch andere Namen, die der kommunitaristischen Tradition weniger zuwider sind, wie etwa Autonomie. Der Individualismus als individuelle Politik ist im übrigen selbstverständlich ein echter Fehlschlag. In der Geschichte der Feminität gibt es verschiedene einsame Namen, die das belegen. Aus den Fängen der Fremdbestimmung kann man nicht aus individueller Kraft entkommen, auch wenn diese ungewöhnlich groß ist. Entweder wird man lebend eingefangen, oder sie erwischen einen im Tod. Denkweisen mit tiefen kommunitaristischen Wurzeln, wie etwa die von Habermas, scheuen sich heutzutage nicht, das autonomiebeladene Erbe der Kantischen Tradition fortzuführen, was vor einigen Jahren noch undenkbar gewesen wäre. Trotz aller Korrekturen geht das nicht ohne Schwierigkeiten ab. Einerseits hat das kommunitaristische Denken, dessen bedeutendster Vertreter derzeit wohl MacIntyre ist, keine ganz reine fortschrittliche Weste, sondern ist vielmehr von Konservativismus durchsetzt. Die Neokonservativen, mit Daniel Bell an der Spitze, begründen ihr Streben nach gesellschaftlicher Umkehr mit den negativen Folgen des Verschwindens eines Sinnes für Moral, den die intermediären Gesellschaften heranbilden, wobei ohne Zweifel an erster Stelle dieser Gemeinschaften die Familie steht.
Was der Feminismus von der Familie hält, ist bekannt: Sie wird als Bastion wirtschaftlicher Ausbeutung oder bestenfalls als Refugium von der Welt, immer auf Kosten der gleichen Personen, angesehen. Zwar wird ihrer Funktion

mehr oder weniger viel Gewicht zugestanden; doch glaubt der Feminismus (mit Ausnahme vielleicht von Germaine Greer) nicht, daß es gerade diese intermediäre Gemeinschaft ist, die man reanimieren sollte. Andererseits kann aber die progressive Tradition ihren Wunsch nach gemeinsamem Handeln nicht ohne weiteres auf das klassisch-liberale Modell vom Individualismus stützen. Dieses Modell wird jedenfalls innerhalb der genannten Tradition als schrittweise Rückkehr zu Rousseau interpretiert, wobei immer zu befürchten ist, daß man bis auf Hobbes oder, schlimmer noch, auf Mandeville zurückfällt. Die zentrale Idee, unter der eine fortschrittliche Linie möglich wird, ist, daß gesellschaftliche Realität eine Erfindung bzw. Übereinkunft ist, daß sie künstlich ist und daß keine ihrer Ausprägungen für natürlich erklärt werden kann. Diesbezüglich ist der Feminismus das Kind, das die väterlichen Lehren am meisten beherzigt hat. Das Geschlecht, das so lange "naturalisiert" war, weiß besser als alle anderen, wer für die Folgen von Naturalisierungen aufzukommen hat.

So steht der Feminismus Rousseau ziemlich nahe, obwohl doch Rousseau eine der bekannten Quellen des Antifeminismus ist. Der Feminismus ist individualistisch, obwohl man doch weiß, daß sich aus individuellem Handeln für das Geschlecht nichts erreichen läßt. Er ist egalitaristisch, obwohl doch von allen Seiten Unterscheidung gepredigt wird. Und er ist optimistisch, obwohl sich doch nach dem Niedergang der sogenannten großen Erzählungen alle seine eventuellen "Reisegefährten" geschlagen geben.

Der Individualismus hat - ich sage es noch einmal - einen schlechten Ruf, die Autonomie nicht. Und doch sind sie Geschwister. Es will mir nicht einleuchten, wie man Autonomie fordern kann, ohne sie in Individualität zu begründen. Individualität zu erringen, heißt, die Kraft von Bestimmungen auszulöschen; heißt, Fichtes Ausspruch vom

Ich=Ich zur Grundlage zu machen; heißt also, den Rest der individuellen Identitäten prozedural konstruieren zu müssen. Davon gibt es viele, nicht nur sozial und moralisch wirksame, sondern auch gerechte. Was auch besagt, daß der Feminismus größere Reichweite haben kann und muß, als man gemeinhin annimmt. Er muß viel mehr Themen zu seiner Sache machen. Der Feminismus gehört zu einer Denktradition, die ungerechte Ungleichheit anprangert. Die von den Frauen erlittene ist aber nicht die einzige.
Die Erringung von Individualität verlangt auch, daß man sich selbst ernst nimmt, d. h. sich Vertragsfähigkeit zugesteht, und daß man diese Ernsthaftigkeit von der Formalität unterscheidet, die bei der Ausübung von Machtgleichheit auftreten kann. Es gibt eine "Tyrannei des Mangels an Strukturen", die legitime Macht kanalisieren. Wenn Personen unterschiedliche Grade von Autorität besitzen, dann soll dies nicht aufgehoben oder auch nur behindert werden im Namen einer geschlechtlichen Identität, die wir Frauen von der anderen Seite geerbt haben. Wenn wir zu der Einsicht kommen, daß Frauen und Männer sich letztlich ziemlich ähnlich sind, dann nur, weil wir uns schließlich gegenseitig das Individuationsprinzip zugestehen.
Das Problem einer feministischen Ethik bzw. Pragmatik ist aber noch immer die Diskussion darüber, inwieweit die Aufgabe des Geschlechtlichen heutzutage möglich oder auch nur legitim ist. Um dieses Problem anzugehen, eröffnet sich der feministischen Philosophie ein neues Diskussionsfeld. Die vorstehende *tour d' horizon* beansprucht nur, eine seiner möglichen Grenzen zu skizzieren.

Verachtung des Hofes, Lob des Dorfes

Die dekonstruierte Geschlechtlichkeit, die uns von der Stereotypie befreit, muß jedoch für gutes soziales Handeln wieder konstruiert werden. Das bedeutet, daß wir, um im Namen "der Frauen" sprechen zu können, diesem Kollektiv jedenfalls irgendwelche Merkmale zuschreiben müssen. Aber welche? Ich denke, hier läßt sich eine weitere Grenzziehung vorschlagen: weder Essentialismus noch Naturalismus. Beide waren und sind Teil der dem Kollektiv der Frauen aufgezwungenen Bestimmung und lassen sich nicht einfach ins Positive wenden. Den Frauen ist einerseits das Merkmal "Frau" gemein, d. h. eine Bestimmung, und andererseits eine endliche Skala von Formen des In-der-Welt-Seins, eine Phänomenologie, niemals aber ein Wesen.

Die Frauen sind nicht alle "x", wer immer dies auch behaupten mag. Aus einer gewissen befangenen Geistesträgheit heraus betrachtet mag das Weibliche wesentlich das Undurchsichtige, Immanente, Abgeschlossene usw. sein, ob dies nun gut oder schlecht ist. Entsprechend gibt es auch ein nicht unbedingt positives Bild vom Wesen des Männlichen. Das Männliche kann beispielsweise unwesentlich, schmarotzerhaft, aggressiv, elementar usw. sein. Im Grunde ändert sich also nur die Wertbetonung in einer nicht in Frage gestellten Kosmologie enantiologischer Paare - einer vorläufigen Ordnung, die einen selbstgefälligen Diskurs erzeugt, selbstgefällig vor allem im Hinblick auf eine Niederlage, die akzeptiert wird, bevor die Schlacht überhaupt geschlagen ist. "Wir Frauen wollen nicht sein wie die Männer" heißt oft, daß die, die das behaupten, es auch nicht können. Aber was können sie nicht? Sie können nicht so sein wie ein bestimmtes von "den Männern" konstruiertes Bild, in dem sich weder viele Männer noch gar gültige Kulturschöpfungen wiedererkennen würden.

Einen Wesensunterschied gibt es zwar nicht, wohl aber trifft zu, daß es unterschiedliche funktionale Positionen

gibt. Beherrschen und beherrscht werden ist nicht dasselbe. Geschlechtsmacht und Geschlechtsunterwerfung führen nicht zum gleichen Dasein. Alle Schwachen werden "feminisiert". Das heißt aber nicht, daß man für die Abschaffung aller Hierarchie und Macht sein muß. Gehorsam und Unterwerfung ist nicht dasselbe. Gehorsam bekräftigt die Möglichkeit von Vereinbarungen und Machtwechseln, Unterwerfung homogenisiert. Das Schema des Gehorsams impliziert Autorität, das der Unterwerfung dagegen Herrschaft. Autorität ist mit Kooperation vereinbar, Unterwerfung ist notwendigerweise unsolidarisch. Autorität und ihre Gehorsamssysteme lassen sich mit einer Geschlechtsmacht verbinden, bei der die Inhaber der Macht einmal befehlen und einmal gehorchen. Unterwerfung impliziert eine Eins-zu-Eins-Beziehung ohne Horizontalität, eine Macht, die - wenn sie überhaupt entsteht - nicht additiv ist, die aber normalerweise gar nicht erst entsteht.
Diese Weisen des Eingebundenseins in Beziehungen, in denen Macht entsteht und übermittelt wird, prägen zweifellos das Schicksal von Männern und Frauen, will sagen ihr kollektives Schicksal oder, noch genauer, ihre Schicksalsvergangenheit. In diesem Lichte ist die Hermeneutik der gesamten Kulturgeschichte zu betreiben: daß es ein Schicksal ist, das schon Vergangenheit ist. Man muß aufhören mit der ständigen Beschwörung von Vergangenheit, indem man einfach in der genealogischen Erzählung das auslöscht, was mit jenem in der lebendigen Gegenwart zugestandenen Schicksal nicht zusammenpaßt. Man bedenke, daß fast jede Gegenwart hinsichtlich der Entstehung von Individualitäten ebenso vielgestaltig und lebendig gewesen ist wie die unsere. Nur bleiben sie nicht bestehen. Sie werden zu orthodoxer Erzählung, und jede neue Generation wird mit dieser Vergangenheit konfrontiert, die der Einfachheit halber als aufgezwungenes Schicksal, von

dem man sich freimachen muß, konstruiert wird. Dieser Fluch läßt sich nicht dadurch vermeiden, daß man die sekundär wertenden Aspekte von Wertausdrücken voluntaristisch und marginal ändert. Es reicht nicht, daß man sagt: "Von jetzt an ist Schwäche etwas Positives". Erstens, weil nichts dafür spricht, daß die Zuordnung von Schwäche zu den Merkmalen eines ganzen Kollektivs legitim ist. Dann auch, weil dies eine Abwertung der gleichfalls vagen, falsch zugeschriebenen Stärke bedeutet. Und schließlich, weil man einen Ausdruck nicht voluntaristisch besetzen kann: Eine gute Schwäche heißt eben nicht mehr Schwäche. Und wenn man es könnte, dann würde Schwäche nicht mehr zum semantischen Umfeld von Gebrechlichkeit, Ohnmacht, Versagen und Kraftlosigkeit gehören.
Sich kein Bild machen heißt auch, es nicht in der Vergangenheit dort suchen, wo es angeblich zu finden wäre. Verweigert man den Frauen die Genealogie, das Sichwiedererkennen in der Gegenüberstellung mit der ganzen Kultur, dann kann geschehen, daß sie dieses Ausgeschlossensein internalisieren und den Aufgaben Wert zuzuschreiben suchen, die ihnen angeblich auf ewig zugewiesen sind. Wenn man aber das Sticken verteidigen zu müssen meint - und die *Herstory* hat bei manchen Verfasserinnen schon gewisse Züge einer solchen Verteidigung des Stickens angenommen -, dann soll man nicht glauben, es verteidigen zu können als etwas Wertvolles, dem aus reiner Perfidie Bedeutung abgesprochen wird. Die Verteidigung des Alltäglichen unterliegt einem anderen Gesetz und hängt ab von der Wendung, die man der Erzählung der Geschichte gibt, wenn neue Parameter in sie eingehen. Beispielsweise das Recht auf die Registrierung der ständigen, alltäglichen Bemühungen um den Erhalt von Lebensformen; dann erst ist die Geschichte nicht mehr jener schneidende Wind, der auf den Hochebenen bläst, wo sich Armeen versammeln.

Glaubt man an eine weibliche Wesenhaftigkeit - und viele militante Frauen glauben an so etwas -, dann braucht man diese Wesenhaftigkeit nur in die Vergangenheit projizieren, und wir werden wieder über den seltsamen Fall stolpern, daß eine Virginia Woolf gezwungen ist, Kultur als etwas ihr fremdes zu betrachten, während sich jeder männliche Analphabet aufgrund seiner bloßen Zugehörigkeit zu dem Geschlecht, das sich diese Kultur allein zugute hält, als ihr Mitbegründer fühlen kann. Eine solche Verzerrung ist einfach lächerlich.

Wie könnte man sich, da manche militanten Gruppen an eine weibliche Wesenhaftigkeit glauben, verkneifen, mit Friedan zu sagen, daß der Feminismus antifeministisch ist? Also: Autonomie bei der Konstruktion und Analyse des eigenen Willens ja. Aber ein Individuum zu sein, ist etwas anderes. Auch Individualität erhält man nicht voluntaristisch; sie ist im Gegenteil Ergebnis eines gleichberechtigten Abkommens.

Gesetz des Tages und Gesetz der Dunkelheit

Wer zwei Gesetzen unterworfen ist, kann keinen Pakt schließen, denn man kann nicht zwei Herren gleichzeitig dienen. Nach dem Gesetz der Öffentlichkeit fühlen Frauen oft - bzw. läßt man sie fühlen -, daß sie im Grunde *parvenues* sind. Sie erhalten nicht die volle Autorität, was sich daran zeigt, daß sie normalerweise anderen keine Autorität verleihen können. Sie sind, anders ausgedrückt, in der Regel kavaliersmäßiger als die meisten "Kavaliere", universalistischer als jede Gewohnheitsnorm, glauben mehr an Begabung und Leistung ohne Ansehen des Geschlechts als die gutwilligsten Männer. So werden sie zu Ausnahmen, und die Öffentlichkeit kann die Regel beibehalten. Es kommt ihnen meist gar nicht in den Sinn, noch würden sie

es wagen, ungerecht zu sein. Ungerechtigkeit, Vorziehen der eigenen Gruppe, ist nicht ästhetisch. Im übrigen denken manche von ihnen - das hängt von der Generation bzw. dem Alter ab - noch nicht einmal über ihre gespaltene Stellung nach: Sie leben sie bloß leidvoll.
Dumont, dessen Werk über die Wurzeln des europäischen Denkens zum gemeinsamen Handeln für die Konfrontation mit dem Individualismus unverzichtbar ist, stellt fest, daß Individualismus und Gleichheit zwei Seiten ein und derselben Medaille sind. Man erhält damit eine neue Fassung von Macht und Hierarchie. Auch Begriffe werden wie "Rechte" gekauft. Der Individualismus ist die Denktradition, die die ökonomische Entwicklung der Gesellschaften, denen wir angehören, ermöglicht hat. Er verbirgt sich hinter den unterschiedlichsten Ideen: Man kann ihn ohne weiteres im Sozialismus ausmachen; Dumont spürt ihn aber auch in *Mein Kampf* auf. Er ist *das Charakteristikum* der Moderne.
Der Individualismus - in dem Sinne, der uns hier interessiert - ist überdies für den Mann der europäischen Kultur zur zweiten Natur geworden. Man trage nur einmal vor einem gemischten oder rein männlichen Publikum eine nicht schönfärbende Geschlechtsbestimmung des Mannes von der Art "Alle Männer sind/tun x" vor: Jeder einzelne von ihnen wird sich angegriffen fühlen. Individualismus ist das Recht, sich aus unangenehmen, weder positiven noch positivierbaren Bestimmungen auszunehmen. Als solches ist er eine Lebensform, was immer Zukunfts- und Vergangenheitsschwärmer auch dagegen sagen mögen. Allerdings ist er keineswegs der ganzen Gattung gemein. Er ist ein ziemlich junges Phänomen. Mit Hegel kann man sagen, daß er nicht mit *Sittlichkeit*, sondern mit *Moralität* zusammenhängt, mit abstrakter Gleichheit, mit dem Allgemeinen und Verallgemeinerungsfähigen, mit dem Erbe der

aufgeklärten Vernunft. Und Hegel hatte nicht ganz Unrecht, als er ihn als "das Gewußte und Gewollte" dem Herkömmlichen, der Sittlichkeit, entgegensetzte.
Dieses mehr oder weniger fiktive individuelle In-der-Welt-Sein wird den Frauen einerseits durch die eigene Geschlechtsbestimmung verwehrt, die allerdings nicht grundlos ist. Mit ihrem Bestand erhält sie die Ordnung aufrecht. Die Aufnahme der Mehrheit der Frauen in die Sittlichkeit ist für diese Verweigerung ausschlaggebender. Diese vor-öffentliche Privatheit hat ein anderes Gesetz. Vergessen wir nicht, daß die größte weibliche Tugend, die allen anderen zugrundeliegt, die Selbstverleugnung ist. Das aber ist eine Tugend der Sittlichkeit, nicht der Moralität. Die moralische Tugend, die ihr am nächsten kommt, ist das Heldentum. Aber Selbstverleugnung und Heldentum haben wenig gemein. Letzteres entsteht sporadisch und läßt sich nicht einfordern; erstere ist beständig und erzwungen. Letzteres wird mit allen zur Verfügung stehenden Mitteln belohnt und gerühmt. Erstere wird für selbstverständlich gehalten, und man mißt ihr keinen besonderen Wert bei. Und schließlich ist letztere kommunitär, erstere atomisiert. Individuum zu sein ist keine individuelle Angelegenheit: Individualität müssen Gleiche gewähren, die dem Willen, den sie anerkennen, eine Grundlage geben. Individualität ist dem Geschlecht, dessen Mitglieder als identisch betrachtet werden, nicht nur verwehrt, sondern durch die ständige Forderung von Selbstverleugnung sogar verboten: Selbstverleugnung nicht, damit Individualität verschwindet, nicht unmittelbar gesellschaftsbezogene Selbstverleugnung, sondern Selbstverleugnung, damit all die einzelnen Männer, die sich nicht geschlechtsbezogen bestimmen lassen, Individuen werden und bleiben können. Im Grunde nämlich gibt sich jede Frau für einen Mann - oder auch für zwei - auf, auch wenn sie sich dessen nicht

bewußt sein mag. Selbstverleugnung ist also nicht Bindemittel, sondern im Gegenteil Prinzip eines trennenden Systems. Eine für einen, und dieser eine für das Ganze ... gegebenenfalls. Individualität, die sich für eine andere selbst verleugnet. Und sofort aus dem entsprechenden Vertragsbereich ausgeschlossen wird. Ihre Individualität wird von dieser anderen vertreten. Sohn, Ehemann, Liebhaber sind ihre Herren und ihr Produkt.

Was meint ein Mann, wenn er sagt, daß er die Frauen nicht versteht? Er will damit sagen, daß er sie aus der Sphäre der Individualität ausschließt, da er sie als Geschlechtswesen verstehen müsse und er offenkundig die Individualität, mit der er Auseinandersetzungen hat, als Geschlechtswesen nicht versteht. Er geht also nicht davon aus, daß seine geschlechtliche Bestimmung der betreffenden individuellen Frau falsch ist, sondern entschließt sich, das ganze unermeßliche Kollektiv, dem er sie zurechnet, nicht zu verstehen. "Ich verstehe die Frauen nicht" heißt auch, daß man sie aus der Sphäre der Individualität entfernt, die man sich selbst als Geschlecht zuschreibt. Nie im Leben habe ich eine Frau so etwas sagen hören. Heißt das, daß die Frauen die Männer verstehen? Keineswegs. Es heißt nur, daß sie einen Einzelfall nicht dem ganzen Geschlecht subsumieren. Auf diese Idee kämen sie gar nicht. Im übrigen sind die Männer als gute vor-vertragliche Individuen in dieser Beziehung als Geschlechtswesen leicht zu verstehen. Sie lieben immer nur das eine: sich selbst. Jede Frau weiß natürlich, daß dies nicht in allen Beziehungen der Fall ist, oder sie möchte zumindest glauben, daß es auf die, mit denen sie zu tun hat, nicht zutrifft. Sie glaubt lieber, daß die Welt eben so ist. Daß es ein vor aller Zeit entstandenes, vertragsresistentes Gesetz gibt, das so ist. Auf diese Weise überläßt sie sich nicht nur selbst der Natur, akzeptiert nicht nur - wenn auch skeptisch - irgendwelche von einer vielleicht blinden Glücksgöttin verteilten Wesenhaftigkeiten, sondern nimmt auch, indem sie das "So ist es" mit einem "So soll es sein" vermischt, ihr individuelles Schicksal unter dem des Kollektivs an, und zwar aus der Hand einer beliebigen, der Erkenntnis entzogenen Macht. Sie naturalisiert.

Das altehrwürdige Dilemma von Natur und Gesetz

Nun sind aber unsere Legitimationssysteme gerechter Hierarchie, die Demokratien, nicht naturalistisch. Sie stellen sich vielmehr unter einem regulativen, politischen und zugleich beispielhaften Aspekt dar. Immerhin können in ihnen verschiedene jener unrechtmäßigen Bestimmungen überleben. Können, sollten aber nicht. Manche sind funktional: Es wäre Unsinn, den funktionalen Aspekt des Patriarchats bestreiten zu wollen, der sowohl das, was man in den sechziger Jahren die "häusliche Produktionsweise" nannte, als auch die Einsparung an kultureller Energie umfaßt, die sich daraus ergibt, daß man die Hälfte der Menschen aus der Öffentlichkeit ausschließt. Aber diese Funktionalität, die ökonomisch gesehen die Produktion inzwischen eher behindert, hat außerdem perverse Auswirkungen auf die Demokratie selbst. Die Familie, dieser Hort der Sittlichkeit, verändert sich und paßt sich der herrschenden Legitimität an, mit den entsprechenden Konflikten. Wenn sie es nicht tut, wenn sie als jene vor-bürgerliche und vor-individuelle Ordnung bestehen bleibt, dann ist sie nicht legitim. Weiß man aber von ihrer schreienden Unrechtmäßigkeit und behält sie trotzdem bei, dann ist dies eine jener Scheinheiligkeiten, die das freie Gewissens korrumpieren und das Individuum dazu bringen, immer schlimmere Dinge zu schlucken.

Manchmal muß man sich fragen, was die Konservativen eigentlich konservieren, denn abgesehen vom liberalen Wirtschaftsmodell (für das sie in regelmäßigen Abständen Verteidigungsrituale veranstalten) ist allen Konservativismen eines gemein: die Verteidigung eines zwar diffusen, aber doch starken symbolischen Aggregats, das sie der Abkürzung halber "Familie" nennen. "Familie" heißt nämlich im Grunde im konservativen Diskurs in der Regel nicht "Macht und Erbe", wie in der Vergangenheit, sondern Ordnung gegen die Unordnung. Normative Ordnung. Es bedeutet auch nicht Treue und gegenseitige Hilfe (ich erinnere hier nur an den bekannten Ausspruch eines spanischen Nachwuchsfaschisten "Unterhalb der Gürtellinie sind wir alle Demokraten", d. h. selbstverständlich: alle Männer), sondern ein "natürliches", vorgängiges hierarchisches Aggregat, das die wahre Grundlage der politischen Gesellschaft darstellt und bei dem der "Gürtel" kaum eine Rolle spielt. Die Familie ist gute Ordnung, natürliche Hierarchie, Keimzelle aller Tugend, konfliktfreie Gesellschaft. In Zeiten des Wahnsinns hat der Konservativismus nicht gezögert, diese Modell sogar auf die politische Gesellschaft zu übertragen und den Staat als eine "große Familie" aufzufassen. Aber selbst, wenn man so weit nicht geht, sind dieses "Familie" genannte Etwas (das weder Formenvielfalt noch Spannungen oder eine Geschichte kennt) und seine Probleme Teil der unverrückbaren Argumentation jeder konservativen Politik.
Verteidigung der Familie bedeutet in diesem Rahmen gewöhnlich Verteidigung des Naturalismus und der traditionellen Stellung der Frau. Bei der klassischen Rechten geschieht dies ohne jedes Philistertum; häufig findet man aber die gleichen Einstellungen auch bei linken Politikern. Nur kann die Linke diesen Diskurs nicht öffentlich machen. Der Feminismus der Rechten ist nach alledem eine

leere analytische Option. Der Feminismus kann folglich all den Politikphilosophen, die sich darum sorgen, daß in der postindustriellen Leistungsgesellschaft die charakteristischen Unterschiede zwischen rechts und links verschwinden könnten, einen sicheren Unterscheidungsfaktor liefern. Vorausgesetzt natürlich, sie sind bereit, ihn zur Kenntnis zu nehmen, und werden daran nicht von ihren unausgesprochenen Gesellschaftsbildern gehindert.

Innerhalb der Linken wird der Individualismus (zu dessen verschiedenen Ausprägungen der Feminismus gehört) mit Mißtrauen betrachtet, weil man in ihm - nicht ganz grundlos - einen Gegner des gemeinsamen Handelns sieht. Dem läßt sich nur entgegnen, daß dies tatsächlich bis zu einem gewissen Grad zutreffen mag, daß es aber wohl auch hinsichtlich mancher gemeinsamer Aktionen besser wäre, sie kämen niemals zustande. Für den Individualismus spricht nämlich, daß er auch ein Gegner übertriebener Dienstleistungsansprüche ist. Der Staat ist keine Familie, er kann von seinen Bürgern keine Selbstverleugnung verlangen, sondern allenfalls Geduld in bestimmten Situationen. Ebenso kann es - aus der Sicht derer, die ein Recht auf Individuation einfordern - auch keinen gesellschaftlichen Bereich mehr geben, auf den die - wenn auch abstrakten - Kategorien von Gleichberechtigung, gemeinsamer Entscheidung und Dialog nicht übertragen werden. Die Zivilgesellschaft mag zwar das beste Gegengewicht gegen einen übermächtigen Staat sein; aber es gibt in ihr noch immer Strukturen und Verhaltensweisen, die sich dem guten Vorbild der politischen Demokratie nicht länger verschließen dürfen.

Autorinnen und Autoren

Saturnino Alvarez Turienzo (1920), Augustiner, 1966-90 Professor für Ethik an der Katholischen Universität Salamanca. 1955-75 Herausgeber der Zeitschrift *La Ciudad de Dios*, seit 1975 der *Cuadernos Salmatinos de Filosofía*. Buchveröffentlichungen zur Ethik u. a. *Nominalismo y comunidad (San Agustín y la primacía de lo comunitario)*, Madrid 1961, *Revisionismo y diálogo. Madurez moral y signos de los tiempos*, Madrid 1969, *El hombre y su soledad: una introducción a la ética*, Salamanca 1983, *Implicaciones para una ética de las ciencias del hombre*, Buenos Aires 1985, und *'Regio media salutis' (Imagen del hombre y su puesto en la creación: San Agustín)*, Salamanca 1988.
Der Beitrag 'Die Geschicke des ethischen Subjekts' erschien in erweiterter Fassung unter dem Titel 'Para que haya pregunta moral' in *Iglesia Viva* 73 (1977).

José Luis L. Aranguren (1909), 1955-65 und ab 1976 Professor für Ethik und Soziologie an der Universidad Complutense in Madrid. 1965-75 aus politischen Gründen Lehrverbot. Emeritus der University of California (Santa Barbara). Katholischer Denker mit kritischer Distanz zur offiziellen Lehre. Gilt als Nestor der wissenschaftlichen Ethik in Spanien. Buchpublikationen u. a. *Catolicismo y protestantismo como formas de existencia*, 1952; *La ética de Ortega*, 1958; *Etica y política*, 1963; *Lo que sabemos de moral*, 1966; *El marxismo como moral*, 1968; *Moral de la vida cotidiana, personal y religiosa*, 1977; *Sobre imagen, identidad y heterodoxia*, 1982; *Etica de la felicidad y otros lenguajes*, 1988 (alle Madrid).
Der Beitrag 'Die Grundlagen der Moral und das Unterfangen der Moralisierung' ist ein Auszug aus mehreren Kapiteln von *Lo que sabemos de moral.*

Gabriel Bello (1950), seit 1973 Dozent am Institut für Philosophie der Universität von La Laguna (Teneriffa), wo er 1984 auf den Lehrstuhl für Ethik berufen wurde. Von ihm liegen die folgenden Bücher vor: *De Kant a Wittgenstein: desde un punto de vista pragmático*, La Laguna 1986; *Richard Rorty en la encrucijada de la filosofía postanalítica: entre el pragmatismo y la hermenéutica*, Barcelona 1990; außerdem ein Sammelband mit Aufsätzen zur Moralphilosophie: *El retorno de Ulises*, La Laguna 1989. Er ist Herausgeber des Sammelbandes: *Comunidad y utopía*, Barcelona 1989.
Der Beitrag 'Die Rückkehr des Odysseus: Grundlagen einer Krisenphilosophie' ist die Zusammenfassung eines Kapitels des Buches *El retorno de Ulises*.

Victoria Camps, seit 1972 Dozentin am Philosophischen Institut der Universität Barcelona, seit 1985 Inhaberin des Lehrstuhls für Rechts-, Moral- und politische Philosophie. Gastdozenturen an der Johns Hopkins University (Baltimore) und der UNAM in Mexiko-Stadt. 1980-85 Herausgeberin der Zeitschrift *Enrahonar* (Barcelona). Zunächst Arbeiten zur Religions- und Sprachphilosophie (*Los teólogos de la muerte de Dios*, 1969; *Pragmática del lenguaje y filosofía analítica*, 1976; beide Barcelona). Bücher zur Ethik und politischen Philosophie: *La imaginación ética*, Barcelona 1983; *Etica, retórica y política*, Madrid 1988; *Virtudes públicas*, Madrid 1990; (Hrsg.) *Historia de la ética*, 3 Bde., Barcelona 1987 ff.
Der Beitrag 'Die Mühen des Wollens' erschien zuerst unter dem Titel 'Los esfuerzos del querer' in *Enrahonar* 3 (1981).

Adela Cortina, seit 1987 Professorin für Rechts-, Moral- und politische Philosophie an der Universität von Valencia. Forschungsaufenthalte in München und Frankfurt a. M. Übersetzerin von K.-O. Apel. Zu Apel erschien ihr Buch *Razón comunicativa y responsabilidad solidaria*, Salamanca 1985. Weitere Buchveröffentlichungen: *Dios en la filosofía trascendental de Kant*, Salamanca 1981; *Etica mínima*, Madrid 1985; *Crítica y utopía: La Escuela de Francfort*, Madrid 1986; *Etica sin moral*, Madrid 1990; (Hrsg., mit K.-O. Apel, J. de Zan, D. Michelini) *Etica comunicativa y democracia*, Barcelona 1991.
Der Beitrag 'Würde, nicht Preis: Jenseits des Ökonomizismus' erschien in einer längeren Version unter dem Titel 'Dignidad y no precio: Más allá del economicismo' in: Esperanza Guisán (Hrsg.), *Esplendor y miseria de la ética kantiana*, Barcelona 1988.

Esperanza Guisán, seit 1985 Inhaberin des Lehrstuhls für Rechts-, Moral- und politische Philosophie der Universität von Santiago de Compostela. Mitherausgeberin der Zeitschrift *Agora. Papeles de Filosofía* dieser Universität. Präsidentin der *Sociedad Iberoamericana de Estudios Utilitaristas*. Buchpublikationen: *Los presupuestos de la falacia naturalista*, Santiago de Compostela 1981; *Cómo ser un buen empirista en ética*, Santiago de Compostela 1985; *Razón y pasión en ética (Los dilemas de la ética contemporánea)*, Barcelona 1988; *Manifiesto hedonista*, Barcelona 1990; *Introducción a la ética*, Barcelona, in Druck. Herausgeberin des Sammelbandes *Esplendor y miseria de la ética kantiana*, Barcelona 1989.
Der Beitrag 'Gerechtigkeit als Glück' erschien erstmals unter dem Titel 'La justicia como felicidad' in *Sistema* 64 (1985).

Javier Muguerza (1939), seit 1979 Professor für Ethik an der Fernuniversität Madrid. 1986-90 Leiter des Institutes für Philosophie des spanischen Wissenschaftsrates. Gastdozenturen in Mexico-Stadt, Chapel Hill (N. C.) und New York. Herausgeber der Zeitschrift für Ethik und politische Philosophie *Isegoría* (Madrid). Buchpublikationen u. a. *La concepción analítica de la filosofía*, Madrid 1974; *La razón sin esperanza*, Madrid 1980, *The alternative of dissent (Tanner Lecture 1988)*, Salt Lake City und Cambridge 1988, *Desde la perplejidad*, Mexiko-Stadt 1990. In deutscher Sprache erschien *Ethik der Ungewißheit*, Freiburg/München: Karl Alber 1990.
Der Beitrag 'Logik, Geschichte und Rationalität: Zu einer Selbstkritik der analytischen Vernunft' erschien zuerst in: Alfredo Deaño (Hrsg.), *Análisis y dialéctica*, Themenheft der *Revista de Occidente* 138 (1977).

José Rubio Carracedo (1940), 1980-87 Dozent für Ethik an der Universität Valencia, seit 1988 Professor für Rechts-, Moral- und politische Philosophie an der Universität Málaga. Gastdozent u. a. an der Universität Passau. Bücher über philosophische Anthropologie, politische Philosophie und Ethik, darunter: *Antropología prospectiva*, Madrid 1973; *Lévi-Strauss. Estructuralismo y ciencias humanas*, Madrid 1976; *La utopía del Estado justo: de Platón a Rawls*, Valencia 1982; *Positivismo, hermenéutica y teoría crítica en las ciencias sociales*, Barcelona 1984; *Paradigmas de la política: del Estado justo al Estado legítimo*, Barcelona 1990.
Der Beitrag 'Ethische Rechtfertigung: Autonomie und Universalität' erschien unter dem Titel 'La justificación ética: Autonomía y universalidad' in *Philosophica Malacitana* (Málaga) 1 (1986).

Javier Sádaba (1940), seit 1970 Dozent für Ethik an der Autonomen Universität Madrid, inzwischen Inhaber des Lehrstuhls für Ethik und Religionsphilosophie. Arbeitsaufenthalte an der Gregoriana in Rom sowie an der Universität Tübingen und der Columbia University (New York). Neben zahlreichen Fachaufsätzen regelmäßige Beiträge in der Tagespresse. Bücher zur Religionsphilosophie: *Lenguaje religioso y filosofía analítica*, 1977; *Qué es un sistema de creencias*, 1980; *Lecciones de filosofía de la religión*, 1989. Weitere Buchpublikationen: *Lenguaje, magia y metafísica (El otro Wittgenstein)*, 1984; *Saber vivir*, 1986; *La filosofía moral analítica (De Wittgenstein a Tugendhat)*, 1988 (alle Madrid).
Der Beitrag 'Ethik und Sinn des Lebens' erschien unter dem Titel 'Etica y sentido de la vida' in: *Mathesis* 4 (1983).

Fernando Savater (1947), seit 1979 Inhaber des Lehrstuhls für Rechts-, Moral- und politische Philosophie an der Universität des Baskenlandes. Gastprofessuren an den Universitäten von Mexiko-Stadt und Middlebury (Vermont). Autor mehrerer Romane und Theaterstücke sowie zahlreicher Zeitungsartikel. Mitherausgeber der Zeitschrift *Claves de razón práctica*. Essaysammlungen u. a. *La infancia recuperada*, 1976; *A decir verdad*, 1985; *Humanismo impenitente*, 1990 (alle Madrid). Speziell der Ethik gewidmet sind *Invitación a la ética*, Barcelona 1981; *La tarea del héroe*, Madrid 1982; *Nietzsche y su obra*, Barcelona 1983; El *contenido de la felicidad*, Madrid 1987; *Etica como amor propio*, Madrid 1989; (Hrsg.) *Filosofía y sexualidad*, Madrid 1989.
Der Beitrag 'Tragödie und Freiheit' ist eine gekürzte Fassung eines Kapitels von *La tarea del héroe*.

Carlos Thiebaut (1949), 1975-86 Dozent für Ethik an der Universidad Complutense und der Autonomen Universität von Madrid; forscht seit 1987 am Institut für Philosophie des spanischen Wissenschaftsrates. Gastdozenturen an der UNAM in Mexiko-Stadt und der Northwestern University in Chicago. Arbeiten zur politischen Philosophie und Ethik, darunter: *Cabe Aristóteles*, Madrid 1989; *Historia del nombrar*, Madrid 1990; (Hrsg., mit J. González G.) *Convicciones políticas y responsabilidades éticas. Actas de la V Semana de Etica*, Barcelona 1988; (Hrsg.) *La herencia ética de la Ilustración*, Barcelona 1991.
Der Beitrag 'Komplexes Subjekt, narrative Identität, Modernität des Südens' erschien unter dem Titel 'Sujeto complejo, identidad narrativa, modernidad del Sur' in: Carlos Castilla del Pino (Hrsg.), *Teoría del personaje*, Madrid 1989.

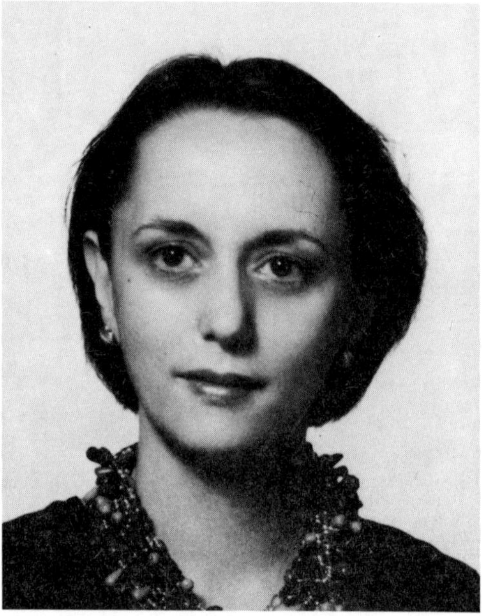

Amelia Valcárcel, seit 1980 Inhaberin des Lehrstuhls für Ethik der Universität von Oviedo. Aufenthalte als Gastdozentin an den Universitäten von Florenz, Neapel und Rom. Autorin des Buches *Hegel y la ética (Sobre la superación de la 'mera moral')*, Barcelona 1988. Zahlreiche Aufsätze zu Feminismus und Ethik. Eine Auswahl ist erschienen in dem Band *Sexo y filosofía (Sobre 'mujer' y 'poder')*, Barcelona 1991. Sie ist derzeit mit der Herausgabe von *Los sentimientos morales. Actas de la VI Semana de Etica*, Barcelona, befaßt.
Der Beitrag 'Individualismus und Feminismus' erschien unter dem Titel 'Individualismo y feminismo' als ein Kapitel von *Sexo y filosofía*.

Personenregister

Reihe: Praktische Philosophie

Die Bände 1 bis 28 sind kartoniert; ab Band 29 erscheint die Reihe in festen Einbänden

1: Ingrid Craemer-Ruegenberg: Moralsprache und Moralität. Zu Thesen der Sprachanalytischen Ethik
2: Otfried Höffe: Strategien der Humanität
3: Beat Sitter: Dasein und Ethik. Zur Theorie der Eksistenz
4: Claus Günzler: Anthropologische und ethische Dimensionen der Schule. Lernzieldruck und Lebenshilfe
5: Lewis White Beck: Akteur und Betrachter
6: John Rawls: Gerechtigkeit als Fairneß
7: Reinhard B. Nolte: Einführung in die Sprechakttheorie John R. Searles
8: Martin Rhonheimer: Politisierung und Legitimitätsentzug. Totalitäre Kritik der parlamentarischen Demokratie
9: Annemarie Pieper: Pragmatische und ethische Normenbegründung
10: Hans Michael Baumgartner (Hg.): Prinzip Freiheit
11: Ludwig Siep: Anerkennung als Prinzip der praktischen Philosophie. Untersuchungen zu Hegels Jenaer Philosophie
12: Hermann Krings: System und Freiheit. Aufsätze
13: Friedhelm Brüggen: Strukturen pädagogischer Handlungstheorie
14: Anselm Winfried Müller: Praktisches Folgern und Selbstgestaltung nach Aristoteles
15: Stephan Strasser: Jenseits des Bürgerlichen. Ethisch-politische Meditationen für diese Zeit
16: Günther Maluschke: Philosophische Grundlagen des demokratischen Verfassungsstaates
17: Hans Poser (Hg.): Philosophische Probleme der Handlungstheorie
18: Rüdiger Bittner: Moralisches Gebot oder Autonomie
19: Monika Riedinger: Das Wort „gut“ in der angelsächsischen Metaethik
20: Kristian Kühl: Eigentumsordnung als Freiheitsordnung. Zur Aktualität von Kants Rechts- und Eigentumslehre

21: Wolfgang Leidhold: Ethik und Politik bei Hutcheson
22: Andreas Kamp: Die politische Philosophie des Aristoteles und ihre metaphysischen Grundlagen
23: Gerhard Krämling: Die systembildende Rolle von Ästhetik und Kulturphilosophie bei Kant
24: G. E. M. Anscombe: Absicht
25: Karl-Heinz Nusser: Kausale Prozesse und sinnerfassende Vernunft. Max Webers philosophische Fundierung der Soziologie und der Kulturwissenschaften
26: Matthias Kaufmann: Recht ohne Regel? Die philosophischen Prinzipien in Carl Schmitts Staats- und Rechtslehre
27: Matthias Lutz-Bachmann: Geschichte und Subjekt. Zum Begriff der Geschichtsphilosophie bei Kant und Marx
28: Lukas K. Sosoe: Naturalismuskritik und Autonomie der Ethik. Studien zu G. E. Moore und J. S. Mill
29: Karl Schuhmann: Husserls Staatsphilosophie
30. Walter Pfannkuche: Platons Ethik als Theorie des guten Lebens
31: Edmund Sandermann: Die Moral der Vernunft. Transzendentale Handlungs- und Legitimationstheorie bei Kant
32: Thomas Nisters: Kants Kategorischer Imperativ als Leitfaden humaner Praxis
33: Markus Hilmar Wörner: Das Ethische in der Rhetorik des Aristoteles
34: Javier Muguerza: Ethik der Ungewißheit
35: Dirko Thomsen: ‚Techne' als Metapher und als Begriff der sittlichen Einsicht. Zum Verhältnis von Vernunft und Natur bei Platon und Aristoteles
36: Johannes Drescher: Glück und Lebenssinn
37: Donate Kluxen-Pyta: Nation und Ethos
38: Alfred Langewand: Moralische Verbindlichkeit oder Erziehung. (J. Fr. Herbart)
39: Eric Voegelin: Die Neue Wissenschaft der Politik
40: Javier Muguerza (Hg.): Ethik aus Unbehagen. 25 Jahre ethische Diskussion in Spanien
41: Jan Cattepoel: Dämonie und Gesellschaft. Søren Kierkegaard als Sozialkritiker und Kommunikationstheoretiker
42: Wolfgang Enderlein: Abwägung in Recht und Moral

Verlag Karl Alber, Freiburg/München